周蓓 主編

『民國專題史』叢書

陳茹玄 編著

河南人民出版社

增訂中國憲法史

敘述中國自清末至1946年國民大會止的憲法制定歷史，尤其注重根本法、憲章的制定經過和各種政治背景的分析

圖書在版編目(CIP)數據

增訂中國憲法史 / 陳茹玄編著. —鄭州 : 河南人民出版社, 2016. 4
(民國專題史叢書 / 周蓓主編)
ISBN 978-7-215-10066-4

Ⅰ. ①增… Ⅱ. ①陳… Ⅲ. ①憲法-法制史-中國-民國 Ⅳ. ①D921.02

中國版本圖書館 CIP 數據核字(2016)第 079798 號

河南人民出版社出版發行
(地址:鄭州市經五路 66 號　郵政編碼:450002　電話:65788063)
新華書店經銷　　河南新華印刷集團有限公司印刷
開本 710 毫米×1000 毫米　1/16　印張 29.75
字數 430 千字
2016 年 4 月第 1 版　　2016 年 4 月第 2 次印刷

定價 : 139.00 圓

出版前言

中國現代學術體系是在晚清西學東漸的大潮中逐步形成的。至民國初建，中央政治權威進一步分散和削弱，加之新文化運動帶給國人思想上的空前解放，新學的啓蒙，新知識分子的産生，民國學術如草長鶯飛，進入一個自由而蓬勃的時代。中國傳統學科乃中國學術之根基與菁華所在，民國學人采用『取今復古，别立新宗』之方法，引入西方的學術觀念，積極改造，使史學、文學等學科向現代學術方向轉型。此外，大力推介西方社會科學的新學科和自然科學，在學習、借鑒乃至移植西方現代學術話語和研究範式的過程中，逐漸建立中國現代學科，使中國的學科門類迅速擴展。一時間，新舊更迭，中西交流，百花齊放，萬壑争流，開創了中國現代學術的源頭。

伴隨知識轉型和研究範式轉換而來的，還有學術著作撰寫方式的創新。中國古代的著作向來以單篇流傳，經後人整理匯編後，方以成册成集的面目出現并持續傳播。直到十九世紀末，東西方的歷史編撰體裁不外乎多卷本的編年體、紀傳體和紀事本末體等，章節體的出現標志着近代西方學術規範的産生和新史學的興起。章節體具有依時間順序，按章節編排；因事立題，分篇綜論；既分門别類，又綜合通貫的特點。以章、節搭建起論述之框架，結構分明，邏輯清晰，較傳統的撰寫體裁容量大、系統性强。它的傳入，使中國現代學術體系從内容到形式被納入了全球化的軌道。民國時期專題史的研究、譯介、編纂、出版恰恰是在這樣的背景下欣欣而發，是學術的實驗場，也是歷史的記録儀。編選『民國專題史』叢書的初衷正是爲了從一個側面展示中國學術從傳統向現代過渡的歷史進程。

專題史是對一個學科歷史的總結，是學科入門的必備和學科研究的基礎，也是對一個時代艱深新鋭問題的解答，是學術研究的高點。民國專題史著作中，既包含通論某一學科全部或一時代（區域、國别）的變化過程的，又囊括對一時代或一問題作特殊研究的，還有少部分是對某一專題的史料進行收集的。原創與翻譯并重，翻譯的底本大多選擇該學科的代表著作或歐美大學普及教本，兼顧權威性和流行性，其中日本學者的論著占據了相當比重。日本與中國同屬東亞儒家文化圈，他們在接納西方學術思想和研究模式時，已作了某種消化與調適，從思維轉換的角度看，更便于中國借鑒和利用，他們的著作因而被時人廣泛引進。

與當代學術研究日趨專業化、專門化、專家化的『窄化』道路迥乎不同的是，中國傳統學術崇尚『學問主通不主專，貴通人不尚專家』的通識型治學門徑，處于過渡轉型期的民國學術在不同程度上保留了這種特徵。民國學術大師諸學科貫通一脉，上千年縱横捭闔之功力自不待冗言，外交家著倫理政治史、文學家著哲學史、化學家著戰争史等亦不乏其人，民國專題史研究呈現出開放、融通、跨界撰述的特點。與此同時必須看到，自晚清以來，中國的命運就在外侮屢犯、內亂頻仍的窘境中跌宕彷徨，民族存亡仿若命懸一綫。這股以創建學科、總結經驗、解決問題爲指歸的專題史出版風潮背後，包裹着民國學人企望以西學爲工具拯民族于衰微的探索精神，及以學術救亡的愛國之心。梁任公曾言：『史學者，學問之最博大而最切要者也，國民之明鏡也，愛國心之源泉也。』這種位卑未敢忘憂國的歷史使命感和國民意識是今人無法漠視和遺忘的。

『民國專題史』叢書收録的範圍包括現代各個學科，不僅限于人文社會科學，學科分類以《民國總書目》的分科爲標準，計有哲學、宗教、社會、政治、法律、軍事、經濟、文化、藝術、教育、語言文字、中國文學、外國文學、中國歷史、西方史、自然科學、醫學、工業、交通共19個學科門類。本叢書分輯整理出版，內不分科，單本發行，方便讀者按需索驥。既可作爲大專院校圖書館、學術研究機構館藏之必備資源，也可滿足個人研讀或興趣之收藏。

與目前市場已有的一些專題史叢書相比，『民國專題史』叢書具有規模大、學科全、選本精、原版影印的特點。本叢書選目首重作者的首創、權威和著作影響力，尤其注重選本的稀見性。所謂稀見，即建國後没有再版，且多數圖書館没有收藏，或即便有收藏，也是歸于非公開的珍本之列予以保存，普通讀者難以借閲。部分圖書雖有電子版，但作爲學術研究的經典原著讀本，紙質版本更利于記憶和研究之用。本叢書精揀版本最早、品相最佳的原版圖書作爲底本，因而還具有很高的版本收藏價值。

『民國專題史』的著作是民國學者對于那個時代諸問題之探究，往往有獨到之處，無論其資料、觀點短長得失如何，要之在中國現代學術史的構建與發展進程中，自有其開宗立論之地位。

增訂中國憲法史自序

余續編最近十五年來之中國憲法史，約五萬言，旬日而成。自知倉猝屬稿，掛漏難免。惟制憲事業自民國二十二年立法院之起草，以至三十五年十二月國民大會之通過，所更非一。著者多身與其役，各種原始材料，蒐集尙易。益以個人之目覩耳聞，因「近水樓台」之便，所獲亦較翔實。故自揣對於敍述方面，雖不敢謂爲詳盡，尙可望其無大舛錯。至於評論得失，則就自己之見解立言，固不能强人以同者，聊備一說之意而已。又本書之作可分三期：第一期於民國十七年出版，第二期於廿二年出版，第三期卽爲現在之所續編。對於前此所作，未加修改，故以「增訂中國憲法史」命名焉。又續編屬稿時，承黃君字人，梁君寒操供給參攷資料，謹此誌謝。

民國三十六年七月十六日陳茹玄自序

自序

本書上半卷爲著者五六年前，在國立東南大學及上海光華大學教授時所編『民國憲法及政治史』之舊稿。民國二十二年春，國民政府立法院方從事於憲法草案之議擬。余亦與其役焉。同人中，讀該稿者，輒勸以續成完帙，俾爲研究憲草者參考之資，並可作大學專門教本之用；蓋現時國內尙乏此種專書也。余年來草草勞人，久疏研讀，方以舊業之日就荒落爲憂；藉此良機，俾我溫故，固所樂也。乃出舊稿，重予考訂。務去陳言，力求平實。删修之後，原稿尙存什六。復蒐集最近六七年來關於黨國組織大法之書籍、紀載、報告、文卷等凡五十餘種，爲續編材料。有所闕疑，輒承張靜江、吳稚暉諸先生之指正補充。計三閱月而續稿成。全書分十五章，約十一萬餘言，自清季憲法運動以迄國民政府施行約法，預備憲政時期，中間吾國根本大法變遷遞嬗之史蹟，俱挈要提綱，爲忠實之紀述。同時對於各根本法之內容，則詮釋之餘，並引諸家學說，旁取各國現行憲法之實例，間或附以著者個人之意見，作扼要之簡評。意在舉一得之愚，供讀者研究之助而已，非敢視爲定論也。全稿輯成後，復承吳稚暉、孫哲生兩先生，不厭其繁蕪，爲之審閱一遍。老成見解，指示甚多，尤著者之所欣感。又本書多承黨國先進寵錫題詞，惜限於篇幅，未能一一載入。特誌謝忱於此。

民國二十二年九月十九日陳茹玄序於南京。

目次

附　錄

（四）中華民國十二年憲法　十二年十月十日公布
（五）國民政府建國大綱　十三年一月擬定
（六）修正中華民國臨時政府制　十四年十二月二十六日公布
（七）中華民國訓政時期約法　二十年六月一日公布
（八）修正中華民國國民政府組織法　二十年十二月三十日公布
（九）中華民國憲法草案　二十三年十月十六日立法院通過
（十）「五五」憲法草案　二十五年五月五日國府公布
（十一）中華民國憲法草案　政協會擬稿卅五年十一月國府向國民大會提送
（十二）中華民國憲法　三十五年十二月廿五日國民大會通過三十六年一月一日國府公布
（十三）國民大會組織法
（十四）國民大會代表選舉罷免法
（十五）總統副總統選舉罷免法
（十六）立法院立法委員選舉罷免法
（十七）監察院監察委員選舉罷免法

第一章　總論

第一節　憲法之定義

德儒斯苛西(Schulze)嘗謂：『世界未有無憲法之國家。』㈠蓋國家必有主權；有主權，必有代表主權，或表現主權意志之典則，以決定政府與人民之關係，爲一切權責分配及行使之準繩；此種典則，即憲法也。故美國法律家斯東氏之釋憲法，謂：『憲法者乃最高主權者之意志之表現於法律者也。』㈡準此廣義，則凡關於一國政制之大法，性質不論其爲柔爲剛，㈢效力不論其爲久爲暫，形式不論其爲成文或爲習慣成例，皆可謂之憲法。而我中國自有史以來，未嘗一日無政府；有政府，自有其組織之決定與權力之分配法，立國五千年，固無日不有憲法也。然此種定義，究嫌太泛。考近代之所謂憲法，皆爲民治運動之結果。故憲法爲

註一　Schulze: Deutsches Staatsracht, Vol. I, p. 19.

註二　H. F, Stone: Law and Its Administration, p. 128.

註三　J. Bryce: 有柔性憲法與剛性憲法之分。

民治之根本法；所以確立政府組織之原則，規定國家政權之分配，及其行使者，其民治精神之存在，固無間於國體之爲君主或民主者也。民治之根本法不見於中國之歷史，有之，則自最近三十年始。

第二節　國家爲何需有憲法

無論何國在憲法成立以前，政治皆以人爲本。有人始有法；法舉而國自治。然全慧全能之人，往往曠代不獲一覯。政柄世襲之制，益增人選之難。在位之明主少而國家之禍亂多，人治固不足長恃也。救其弊者，厥惟法治。舉政府之組織，政權之分配，行使及官吏代表之人選方法等，均挈其綱要，規定於大法之中；使負政治責者爲賢能之人，固可恃作南針，以定國家建設之大計，努力於各事之進展；即遇中庸之材，亦可按步就班，勉事曹隨，守此成法而不敗；故法治所以濟人治之窮。而近代憲法，其唯一目的，即在於確立法治之基礎。以求理想之治法，求相當之治人，固較易也。黃梨洲曰：『論者謂有治人無治法，吾以謂有治法而後有治人。』❶其言可深長思矣。

第三節　中國法治運動落後之原因

註一　見黃梨洲明夷待訪錄原法篇。

吾國數千年之政治爲君主政治；求治之本，在於君明臣良。故其人存則其政舉，其人亡則其政息，所謂人治者此也。若夫法治運動，則至清季始見端倪，以視歐美各邦，誠瞠乎其後。百哲士謂：『亞細亞爲專制政治之大本營，人民慣習於保守。政治改良，不易實現。推其原因，則在於宗教之潛蓄勢力』。蓋氏以亞洲爲世界大宗教發祥之地，人民極重視宗教，故習於迷信，慣受束縛，政治亦常帶神祕的色彩，專制壁壘牢不可破。㊀此說似矣；然律諸吾國，則不能無疑。蓋宗教之在吾國歷史上，從未佔若何重要位置。人民迷信程度，較之歐西尙形不及，遑論如印度『近東』諸國者哉。然則世界開化最早之中國，胡爲其專制政治歷五千年而不變，至於今日，反效顰西人，丐其餘唾，以求自新耶？曰：是則因吾國人受專制之毒，遠不若西人之甚，故能習而安之，不窮極思變耳。吾國封建制度，雖存於先秦，然私士子民之侯伯，固無歐洲中世紀封建時代大地主之專橫。人民除納租稅服兵役之外，其所享自由，亦遠勝歐洲當時之農奴與奴隸同儕者也。自郡縣制興，人民理論上直隸天子，階級壓迫，更爲減少，耕田而食，鑿井而飲，幾不知政治之何物，政府之屬誰姓；此其爲狀，又非十七八世紀之歐人，輾轉呻吟於暴君虐政層層壓迫之下者所可同日語也。故美儒幾爾士之論中國文化，有謂吾國政治制度『形式雖獨裁，而運用則極平民』㊁。梁任公述中國政治思想，亦歷引古代存在

註一　見 Burgess: Reconciliation of Government with Liberty, Ch. I.

註二　見 H. A. Giles: Civilization of China, p. 4.

之制度，與哲人之理論而證明先民言政，莫不重民；民本主義於當時政治有極大之影響焉。[一] 政治雖不『由民，』政治尙能『爲民。』人民所受之痛苦未甚，亦遂因循偸惰，甘於故步自封；此吾國之君主政治所以能亘數千年如一日也。

註一　梁啓超著先秦政治思想前論第三章。

第二章　清季之法治運動

第一節　新政之萌芽

中國自前清咸豐庚申之役以後疊經外患，朝廷始漸知歐西列強之長，思有以效法自強。當時動舊如左宗棠李鴻章等尤以提倡新政爲急務。於是設製造局以製新械，立海軍衙以固海防，置方言館以養眞才，延用客卿以聯邦交，派學生出洋以考察政俗；他如築路、開礦、練兵、諸大端無不次第舉行。然所務仍屬皮毛，功效不易驟見。加以官吏貪墨，皇室奢淫，辦理新政大率有名無實。及甲午敗於日本，海師全殲，精銳盡失，台灣割讓。膠州灣、旅順口、威海衞、廣州灣，相繼淪喪。瓜分之說，震動全球。於是國內智才之士大倡變法救亡之論。是時慈禧太后初歸政。德宗景皇帝光緒亦頗思發憤變法。軍機大臣翁同龢薦康有爲於帝，謂其才堪大用。初有爲上書言變法者十餘次，俱格不得上。至是召用，帝深信之。有爲驟得勢，附者日衆。朝班遂有新黨舊黨之分。太后忿甚，對帝每示不滿，因更有帝黨后黨之分。(一)

註一　參看稻葉君山清朝全史第八十二三章，中華書局譯本。

康有爲已近帝屢請開制度局以定規模，設十二局以治新政，立民政局以理地方自治；其他如遷都、興學、更稅法、裁釐金、改律例、重俸祿、派遊學、設警察、練鄉兵、營海軍、經營西藏、新疆等議，均爲帝所嘉納。發交軍機總署會議，爲守舊大臣所忌，復見制於太后，不能遽行。帝乃擢楊銳、劉光第、林旭、譚嗣同四人參預新政事宜，凡有奏摺皆經四人閱覽，凡有上諭皆屬四人起草。於是軍機大臣益嫉妬之，勢不兩立。未幾而變作，太后乃復聽政，僞稱帝病不能視事，殺譚嗣同等六人；盡復舊制，大捕新黨。康有爲逃亡海外，而戊戌百日之新政告終焉。㊀

第二節 立憲運動

政變之後，有爲之徒或死或竄，朝政盡爲頑舊親貴所把持，國內新黨一時絕跡；然大多數之人民心理，已同情於新黨而不滿於后黨之擅專。卽各省大吏亦多心許新黨之主張，而病其作事之太躁急也。及光緒二十六年拳匪亂起，朝內公卿不知外交爲何物。利用暴民以屠戮外僑，圍使館，殺公使，並下令各省格殺洋人，以爲『滅洋扶清』在此一舉；乃引起各國聯軍入京之奇禍。當時東南各省大吏如兩湖總督張之洞，兩廣總督李鴻章，兩江總督劉坤一，閩浙總督許應騤，山東巡撫袁世凱等，以中央舉措荒謬，乃宣布中立，保護

註一　淸鑑輯覽第二十六卷至第二十七卷淸文書局出版。

境內外僑國人經此大創，益知清廷之無能，政治改革之呼聲日高。復鑒於日俄戰後，俄人立憲運動之熱烈，乃紛紛主張立憲。而未來之中華民國開國元勳及民黨領袖孫文亦於此時奔走海外，揭櫫三民主義、五權憲法，號召同志組織同盟會，以『推翻滿清政府建設共和民國』爲目的。聲勢日漸浩大。此民主立憲運動，較當時所謂『新黨』之君主立憲運動，自然別樹一幟。(一)駐法使臣孫寶琦知大勢所趨，不能遏制，乃奏請速爲立憲之預備。二三疆吏亦以此爲請。南方輿論尤爲激昂。當時袁世凱坐鎮北洋，參與朝政，亦銳意圖改革。故三十一年清廷乃命載澤、戴鴻慈、端方、尚其亨、李盛鐸五大臣，分赴各國考查立憲政治。同年十月，復命政務處王大臣籌定立憲大綱，設考察政治館。至三十二年，載澤等回國，條陳仿行立憲制度，乃派醇親王載灃等閱議，決定先從改革官制入手。故同年七月，宣示預備立憲，以十年爲期。(二)命先將官制分別議定，俟數年後規模粗具，再行宣佈實行立憲時期。九月宣示釐定官制。內閣、軍機處、外務部、吏部、學部均仍舊。其餘或僅更換名稱，或稍有分併，如巡警部改爲民政部，戶部改爲度支部，兵部改爲陸軍部，（練兵處及太僕寺併入）大理寺改爲大理院，商部改爲農工商部，太常、光祿、鴻臚、三寺併入禮部；理藩院改爲理藩部。新設郵傳部。政務處改爲

註一　參看中山全書孫文自傳及同盟會宣言。

註二　見商務印書館出版之光緒法令第一冊。

會議政務處，都察院改爲都御史等等㊀皆粉飾外觀之具，於政制基本初未嘗有所更新也㊁

第三節　憲法大綱之頒布及其內容

中央官制改革之令雖旣頒行，然無代議機關，無成文憲法，終不足以饜當時人民之靳望。故光緒三十四年六月，乃先頒行各省諮議局章程，及議員選擧法。諮議局之主要職權，在於議決本省財政收支，及本省對中央擔任之義務，亦籌辦資政院之初階也㊂同年八月，奕劻等奏進憲法大綱，及議院法選擧法要領。議院未開以前應行籌備事宜，亦妥爲規劃。當經一一明令頒布。憲法大綱者，意謂先定憲法之主要原則，而其細目則當俟憲法起草時酌定也。內容分爲兩大部(一)關於君主大權各條；(二)關於臣民權利各條，泰半

註一　清鑑輯覽第二十七卷。

註二　清中央組織以元首爲行政領袖，佐以內閣大學士及軍機處大臣。雍正以前，內閣大學士參預重要行政事務。雍正之後，軍機處大臣起而代內閣大學士執政。軍機處雖與元首甚接近，其主張多爲元首採納；然執行政務之機關，仍爲六部。每部設滿漢尚書各一，且多兼職，故責任極不淸楚。至是乃擴充爲十一部，每部置尚書一員，侍郞二員。尚書對於所任本部負完全責任，且不能兼職，權限較前專一，不無微有進步，然此究屬枝葉問題。

註三　諮議局章程共六十餘條，見光緒新法令第二冊。

俱自日本憲法抄來。對於君主尤竭力保障其無上之尊嚴與權位。故其開端案語即謂：『君主立憲政體，君上有統治國家之大權，凡立法行政司法皆歸總攬……』茲將各條詳列如左㊀

關於君上大權

一、大清皇帝統治大清帝國，萬世一系，永永尊戴。（同日）

一、君上神聖尊嚴不可侵犯。（同日）

一、君上有欽定頒行法律及發交議案之權。（凡法律雖經議院議決，而未詔令批准者不能施行。）

一、君上有關閉停展及解散議院之權。（同日）

一、君上有設官制祿，及陟黜百司之權。（議院不得干預）（同日而更無限制）

一、君上有統率海陸軍及編軍制之權。（調遣全國軍隊，制定常備兵額，及一切軍事，皆非議院所得干預。）（同日）

一、君上有宣戰媾和訂立條約，及遣派使臣與認受使臣之權。（同日）（外交由君上獨裁，不付議院議決。）

一、君上有宣告戒嚴之權，當緊急時得以詔令限制臣民之自由。（同日）

註一 清鑑輯覽第二十七卷。

一、君上有爵賞及恩赦之權。(同日)

一、君上有總攬司法權;惟委任審判衙門遵欽定法律行之,不以詔令隨時更改。(審判官本由君上委任,代行司法;不以詔令隨時更改者,案件關係至重,故必以已經欽定之法律爲準,免涉紛歧。)

一、君上有發命令及使發命令之權;惟已定之法律不以命令更改或廢止。(同日)

一、在議院閉會時,遇有緊急之事,得發代法律之詔令;(同日)並得以詔令籌措必需之財用;惟至次年會期須交國會協議。(日憲無此段)

一、皇室經費應由君上制定常額,自國庫提支,議院不得置議。

一、皇室大典由君上督率皇族及特派大臣議定,議院不得干與。

關於臣民權利義務者:

一、臣民中有合於法律命令所定資格者,得爲文武官吏及議員。(同日)

一、臣民於法律範圍内所有言論、著作、出版及集會結社等事,均准其自由。(大意同日)

一、臣民非按照法律所定不加以逮捕監禁處罰。(同日)

一、臣民可以請法官審判其呈訴之案件。

一、臣民應專受法律所定審判衙門之審判。(同日)

一、臣民之財產及居住無故不加侵擾。(大意同日)

一、臣民按照法律所定有納稅當兵之義務。(同日)

一、臣民現定之賦稅，非經新定法律更改，悉仍照舊輸納。

一、臣民有遵守國家法律之義務。

以上所述為憲法大綱之主體，完全脫胎自日本憲法。而君上大權，則較日本天王之權更為增高(一)。總其全文所載，則君上除不以命令廢止法律之外，大權獨攬，限制毫無。官祿之設置，海陸軍之編制，對外宣戰媾和及締結條約諸大端，均歸其一人裁決，議院不惟無干涉之權，並且無參與之地。此種憲法，直一保障君權之憲法而已。關於內閣之組織，則並未言及，然陟黜百司，設官置祿之權，已完全操之君上，非議會所得參與，則其為極端之元首制(Presidential System)無疑也。憲法大綱尚附帶有議院法要領及選舉法要領兩章，而尤以議院法一章為重要。內中條文多有關於政治基本之組織與權力者；如議院所議事件必須上下兩院彼此決議後，方可奏請欽定施行「國家之歲入歲出每年預算應由議院之協贊」；「行政大臣如違法，議院可彈劾，惟用捨之權完全操之君上」等條，即其例也。其較異者，則為規定「議員言論不得對朝廷有不敬之語及誣毀他人情事，違者懲罰」之一條。據此則議員在院並無自由發言權，對於政府尤不敢有

註一　如以詔令籌措財用，及制定皇室經費常額等等，俱為日本憲法所無。

所批評，以視日本議員在院發言投票不對院外負責者，其高下相去遠矣。（註一）司法部，與國務院之組織大綱，均未見明條。蓋君上既為行政立法司法三部首領，除立法部議員由民選外，皆由君上任命。其組織法或由君上自定，或由議會通過，君上欽定頒行之也。

第四節　宣統三年之憲法信條

憲法大綱雖經頒布，而十年預備，為期久遠，憲政之實行尚有待也。未幾而德宗崩，宣統嗣位，年幼，其父醇親王攝政，以皇族組織內閣，大為國人所不滿。各省諮議局議員要求速開國會。宣統元年七月乃頒資政院章程，以預立上下議院之基礎。議員共二百人，半由君上任命，半由各省諮議局選派，以討論財政、預算、國庫收支，及由君上提出之各種議案為職；對於內閣有質問及彈劾權，且有最高權以裁判各省諮議局與總督，或巡撫，行政事務以外之爭端。（註二）宣統二年八月，召集第一次資政院議會。該院即請欽頒憲法，乃命縮改於宣統五年實行召集國會。（註三）特派溥倫、載澤為纂擬憲法大臣，按照欽定憲法大綱，迅速擬定憲法條文。蓋

註一　案議員在議會發言投票，不對院外負責之例，起於英之權利請願，嗣後各國憲法均採用之。

註二　宣統新法令第九冊。

註三　按照十年之預備期須至宣統八年。

當時清廷猶欲借年前欽定之憲法大綱以保障其君主無上之大權也。三年四月頒布內閣官制，設立內閣，以奕劻為總理大臣。同年八月武昌革命軍起，各省民軍一時四應，相率獨立。清廷惶急無措，乃復召集資政院開臨時會議，決定弛黨禁，下罪己詔，以冀收拾已失之人心。(註一)罷親貴奕劻等，授袁世凱為總理大臣，向資政院負責，並命將憲法交資政院協贊。是時灤州統制張紹曾與協統藍天蔚電奏要求立憲，並請憲法由議院制定。疏入，政府即命資政院起草憲法。九月十三日該院先行擬定憲法重大信條十九條入奏，即命宣布。(註二)十九信條與憲法大綱性質迥殊，規定責任內閣制度。君上之權大加限制。君主雖仍存在，而憲法卻不為其欽定；起草議決之權，均由資政院行之，而修改提案之權，又規定屬之國會，非君主之所能干預。總理大臣由國會公選，亦非君上所得自由指派。此法如果實行，則必成純粹的議院政治；而君主則等同虛位焉。(註三)茲將原文條列如左：

第一條　大清帝國皇統萬世不易。

註一　詔中有謂『朕用人無方，施治寡術，政地多用親貴，則顯戾憲章；路事矇於僉壬，則動違輿論。……甚至怨積於下而朕不知，禍迫於前而朕不覺。』等語。亦可見當日執政者倉皇失措之態。

註二　清鑑輯覽第二十八卷。

註三　陶保霖惺存遺著卷三自六十一頁以下。

第二條　皇帝神聖不可侵犯。

第三條　皇帝之權，以憲法所規定者爲限。

第四條　皇位繼承順序以憲法規定之。

第五條　憲法由資政院起草議決，由皇帝頒布之。

第六條　憲法改正提案權屬於國會。

第七條　上院議員由國民於有法定特別資格者公選之。

第八條　總理大臣由國會公選，皇帝任命之。其他國務大臣，由總理大臣推舉，皇帝任命之。皇族不得爲總理大臣，或其他國務大臣，或各省行政長官。

第九條　總理大臣由國會之彈劾時，非解散國會，卽內閣總理辭職；但一次內閣，不得爲兩次國會之解散。

第十條　皇帝直接統率海陸軍，但對內使用時須依國會議決之特別條件。

第十一條　不得以命令代法律。除緊急命令外，以執行法律及法律所委任者爲限。

第十二條　國際條約非經國會之議決，不得締結；但宣戰媾和，不在國會開會期中者，由國會追認。

第十三條　官制官規以法律定之。

第十四條　本年度之預算未經國會議決，不得適用前年度預算。又預算案內規定之歲出預算所無者，不得爲非常財政之處分。

第十五條　皇室經費之制定及增減，依國會之決議。

第十六條　皇室大典不得與憲法相牴觸。

第十七條　國務裁判機關由兩院組織之。

第十八條　國會之議決事項由皇帝頒布之。

第十九條　以上第八、第九、第十、第十二、十三、十四、十五及第十八各條，國會未開會以前資政院適用之。

論者謂十九信條深得英憲之精神，以代議機關爲全國政治之中樞；苟其施行，民治之功可期，獨惜其出之太晚耳。倘能早十年宣佈實行，清祚或因以不斬，未可知也。當時革命軍樹共和之幟，勢力已佔全國三分之二；清廷之大勢去矣。執政諸人於張皇失措之餘，乃爲此臨渴掘井之計，欲引十九信條爲延命湯，其不亦大可哀耶。[一] 就十九信條之本體而論，大致可謂不差；然疵病亦甚多。如第九條規定總理大臣受國會彈劾時，非解散國會，即總理辭職；其意蓋欲內閣對國會負責。然通常責任內閣制度，議會之所恃以監督行政

註一　參閱尙秉和辛壬春秋大政紀第一上九至十二頁。

者，不在於彈劾權，而在於通過不信任之議決權。蓋彈劾權之行使，多因行政官有罪犯行爲之時；而不信任案之議決，則偶因政策之不同，合作之困難，亦可行使者也。故彈劾權即用元首之國家，其議會亦得行使。（例如美國）而不信任案之提出權，則惟內閣制之議會有之。且在行內閣制之國家，其議會實可無須用彈劾權。例如在英，彈劾案必由下院提出，上院審判；而不信任案則隨時可由下院單獨通過實行。其行使較彈劾爲易。行政官一經下院不信任之後，即須退職，縱有罪犯行爲，亦可在退職後受尋常法庭之裁判；固無取乎彈劾手續以上院組織特別法庭也。故英國國會之彈劾權，久既廢置不用。今憲法信條，欲內閣對國會負責，而國會對內閣竟無不信任之議決權，則國會之能監視行政者，止限於罪犯問題，而不及於政策問題，是則與內閣制之精神不符者也。此種錯誤，殆因當日起草者不明彈劾案與不信任案之分所致歟？又如『第十四條，本年預算未經國會議決，不得適用前年度預算。』此種規定施諸實用，窒礙難行。蓋遇國會黨爭甚劇，預算一時不能得法定多數之通過時，政治機關當即完全停頓。此日本西班牙諸國之憲法，所以特許其政府在此種情形之下，暫用前年度之預算也。

第三章　中華民國臨時政府之組織法

第一節　臨時政府組織大綱之起草

十九信條宣布未幾，而晉、秦、滇、贛、皖、蘇、浙、閩、粵、黔、桂各省相繼響應武漢，宣布獨立。清廷乃命資政院按照憲法信條，選舉袁世凱爲總理大臣。九月十三日，袁氏入京組織新內閣；攝政王亦退位。一切用人行政大權悉歸諸總理大臣，於是清廷命脈，亦遂操諸袁氏一人之手焉。

是時各省雖相繼獨立，然無公共機關進行，頗感不便。江蘇都督程德全等建議由各省遣派代表，集議上海，倣美國革命時十三州之代表會議。磋商對內對外妥善方法，以期「保疆土之統一，復人道之和平。」並附提議大綱三條：一爲公認外交代表；一爲軍事進行之聯絡方法；一爲清室之處置。各省贊同，代表陸續到滬者計有十省。議決以武昌政府爲民國中央軍政府。旋代表等議決赴武昌組織臨時政府事宜，仍留一部分代表於上海爲通信機關。十月初十日開第一次會議於漢口，推譚人鳳爲議長，並選雷奮、王正廷、馬君武爲臨時政府組織大綱起草員。其明日將草案通過，即日宣佈。是爲民國第一次之根本法焉。(註)

註一　該會復議決倘袁世凱歸順當舉爲臨時大總統。

第二節　組織大綱內容之評述

臨時政府組織大綱公布之後，復經二度之修正，凡二十一條。至民國元年三月十一日臨時約法成立，該大綱遂宣告廢止。計其施行，不過數月。草創時期，一切苟簡，掛漏之處，自所難免。觀其制度精神，似積極倣摹美國憲法。主要之點，則在於採用總統制，不設國務總理，而其代表方法及投票方法，又酷類美國獨立時同盟議會所採用者；亦可見當時之傾向美制也。如第一條規定『臨時大總統副總統由各省代表選舉之，以得票滿投票總數三分之二以上者爲當選。』而『代表投票權每省一票爲限。』㈠當時所謂代表，即指各省都督所派之代表而言，並非民選之代表。與美國革命時代之十三邦之代表大會，其產生方法相同。至每省不論其到會代表人數之多寡，而止有一投票權，不問大小各省俱平等看待，亦甚似美國同盟議會時之以邦爲單位者也。㈡至臨時大總統之權，如關於海陸軍之統率，國務各員暨外交專使之任免，及國際條約之締結，參議院議決事件之交令復議等等，皆與美國現時之聯邦憲法所載如出一轍。㈢關於行政各部，

註一　原案無副座此爲經修正者。

註二　惟參議院開會各議員均有一投票權，但每省不論大小均有三代表，仍用平等主義也。參看大綱第九第十兩條。

註三　參看組織大綱第二三四五及十四各條。

則有第十八條規定『行政各部設部長一人，爲國務員，輔佐臨時大總統，總理各部事務。』是國務院無總理各部部長直接對元首負責由元首任免參議院之同意權，固可如美國上院之同意權之等同具文也。此種嚴格的總統制，不謂其丐自新大陸不可得已。

立法機關則暫用獨院制，（即參議院）其權之最重要者除立約、和戰、任免文武官吏之同意權外，厥爲議決臨時政府預算檢查臨時政府出納決定公債之發行稅法幣制之統一等權。（一）此種代議機關，監督國家財用之權，亦民治憲法之通例也。參議院之會議，以到會參議員過半數之所決爲準。惟關於宣戰，媾和，締約，三大端，非有到會議員三分之二之同意不能通過。至於開會之法定人數，則無規定。據此則出席議員，雖僅有三數人亦可開會。而二三人之意見可以決定內政、外交、一切重大事件矣。然事實上無此種危險，蓋當時各省競爭均勢，所派代表，非至萬不得已時，斷無不出席，以放棄其表決權者也。（二）又該組織大綱並未規定修改手續，是則殆因其性質爲過渡的，施行之期甚短，非永久憲法可比也。

附臨時政府組織大綱全文如左：

第一條　臨時大總統、副總統由各省代表舉之以得票滿投票總數三分之二以上者，爲當選。代表投

註一　參看組織大綱第十一條。

註二　參看組織大綱第十二條。

票權，每省一票爲限。（原文無副座修正後加入）

第二條　臨時大總統有統治全國之權。

第三條　臨時大總統有統率海陸軍之權。

第四條　臨時大總統得參議院之同意，有宣戰、媾和及締結條約之權。

第五條　臨時大總統得制定官制官祿，兼任免文武職員；但制定官制，暨任免國務各員及外交專使，須得參議院之同意。（此條修正時對原文有改纂）

第六條　臨時大總統得參議院之同意，有設立臨時中央審判所之權。

第七條　臨時副總統於大總統因故去職時升任之，但於大總統有故障不能視事時，得受大總統之委任代行其職權。（此條修正時加入）

第八條　參議院以各省都督新派之參議員組織之。

第九條　參議員每省以三人爲限，其選派方法由各省都督自定之。

第十條　參議院會議時，每參議員有一表決權。

第十一條　參議院之職權如下：（一）議決第四條及第六條事件。（二）承諾第五條事件。（三）議決臨時政府之預算。（四）檢查臨時政府之出納。（五）議決全國統一之稅法，幣制，及發行公債事件。（六）議決暫行法律。(七)議決臨時大總統交議事件。(八)答覆臨時大總統諮詢事件。

第十二條　參議院會議時，以到會參議員過半數之所決爲準。但關於第四條事件，非有到會參議員三分之二之同意，不得決議。

第十三條　參議院議決事件，由議長具報，經臨時大總統蓋印發交行政各部執行之。

第十四條　臨時大總統對於參議院決議事件，如不以爲然，得於具報後十日內聲明理由，交令覆議。參議院對於覆議事件，如有到會參議員三分之二以上之同意，仍執前議時，應仍照前條辦理。(指十三條)

第十五條　參議院議長由參議員用記名投票法互選之，以得票滿投票總數之半者爲當選。

第十六條　參議院辦事規則由參議院定之。

第十七條　參議院未成立以前，暫由各省都督府代表會代行其職權。但表決權每省以一票爲限。

第十八條　行政各部設部長一人爲國務員，輔佐臨時大總統辦理各部事務。(原文限設五部，此爲經第二次修正者)

第十九條　各部所屬職員之編制，及其權限，由部長規定，經臨時大總統批准施行。

第二十條　臨時政府成立後六個月以內，由臨時大總統召集國民會議。其召集方法，由參議院議決之。

第二十一條　臨時政府組織大綱施行期限，以中華民國憲法成立之日爲止。

第三節　臨時政府之組織

臨時政府未成立之前，各省軍政府先後電致武昌，公推黎元洪（時鄂省都督）爲民國中央政府代表。凡與各國交涉事件有關民國全局者，均由黎氏代表主持。同時黎氏亦通電催促各省遣派代表組織臨時政府。及各省代表由滬赴鄂，在武昌開會，議定臨時政府組織大綱之後，適南京克復，乃決以南京爲臨時政府所在地。至十一月初十日開臨時總統選舉大會。到會者凡十七省代表四十五人，共投十七票。（每省一票）孫文得十六票，遂當選爲第一臨時大總統。十一月十三日，孫總統宣誓就職，定五色旗爲國旗，改用陽曆。是日卽中華民國元年元月一日也。旋代表等復議決添設副總統一席，選黎元洪任之。孫總統既就職，乃以代表會之同意，設陸軍、海軍、司法、外交、財政、內務、教育、實業、交通、九部，以黃興、伍廷芳等九人爲部長焉。

至立法機關，則爲參議院。㊀按照臨時政府組織大綱，應由各省都督所派參議員組織。是時各省參議員陸續抵寗者，既有三十八人，未到者，暫由各該省之代表員代理。參議院遂於正月二十八日正式成立。選林森爲正會長。惟開會之後，議員意見紛歧，衝突時聞，未及一月，辭職者踵相接。嗣湖北臨時省議會以參議員

註一　該院未成立前由各省代表會代行職權。

非出自民選爲詞，忽發起另組臨時國會之議，經參議院通電力駁其議，乃息。㊀是則民國議院糾紛之第一聲也。

第四節　清帝退位及民國統一

袁世凱既爲清廷內閣總理，卽遣員至武昌與民軍譚和議問題，倉猝未有所成，旋復約期停戰，委唐紹儀爲代表與民軍代表伍廷芳疊開會議於上海。已議定開臨時國會，解決國體問題。惟袁世凱以唐代表所議各條，未先與總理大臣商明，遽行簽定，撤銷唐之代表，而自己直接與南方談條件，並電詰民軍既答應國體問題召集國會解決，何以又忽組織臨時政府，選舉總統？『設國會議決爲君主立憲，該政府及總統是否立卽取消。』伍代表答以臨時政府及總統，乃因南方各省統一軍民各政之需要而產生，實爲民國內部組織之事，倘如來電所詰問：『則設國會議決爲共和立憲，清帝是否退位。』㊁往返爭論，和議幾於決裂。先是

註一　電中謂：『本院之成，根據臨時政府組織大綱……當此參議院已成立之後，國會成立之先，乃以一省議會名義，輒召集臨時國會，不知何所依據？若不承認臨時政府組織大綱及臨時約法（是時臨時約法適經參議院通過）則已公布之法律，已選出之總統，已組織之臨時政府，皆將無效，民國基礎於以搖動。……方今國基初肇，所賴以維持培植者，端在守法。參議院爲法定機關，萬不可任意破壞』等語。

註二　參觀谷鍾秀中華民國開國史第三編第四章。

清室親貴載濤、載洵、善耆、良弼、鐵良、等組織宗社黨，目的在於保全帝制，對於變更國體問題，極力反對。並疑袁內閣總理不忠朝廷，與民軍暗相勾結，屢作主戰之議。惟隆裕太后倚信袁內閣，不爲動。及良弼爲黨人彭家珍炸斃，親貴皆膽落，紛紛離京。隆裕太后召集王公會議，到者寥寥，宗社黨頑抗之燄頓衰，加以軍費不支，庫藏告竭，民軍方秣馬厲兵，准備北伐，兩軍相持。國體問題勢難俟諸選舉困難之國會。是時清廷第一軍統制段祺瑞首出贊成共和，聯合各軍，電請內閣宣布共和政體，出使大臣陸徵祥等及卸任總督岑春煊、袁樹勳復先後奏陳此旨，於是遜由清帝退位之說日盛。清廷之王公親貴，皆戰慄失措，不能出一策。隆裕太后遂以決定大計全權授諸袁世凱，袁氏乃與南方伍代表往返協商優待清室條件，計分三項：甲、關於清帝退位後優待條件。乙、關於清皇族優待條件。丙、關於滿、蒙、回、藏、各屬待遇條件。二月十二日清廷內閣覆電，一一承認。同日以攝政王名義下詔宣佈退位。文曰：

『朕欽奉隆裕太后懿旨，前因民軍起事，各省響應，九夏沸騰，生靈塗炭，特命袁世凱遣員與民軍代表討論大局，議開國會，公決政體。兩月以來，尙無確當辦法，南北暌隔，彼此相持，商輟於途，士露於野，徒以國體一日不決，民生一日不安。今全國人民心理多傾向共和，南中各省，旣倡議於前，北方諸將，亦主張於後，人心所嚮，天命可知。予亦何忍以一姓之尊榮，拂兆民之好惡。是用外觀大勢，內審輿情，特率皇帝將統治權公諸全國，定爲共和立憲國體。近慰海內厭亂望治之心，遠協古聖天下爲公之義。袁世凱前經資政院選舉爲總理大臣，當茲新舊代謝之際，宜有南北統一之方，卽由袁世凱以組織臨時共和政府與民軍協商統一辦法。總期人民安堵，海宇乂安，仍合滿、漢、蒙、回、藏，五族完全領土，爲一大中華民國，予與皇帝得以退處少閒，優遊歲月，長受國民之優禮，親見郅治之告成，豈不懿歟。』

清帝既退位，臨時大總統孫文乃於二月十三日至參議院，提出辭職書，且推薦袁世凱以自代。書中有謂：『本總統提出辭表，要求改選賢能之事，原屬國民公權，本總統實無容喙之地，惟前使伍代表電北京有約，以清帝實行退位，袁世凱宣布政見，贊同共和，本總統卽當推讓，提議於貴院，亦表同情，此次清帝退位，南北統一，袁之力實多，其發表政見，更爲絕對贊同，舉爲公僕，必能盡忠國民……』等語。二月十五日，參議院遂復開臨時大總統選舉會，到會者十七省，共計十七票，投票結果，全院同意公舉袁世凱爲統一政府臨時大總統，並派蔡元培、汪兆銘二人爲專使，赴北京歡迎袁氏南下就職，而南北和議遂告結束焉。二月二十日參議院復以全院同意仍公舉黎元洪爲副總統

附關於優待遜帝條件凡八款如左：（註一）

（一）大清皇帝辭位之後，尊號仍存不廢，中華民國以待各國君主之禮相待。

（二）大清皇帝辭位之後，歲用四百萬兩，俟改鑄新幣後，改爲四百萬元，此款由中華民國撥用。

註一　參看谷鍾秀中華民國開國史第三編第八章及高勞辛亥革命史第三章。

(三)大清皇帝辭位之後，暫居宮禁，日後移居頤和園，侍衛人等照常留用。
(四)大清皇帝辭位之後，其宗廟陵寢永遠奉祀，由中華民國酌設衛兵妥慎保護。
(五)德宗崇陵未完工程，如制妥修。其奉安典禮仍如舊制，所有實用經費，均由中華民國支出。
(六)以前宮內所用各項執事人員，可照常留用，惟以後不得再招閹人。
(七)大清皇帝辭位之後，其原有之私產，由中華民國特別保護。
(八)原有之禁衛軍，歸中華民國陸軍部編制，額數俸餉仍如其舊。

關於清皇族待遇之條件凡四款：

(一)清王公世爵概仍其舊。
(二)清皇族對於中華民國國家之公權及私權與國民同等。
(三)清皇族私產一體保護。
(四)清皇族免當兵之義務。

關於滿、蒙、回、藏各屬待遇之條件凡七款：

(一)與漢人平等。
(二)保護其原有之私產。

(三)王公世爵概仍其舊。
(四)王公中有生計艱難者，設法代籌生計。
(五)先籌八旗生計，於未籌定之前，八旗兵弁俸餉仍舊支放。
(六)從前營業居住等限制，一律蠲除，各州縣聽其自由入籍。
(七)滿、蒙、回、藏、原有之宗教，聽其自由信仰。

第四章　臨時約法時期

第一節　臨時約法之起草及其公布

臨時政府之初成立也，卽有人提議將組織大綱修改，原因有二，其一、因臨時政府組織大綱，規定限六個月內召集國會，當日百度草創，選舉籌備，尚須時日，勢不能不將六月之期限展緩。其二、因組織大綱，僅爲政府之組織法，而人權各條，竟付闕如，非規定加入不可。又以臨時政府組織大綱之名稱，不能包括民權各條，故擬改爲臨時約法。自元年二月七日起，參議院遂開臨時約法起草會議，至三月八日全案告終。三月十一日由臨時大總統正式公布。㊀全文凡七章五十六條；其與臨時政府組織大綱主要不同之點，則似偏向於法蘭西之內閣制，而組織大綱，則採用美之總統制也。谷鍾秀謂：『當革命之時，各省初相聯合，實有類於美利堅十三州之聯合，因其自然之勢，宜建爲聯邦國家，故採美之總統制。自臨時政府成立後，感於南北統一之必要，宜建爲單一國家，如法蘭西之集權政府，故採納法之內閣制。』㊁谷氏爲當時參議院議員中之

註一　吳宗慈中華民國憲法史前編第一章。

註二　見氏所著中華民國開國史第三編第一章。

一有力分子，其所言至少足以代表一部分同僚之見解。然國體之爲單一，或聯邦，與政制之爲總統，或爲責任內閣，固截然兩種不相關係之問題。倘謂聯邦國家，必用總統制，則德意志、奧大利、加拿大之用內閣制者，將必失敗乎？？謂單一國家必用內閣制，則南美諸國如智利、古巴、祕魯及巴威利亞之用總統制者，其必違背憲治原理乎？？持此論以爲改總統制而採用內閣制之根據，似屬牽強難通。或曰，當日採用內閣制之目的，在於減削總統之大權，防止袁氏之專擅，俾民黨多數之參議院得以監督之耳。此說當較近情理也。

第二節　臨時約法之內容及其批評

臨時約法，乃當時南北統一後之過渡法也；故謂之『臨時，』以示正式之憲法仍有待於將來之產生。在正式憲法未產生以前，則此臨時約法爲民國之根本大法；故約法第五十四條云：『中華民國之憲法由國會制定，憲法未施行以前本約法之效力與憲法等。』全文共七章，第一章爲『總綱，』確定領土國界及主權之所在，與統治權之行使等等。第二章爲『人民，』此章內函十條，皆屬人民自由權利與義務之規定；亦卽近代各國憲法中之權利宣言也 (Bill of Rights)。第三章爲『參議院，』凡十三條，規定參議院之組織，及權限，並議員所享之特權等。第五章爲『國務員，』凡五條，規定國務員之責任。第六章爲『法院，』凡五條，規定法官之任命方法，及其獨立位置等。第七章則爲『附則，』凡四條，規定正式國會召集時間，及本約法取消時期，及本約法修改手續等。

約法規定總統由參議院選舉，雖反對者嘖有繁言，然當時實無第二辦法。總統民選，手續繁複，不易舉行；且每慮行政與立法難於合作，故約法模倣法蘭西之內閣制，而並因襲其總統產生法也。㈠㈡總統之下，更有副總統及國務總理之設。論者病之，謂其如採美制，則國務總理可以無需；如採法制，則副總統可以不設。細閱約法內容，缺漏雖多，而精神固趨重責任內閣制者；如大總統提出法律案，發布命令，須得國務員之副署一條，即其明證。㈢副總統初無法律上特別之職務，其設置之目的，曰當總統因故去職，或不能視事時，將以代行其職權而已。㈣在總統民選國家，選舉須時甚久者，誠有設置副座之必要；若在以國會選舉總統之國家，則其情形迥異，蓋遇有意外，國會可立時產出新總統，固無用此長期候缺之副座也。今約法已規定總統由參議院選出，而又於其傍帶上一贅疣式的副總統，殊可不必。意者當日因位置一二要人之故，乃特設此座以待之歟？

註一 法蘭西總統由國會選出。

註二 參觀約法第二十九條。

註三 見約法第四十五條。

註四 見約法第四十二條。

從國務院與參議院之關係而觀，約法雖具有責任內閣制之精神，而實未備責任內閣制之體用；蓋純粹的內閣制中有二權焉；一為不信任案通過權，一為解散國會權。前者為國會借以監督行政之利器，後者為內閣抵抗國會訴諸人民以求公判之唯一途徑。茲二權之行使，實所以保持行政與立法兩部合作之精神，亦卽所以保持內閣制之精神者也。而臨時約法皆無之，(一)不可謂非約法之大缺憾。至如參議院之彈劾權，提出質問權，同意權，在議院出席發言權，雖經約法詳細規定；然此等特權，卽在行元首制之國家其議會往往有之，(二)固不能視為內閣制精神之所寄託也。

約法第十條規定：『人民對於官吏違法損害權利之行為，有陳訴於平政院之權，』又第四十九條第二項：『關於行政訴訟及其他特別訴訟，別以法律定之。』是蓋取法歐洲大陸行政法庭制度者也。然自約法施行之後，各種機關次第成立，獨平政院直至民國三年始有『編制令』規定其組織，而行政訴訟法亦於是年始行成立；考此種法院之在歐洲各國，多為行政便利而設，其審判自難免偏袒行政之虞，而行政訴訟，普通法院無權審理，人民對於行政法院已懷疑懼之念，對於普通法院又存輕視之心，甚非所以保全司

註一　日後袁世凱解散國會，國人痛詆其違法；袁氏居心不正可誅。然總統之是否能有解散國會權，又為別一問題。按照常例內閣制國家行政首領多有此權。

註二　例如美國國會幾盡有此權。

法尊嚴之道也。且何者爲行政訴訟？何者爲非行政訴訟？界限無殊，不易分清，故法德各國不能不有權限法院（Tribunal des conflits）之設，以解決權限問題。機關之複雜，手續之繁難，莫此爲甚，似不宜於吾國者也。

又約法第二十三條規定總統對參議院議決事件有否認權，惟被否認之案再經參議員三分之二之通過時，該案仍須公布，所謂否認權者，即 Veto Power，行政首領用以節制議會者也。其在行元首制之國家，如美利堅行政大權由總統個人獨負，此種否認權，總統可以獨斷獨行，用以抵抗立法部專橫躁急之利器。惟在行內閣制之國家，則總統此項否認權實無存在之必要，且事實上幾無行使之可能性；蓋總統一切命令必經閣員副署，及同意內閣受國會信任，同時亦爲國會大多數黨之領袖，一切重要法案多由內閣提出；國會與內閣態度常趨一致，總統欲否認國會通過之議案，而求領袖國會之內閣之同意以行之，能乎不能？此英國君主之否認權所以僅有法律上之存在。(一)而法蘭西總統之否認權（Suspensory Veto），則自憲法成立以來，且未嘗一試用也。(二)

至若關於人權各條，雖列舉頗詳盡，然爲『增進公益，維持治安，或緊急必要時，得依法律限制之。』是明明參議院有立法限制，或竟剝奪人民權利之大權；故民權苟無『最高司法』爲之保護，勢必爲專橫之

註一 Burgess: Pol. Sci. and Constitutional Law, p. 203.

註二 參閱 W. B. Munro: Governments of Europe, p. 407.

議院所侵犯，約法於此亦似未曾注意及之。㊀

參議院議員每省及西藏、內蒙古、外蒙古、各派五人，青海派一人，是其人數較前已大增加。㊁然每省各派五人，仍採地方平等主義，而不以人口多寡為比例者也。至其選派方法，亦仍歸各地方自定；或由民選，或由都督指定，或由省會舉出均可，各因情勢之便以行事。然當時論者，對於參議員之由各省都督指派者，既嘖有繁言，謂其不合代議制度之精神，㊂故自臨時約法公布後，各省加派之代表，㊃幾盡易為民選，迨參議院移至北京，民選議員已佔什之八九云。化地方代表為人民代表，亦統一之趨勢使然也。

第三節　孫文提出之臨時政府組織法草案

臨時政府組織大綱修正之議初動，孫總統即向參議院提出『中華民國臨時政府組織法草案』，請求討論，惟參議院多數主張自行起草，元年正月三十一日議決將原案退回政府，㊄故該案遂無形取消；而

註一　參觀 Burgess, The Reconciliation of Government with Liberty, Ch. I.

註二　前據臨時政府組織法每省派三人。

註三　湖北臨時省議會曾以參議員非出自民選為詞，發起另組臨時國會之議。

註四　原有三人加派二人。

註五　見南京參議院議事錄元年正月三十一日。

由參議院起草之臨時約法繼之誕生焉。考『臨時政府組織法草案』之內容，大致與臨時約法相彷彿，全案分七章共五十五條，規定人民權利，採用內閣制度，惟其異於臨時約法者，約有下列數點：

(一)關於召集國會期限之不同：該草案規定臨時政府成立後一年內，須開國民議會制定憲法、選舉大總統；而約法則規定自本法施行後，限十個月內由臨時大總統召集國會制定憲法。

(二)關於臨時總統選舉法之不同：該草案規定臨時總統由各地方代表公舉，任期至正式總統選出之日為止；而約法則規定總統由參議院選出。孫文之被選為臨時大總統，係由各省都督之代表會議，其時參議院尚未產出，故草案之規定，不啻追認此種選舉手續；而照約法之規定，則臨時總統須重新由參議院選舉也。

(三)關於臨時總統權限之不同：照草案，臨時大總統緊急時，得發佈同法律之敎令，約法則不能；照草案，臨時大總統可單獨宣告大赦及與外國宣戰媾和，而約法則加以參議院之同意權；故草案規定總統之權，似較約法為大。

(四)關於行政部組織之不同：草案有典試院、察吏院、審計院、平政院之設置，並申明各院官職官規不由總統制定，則其制定之權，歸諸參議院無疑。論者謂此即為中山五權憲法之徵。立法、司法、行政之外，尙隱寓監察、考官等權獨立之意。此說未免失之附會，蓋中山之五權論，承認彈劾權、（或監察權）與考官權，並立法、行政、司法、三權而爲五，應設五大獨立機關以行使之者也。今查該草案彈劾內閣員之權，仍屬諸參議院，審理決算案之權亦仍然屬諸參議院，是監察權之未分也；即所謂典試院與平政院，亦不過如美之 Civil Commissioner 與法之 Conseil d'Etat 爲行政部內之一部分耳，不得謂爲獨立機關也。然此種規定不見於約法。

（五）關於彈劾權之不同：草案規定參議院之彈劾權，止及於內閣；而約法則大總統亦可被彈劾。

（六）關於參議院議員人數之不同：草案規定參議院由各省公舉三人組織之，而約法則規定每省五人。

除以上所舉六端之外，該草案與臨時約法無大出入；然當日參議院，竟不肯接受，而必自制約法者，大抵以受命於政府，有傷立法獨立之尊嚴耳，非必反對該草案之內容也。㊀

第四節　遷都問題之爭論及袁世凱之就職

初，孫文向參議院辭臨時總統職時，曾在辭書中附有辦法三條：一、臨時政府地點設於南京，乃各省代表所議定，不能更改。二、辭職後，候參議院舉定新總統，親到南京受任之時，大總統及國務各員乃行辭職。三、

註一　參看王景濂法統遞嬗史附錄一至四頁。

臨時約法㊀為參議院所制定，必須遵守。當經參議院於二月十四日開會討論政府地點問題，議員多力持卽遷北京者，謂前者各省代表暫定南京為國都，係因大江以北尚在淸軍範圍。今情勢既異，政府為全國人心所繫，應設足以統馭全國之地。討論結果，多數可決臨時政府地點設於北京。惟翌日孫總統咨交覆議，仍主張繼設南京，參議員之大半卒翻前議，贊成南京之說，可決臨時政府地點仍設南京，然後選舉袁世凱為總統，請其南來就職。袁氏初未表示拒絕。然當日北方秩序正賴維持，東北人心尚難一致。京中人士聞袁之將南下，莫不危懼。未幾，北京第三鎮兵變，且蔓延及於天津、保定。自是北方大局更不能不賴袁氏之坐鎮。三月六日參議院乃議決變通辦法，允袁在北京受職宣誓。並請袁氏將擬派國務總理及國務員姓名電知參議院，以求同意。任定後卽在南京接收臨時政府交代事宜。孫總統則於交代之日始行解職。袁氏得電後，卽以三月十日在北京就職，並電傳誓詞於參議院，任唐紹儀為國務總理，並卽派唐至南京會商參議院簡任趙秉鈞、熊希齡、段祺瑞等九人為國務員，分長九部。組織已定，孫總統乃以四月一日頒解職令。四月二日參議院議決臨時政府遷往北京，旋又議決參議院移至北京開會。任黃興為南京留守，統轄各軍焉㊁

註一　時正在起草中。

註二　袁氏就職誓詞曰『民國建設造端，百凡待治，世凱深願竭其能力，發揚共和之精神，滌蕩專制之瑕穢，謹守憲法，依國民之願望，達國家於安全強固之域，俾五大民族同臻樂利。凡此志願，率履勿渝，俟召集國會選定第一期大總統，世凱卽行辭職。謹掬誠悃，誓告同胞。』

第五節　內閣制之破壞

新內閣爲孫、袁兩派所合組。惟袁派較佔優勢，重要各部如陸軍、(段祺瑞)海軍、(劉冠雄)及內務(趙秉鈞)等俱爲袁派佔據。而教育、(蔡元培)司法、(王寵惠)農林、(宋教仁)工商、(陳其美)各部則屬孫派。交通施肇基，與外交陸徵祥，無所屬。財政則屬統一黨之熊希齡焉。總理唐紹儀原本純粹袁派，及抵南京組閣時，乃加入同盟會，以實行內閣制政治自期。總統發令建議，均須經國務院之手，且有時被其駁還。袁氏病之，會袁取消王芝祥督直之命，改委王以遣散軍隊之職。唐總理以政府不宜失信於直人，力爭無效，乃拒絕副署，而袁氏委狀不待副署，直接交王。唐紹儀遂於元年六月十五日辭總理職，出京焉。唐閣已倒，袁世凱乃命陸徵祥爲總理，陸氏得共和黨及統一黨之贊助，其同意案遂於參議院通過。(註一)旋陸氏以提出閣員多爲參議院所反對，乃稱病不理政務；故九月二十四日又任命趙秉鈞爲國務總理，閣員無變動。蓋自陸氏爲總理以後，閣員事實上爲總統所支配，固大可不必與總理同進退矣。此亦內閣制頹敗現象之一端也。趙秉鈞曾列名同盟會，其組閣時，同盟會與統一

註一　是時參議院共有一百二十一席，同盟會及共和黨各得四十餘席，而統一共和黨稱爲第三黨，有舉足輕重之勢。共和黨以國權主義相號召，以擁護政府爲己任，與同盟會行動相反，時人目爲御用黨者也；而統一共和黨則折衷兩派之間，而其『注重民生採用社會政策』之政綱，與同盟會主張甚接近，故日後竟與同盟會合併也。

共和黨已合併爲國民黨，於是新組之國民黨佔參議院三分二之大多數，共和黨已立於少數黨位置，故趙閣之同意案絕不發生問題，且其時民黨要人孫文黃興均在京運動閣員加入民黨，對於袁總統亦極端聯絡，故趙閣員除海、陸兩長外，皆掛名國民黨，然實際上則彼等與民黨可謂毫無關係。趙內閣壽命雖較唐陸稍長，而遇事敷衍，無政策可言。唐內閣之初組織，猶略有責任內閣制之精神，本以總統之擅專而辭職。至陸內閣時代，事無大小皆總統府決之。趙內閣時代，則國務會議直移於總統府，其實權斲喪無餘，所謂內閣制者，已事實上變爲總統制矣。民國二年三月宋教仁被刺案發生（一）嫌疑及於內閣總理趙秉鈞，乃稱疾不出。

註一　宋案與二次革命：初唐內閣之倒也，同盟會要人宋教仁痛論混合內閣之不易持久，乃倡『政黨內閣』之議，主張以獨黨組織清一色內閣，謂其必如是始能發揮責任內閣之精神；其說大爲袁派所忌，格不得行。參議員欲擁宋教仁組閣，以竟唐閣未成之功，而宋亦逞其口辯到處宣傳主義。民國二年三月二十日，宋氏由上海起程入京，在車站突被人暗殺。江蘇都督程德全奉命查辦此案，事牽涉袁戚洪述祖及國務總理趙秉鈞，民黨大譁；袁氏知不免決裂，乃首向英、德、法、日、俄五國銀行團促成善後借款二千五百萬金鎊，以鹽稅抵押，時第一屆國會初召集，袁氏不交議決，逕自簽字；蓋國會選出後民黨議員仍佔多數，袁氏慮交議之不能通過也，故斷然獨行之。時南方數省已有聯合革命之謠，袁氏大款已得，乃免江西都督李烈鈞、安徽都督柏文蔚及廣東都督胡漢民職，國民黨人益憤。七月十二日李烈鈞遂舉兵湖口，宣布討袁，傳檄遠近，蘇、皖、閩、粵、湘先後響應。袁氏亦通告內外，謂李等不待國會督責政府妄行反叛，違抗約法，乃派兵南下，着着進攻，不兩閱月，民黨勢力完全失敗。領袖逃亡海外，得力黨員之遭屠殺者以萬計焉。蓋是時辛亥革命初告成功，兵戈甫定，戰血猶腥，人民望治之心至切，而袁氏驅除民黨之計劃又早有精密之預備，此二次革命之所以稱兵數十萬，蔓延六七省，不旋踵而風流雲散也。

迨民黨二次革命失敗，進步黨乘機擁熊希齡組閣，力倡內閣負責之議，以圖振作，爲袁氏所不滿，終於失敗而去。未幾袁氏之新約法出，採用總統制，而國務院遂廢焉。

第六節　國會組織法及總統選舉法

民國元年三月十一日公布之臨時約法，限十個月內召集國會。同年八月十日，先將國會組織法公布。定兩院制，參議院議員由各省省議會選舉，每省十名。蒙古二十七名。西藏十名。青海三名。中央學會八名㊀。華僑代表六名，任期六年，每二年改選三分之一。衆議院議員由各地方人民選舉，每省名額依人口之多寡而定，任期三年。並申明憲法未定以前，臨時約法所規定參議院之職權，盡歸國會行使。民國二年四月八日兩院始齊集京都，行開幕禮。五月一日兩院選出議長，國會告成，距約法公布之期，蓋已一年又幾二月矣。此次國會選舉，民黨復大勝利，參衆兩院皆占多數，號稱五百人。素與國民黨對壘之共和黨議員，不及三百人。民主黨㊁議員不及百人。又與政府有特別關係之統一黨議員，則僅二三十人。國會開幕後，共和、民主、統一、三黨以利害關係，乃合併爲進步黨。至是國民黨與進步黨在國會內，遂爲對峙之兩大黨焉。國會成立之初，

註一　案中央學會直隸教育總長，以研究學術增進文化爲目的。會員無定額，以在國內外大學畢業經該會評定者互選。

註二　由建設討論會改建者。

大多數議員本主張先制憲法，後選總統。及進步黨成立，極力贊助政府先選後憲之主張。民國二年六月該黨會於南京提出袁世凱爲正式總統候選員。及袁氏削平二次革命之後，民黨議員亦懾袁之勢，不敢堅持。故同年十月五日國會通過大總統選舉法，規定總統由國會兩院議員合併組織之選舉會選舉，以選舉人三分之二以上之列席爲開會法定人數，以得列席人數四分三以上之票數者爲當選。總統任期五年，得連任一次。（一）十月六日國會遂依大總統選舉法組織總統選舉會，兩次投票，袁世凱雖得票最多，然皆不滿法定四分三之數，第三次乃就第二次得票較多之袁世凱黎元洪二人行決選，袁世凱始以得票過投票人數之半而當選爲民國第一任正式大總統。是日有自號公民團體者數萬人，包圍議院數十匝，直至袁世凱當選之消息傳出始散。十月十日，袁世凱遂就正式大總統職焉。

註一　參看民國二年十月大總統選舉法第二第三兩條。

第五章　天壇憲法草案

第一節　憲法起草委員會之組織

臨時約法規定由國會制定憲法；按照民國元年國會組織法，則憲法之起草應由兩院各於議員中選出同數之委員行之。㊀二年四月八日，國會已正式開會乃先議定由兩院各選三十人爲憲法起草委員，復通過互選規則，選舉結果六十委員中民黨與進步黨最佔多數。其餘小政團，如大中、公民、政友會、超然派等，各佔數人不等。七月十二日，憲政起草委員會遂於衆議院開成立會，選湯漪爲委員長，並決定議事規則，以委員總額之半數議決一切。㊁旋擇定北京永定門內天壇祈年殿，爲憲法起草委員會開會地點，故稱爲天壇憲法草案焉。起草分二步：第一步大綱起草，第二步條文起草；大綱起草由張耀曾等四人提出議題多條，如行政部之組織採總統制，抑內閣制？國會採一院制，抑兩院制？人民權利是否用列舉式規定等等。計自八.

註一　國會組織法第二十條。

註二　見會規第九條。

意。』

擬修正爲『大總統任免文武職員。』

理由謂『國務員同意權不容於內閣制之國。』且『國會旣有彈劾權於後，自可不必有同意權於先。』

(三)約法『第五十二條臨時大總統經參議院之同意得宣戰媾和及締結條約。』

擬修正爲『大總統宣戰媾和及締結條約。』

理由謂『外交貴祕密神速……宣戰、媾和、決策之期間不容髮，不宜交議會討論。』

此三條修正外復擬於約法第四十條下增加兩條：(一)『大總統爲保持公安防禦災患，於國會閉會時，得制定與法律同效力之敎令。』(二)『大總統爲保持公安，防禦災患有緊急之需用而不及召集國會時，得以敎令爲臨時財政處分。』其理由大抵謂吾國地大民衆，欲求行政敏捷，效率增加，非以此權授諸總統不可。❶

第三節　袁世凱對於憲法草案之不滿及國會之解散

註一　吳宗慈憲法史前編第三章第二十二節。

上述提案，顯然為增加總統大權，防止國會干涉。議員等僉以憲法正在起草，不久可以完成，不必多費一番手續，以增修行將廢止之臨時約法；故未之應。同時天壇憲法草案大旨既粗定，對於袁氏意旨，毫未容納，採用責任內閣制度，保留國會，約法上之同意權等條，俱大觸袁氏之忌者。憲法起草委員會開憲法草案三讀會之日，袁氏派員到會陳述意見。該會以格於章，不之許。袁氏見無法挽回，乃以十月二十五日通電各省都督及民政長，反對憲法草案。電中有謂：『國民黨人破壞者多，託名政黨，為虎作倀，危害國家，顛覆政府。……此次憲法起草委員，該黨議員居其多數。所擬草案，妨害國家者甚多。……立憲精神，以分權為原則。……今草案第十一條國務總理之任命，須經衆議院之同意。第四十三條衆議院對於國務員為不信任之議決時，須免其職。比較臨時約法，弊害尤深。……使各部行政事事仰承國會之意旨。……直成為國會專制，自愛有為之士，孰肯投身政界乎？……綜其流弊，將使行政一部，僅為國會附屬品。……將盡天下文武官吏，皆屬於百十議員之下，是無政府也。……各該文武長官，同為國民一分子，且負保衞治安之責，對於國家根本大法，利害與共，未便知而不言。』又謂：『責政府以進行，又束縛惟恐其不至，故削大總統及政府之威信，使對內對外均無以保其獨立之精神，而為國會之役使。……一經成立，永無提議改正之希望，前途危險，不可言狀。』[一]此電出後，於是『各省都督、民政長、鎮守使、師長、旅長等，皆攘臂瞋目而議

註一　見吳宗慈中華民國憲法史前編第二十七節錄袁氏有支兩日通電。

憲法』。㊀張勳馮國璋韓國鈞等，更有請解散國民黨之電，謂：『關於憲法草案，該黨主張奇謬，破壞三權鼎立之原則……非將該黨從速禁除，無以定國本之動搖，饜人民之心理。』電入，袁氏乃以二年十一月四日下令解散國民黨，並撤銷國民黨國會議員，被撤銷者凡四百三十八人。於是參衆兩院，均以不足法定人數，不能開會。然猶向政府提出嚴重質問，態度至爲堅強。袁氏乃召集所謂政治會議者，以廣樹羽翼。政治會議者，乃由各省軍民長官代表，國務總理代表，各部總長代表，及總統代表合組而成者也。該會開會之日，袁氏前致訓詞，有謂：『約法因人成立，多方束縛，年餘以來，常陷於無政府之地位……現在救國尤須有強有力之政府。』又謂：『曾聞美國大法律家言，開國之初，本無所謂法律。』其暗示該會以毀滅約法之意，蓋至顯矣。同時黎元洪馮國璋張勳呂調元等三十餘人，亦聯電呈請毀法造法，並痛詆國會議員，謂：『其被舉之初，別有由來，非人民公意之所推定，謂爲代表，夫將誰欺？』又謂：『八百餘人，議論多而成功少，由令之道，七閱月而未立一法，雖遲以百年，亦復何濟？』末引美利堅一七八六年費列德費（Philadelphia）之憲法會議，謂：『當時會議之所議決，多軼出原有憲法範圍外，而自操制定憲法之權，論者不詆爲違法，先例具在，可爲明徵云云。』是明明慫慂袁氏解散國會，利用『政治會議』而自頒憲法矣。夫美國獨立之初，同盟約章(Articles of Confederation)未曾規定將來正式憲法之手續，十三邦各自爲國，所謂中央議會（Congress）

註一　谷鍾秀中華民國開國史第一五七頁。

者，本無制定憲法之權，故費城之會，遝以各邦代表主持起草之責，而無所牴觸，其與我國臨時約法之有明條規定制憲手續及修改約法手續者，自不可同日語。黎氏之喻，非愚則誣，徒使袁氏益無所顧忌，終於鑄成大錯，可慨也夫。袁氏得電後，即交政治會議議覆。尋該會覆稱國會既人數不足，事實上不能開會，則『停止議員職務，爲正當辦法。』故民國三年一月十日袁氏即以命令如議宣布停止議員職務，而國會遂解散矣。

第四節　草案產生時起草委員會中之形勢

憲法起草委員中六十人，以國民黨及進步黨最佔多數，進步黨初由共和民主統一三黨合成，頗擁護當時政府。後共和黨脫離進步黨而獨立，而進步黨之勢力稍衰。及贛、寧之役，民黨委員被殺者數人，逃走者數人。殘留之民黨委員，如湯漪、谷鍾秀、張耀曾等，乃與共和黨及進步黨中之民主派之一部合組民憲黨，以暫泯黨見，促進國憲爲目的。得黨員二十人。時起草委員六十人中，能到會者僅四十四五人。依議會規定，至少四十人始能開會，至少三十人始能議決；故無論何派主張，決難完全貫徹。草案條文，多曲徇各方意思，以求通過，因之含糊敷衍之處，在所不免。全文分十一章，都百一十三條，制度大半模倣法蘭西，而間雜於美利堅。關於地方制度問題，初以意見紛歧，一時不得結果。旋解散國會之議起，該會急於草案之完成，而地方制度問題遂暫擱置。茲擇其主要各條討論於左：

第五節　人權問題

憲法草案第三章第六條至第十二條，規定人民居住、通信、擇業、言論、聚會、信仰宗教等自由。『非依律不受限制』，或『侵犯』。此種條文意義似近空泛，不能予人權以切實之保障者也。考人權觀念，可分三派：其一，爲英派之人權觀念。英人自中世紀以來，即以人權爲受自法律而非天賦的個權。天賦之權，不與以法律剝奪。法律授予之權，無論其爲明授或爲暗許，皆可以法律取消者也。故英之人權，載在尋常法律及法院判決之明例中。其所謂『自由民』者，所享權利，俱可受法律之限制。其二，爲美派之人權觀念。本自法儒盧梭孟德斯鳩諸氏之學說，以爲個人自由與生俱來，秉賦自天。此種自由，非得其自己之許可，不得剝奪[一]。政府之權，已受自人民，則人民對於此種天賦之自由，必自行保留，萬無俾政府干涉之理。於是所謂人權者，遂視爲非法律所可限制之物，載諸憲法，以垂永久。載之憲法云者，乃以憲法承認其存在，而非以憲法產生此種權利授諸人民也。經憲法承認之後，政府不能侵犯，國會不得干涉。然其用廣而義微，必賴有獨立法院爲之隨時解釋，乃得完善。其三，爲歐洲大陸派之人權觀念。此派始與美同，而終則近於英，實則至今仍介居英美之間者也。法蘭西革命後之人權宣言，載在一七九一年之憲法，謂：『凡人生而自由，與同類有平等權。』

註一　見盧氏民約論。

而『政府之目的在於保護個人之天賦自由，財產安全，與抵抗暴力等權。』一七九五年之憲法，人權各條，尤積極列舉。然此後之憲法，不道人權隻字，而習慣已成，亦鮮敢犯者。比利時一八三〇年之憲法，亦有人權條，然不似法國初時憲法之詳盡，具皆受法律特別規定之限制，故關於宗教、言論、出版、交際、書信祕密等自由，均經憲法確定；然不受法律限制者，僅交際及書信祕密兩者而已；故甚近於英之人權觀念也。要之，美之人權，不受尋常法律之限制，其界說及意義不由立法部決定，而由司法部決定。英與歐洲之人權，其存在恃立法機關之承認，或予或奪，率由尋常法律行之也。[一]今天壇憲法草案所規定關於人權各條，其原則採自英制，予國會以限制人權之權者也。然英之憲法，純屬柔性憲法，其與尋常法之產生與修改手續，本不可分。國會為萬能，不論何種法律皆可由其變更或廢止，其不能容有天賦人權之存在者明甚。至於剛性憲法之國家，憲法位置已高出尋常法之上，則刊於憲法之人權，自不應受國會任意的剝奪或限制，否則毫無意思，反不若法蘭西一八七五年之憲法將人權各條完全删去也。吾人固不能謂此種人權不應受絲毫之『限制，』然所謂依『法律』者，必當有確定之範圍，方無濫用之弊。例如『言論著作自由，非依法律不受限制。』則國會無論何時均可通過取締報館或他種出版物之任何法律，則所謂自由者，不幾等於烏有？若憲法將國會對於人權之取締權，規定其範圍，例如：『言論自由，不得限制，惟在公衆治安與秩序有特別需要

註一　參閱 Goodnow: Principles of Constitutional Government, Chs. 20—22.

時，國會得立法限制之。』則其命意當較爲明顯，而有準則。其餘各條可以類推。

第六節　孔教問題

草案第三章第十九條規定人民有受初等教育之義務，並附『國民教育以孔子之道爲修身大本』一句。蓋爲迎合國民尊孔心理而設。聞當日憲法起草委員會中屬進步黨之委員，主張以孔子爲國教，而屬國民黨之委員則極反對之，結果兩方互讓，遂有此句之加入。其實『孔子之道爲修身大本』一語，詞泛而義晦，此種條文不獨爲憲法之贅物，抑且爲憲法之大忌。蓋法律可以裁制人之爲惡，而不能強迫人以爲善，道德信條，未聞有以憲法規定者也。且孔子乃二千餘年前之哲人，其理想不能盡求適合於現在之時勢，如『尊王攘夷』，在春秋可行，在今日則將爲拳匪與復辟黨之論調矣。此項規定，徒貽日後桀黠者以欺民竊國之機會耳。

第七節　兩院制與一院制問題

草案第四章第二十一條規定國會由參議院及衆議院構成，卽所謂兩院制者也。起草諸人，鑑於近世列強幾盡用兩院制，而我國幅員廣大，人口多寡，各省不同，若僅有以人口爲比例之代議院，則蒙、藏、青海，及人口稀少之各省，必不能自安，國會當永爲大省所把持，故設參議院以調劑之。然準諸當日情勢，此種理論似難成立，蓋天壇憲法既不用聯邦制，而採單一制；省治直隸中央，則無大小之別。議會代表全國，則無地方代表多寡之分。況內閣制實行，行政對下院負責，上院事實上幾同贅疣。共和國家一切平等，無貴族與平民之分，效顰英、日、意之貴族元老院，則更覺不倫。聯邦國家如美、德、瑞士，其上院之設，猶曰代表地方，與代表人民之下院作用不同。今草案所規定之上院，已非代表地方，又非代表階級，硬將一樣人民之代議機關，劈分爲二，徒斤斤於年齡任期上之區別，謂其卽足以收折衷調劑之功，抑亦末矣。要之，兩院制度雖今日爲民治國家最通用之制度，尤以行元首制或聯邦制之國家爲最當。然其目的，實不外使雙體之立法機關，立於平等地位，以收相制相衡之效。故此種制度，不宜與內閣制並用，蓋內閣制行，下院勢力必大於上院，平衡之勢失；而上院更不能有相制相衡之作用。此英國行內閣制之殖民政府，所以相率廢兩院爲一院。歐戰後行內閣之新國，亦多採用獨院制也。㈠

第八節　兩院開會法定人數問題

草案第三十七條規定『兩院非各有議員總數過半數之列席，不得開議。』是兩院各以本院總數過

註一　如南斯拉夫、芬蘭、埃士安尼、保加利亞、土耳其等國。

半數之多數爲開會法定人數也。此爲沿用美、法、意諸國之慣例。此制最大之危險，在於俾少數黨以破壞開議之利器。蓋少數黨自知勢力不能與多數黨相敵，使其出席投票，則勢不能阻多數黨所提議案之通過。（常例以出人過半數之同意決定一切）轉不若以不出席方法抵制，使到會者不足法定人數，則無從開議。此其爲弊，近世、歐美學者無不痛切指謫，而主張法定人數之減少。人數減少，則開會易，無論小黨或大黨議員，均不敢不出席自放棄其利權，俾敵黨以把持壟斷之機會。故英國上議院議員共約五百人，到會者如有三人卽可開會。下議院議員計六百餘人，到會者如滿四十人卽可開會。日本國會亦以三分一總數爲開會之法定人數。法定人數愈少，而到會者愈踴躍，此必然之勢也。吾國自有議會以來，屢因不足法定人數而流會。尤以民國十一、十二年議憲時流會至四十餘次，皆此過半數之法定人數之成例種其惡因。今後制憲者，當亦知所戒歟？

第九節　不信任權與解散國會權

關於國會之不信任權，規定於草案之第四十三條『衆議院對於國務員，得爲不信任之議決。』而總統之解散國會權，則規定於第七十五條，『大總統以參議院列席議員三分二以上之同意，得解散衆議院，但同一會期，不得爲第二次之解散。』及第八十二條『國務員受不信任之決議時，大總統非解散衆議院，應即免國務員之職。』近人之主張元首制者，對於草案此數條之批評，有謂不信任權，將養成國會專制之弊；蓋以其僅須出席人數過半數之表決，即可行使。易行使者，必流於濫。且政府政策不良，可以不通過預算抵制，不必以不信任權施其監督，而更以解散議會權授行政部爲交換品也。其實責任內閣制之最大功用，在於使立法行政兩部常存一種協作之精神。倘內閣不得國會多數之信任，則立法、行政兩方已呈衝突現狀；此時內閣如自信其政策足以得人民之贊許者，則可令國會改選，以冀能得一與內閣意見一致之新國會；否則當自引退，俾國會組一能與協作之內閣。此解散國會與不信任權所以必同存於內閣制之下也[一]。夫三權鼎立之說，至今日明政治學者，莫不目爲空論，未能見諸實行。篤信其義者莫合衆國若；然就其百餘年之政治歷史觀之，三權從未有完全平等之日也。降至近今，元首制度事實上亦漸趨於議院制度。[二]故謂用元首制（即總統制）即可永保三權之平衡，此不明政治之運用者也。若懼議院濫用『不信任權』以成專制，不知不信任案提出時，議院與內閣同在危險地位，內閣可用解散國會方法訴諸人民以求自衛也。在此種情勢之下，議院決不敢輕於嘗試，予內閣以難堪。至於用不通過預算方法抵制內閣，在內閣制國家固爲國會

註一　參閱 Bagehot: The English Constitution, No. I. 及 Courtney: The Working Constitution of The United Kingdom, Ch. 12.

註二　參閱 W. Wilson: Congressional Government of The U. S., Ch. 1.

推倒內閣之一種手段，然此僅限於每年一度之預算案，其不能擔保立法與行政平日之合作者甚明。若在元首制國家，則預算之通過與否，對於內閣之存在或改組更無甚影響矣。故不信任權之規定，可謂至當而毫無問題。第其所不足者，乃議會對於行政部他種監督方法未有規定耳。案推倒內閣慣例，在英有四：(一)不信任議決。(二)否決預算案。(三)反對政府提出之重大議案。(四)通過政府所反對之議案。四者之中任何一事，俱足以令內閣改組。而內閣（用英王名義）解散國會之權，則幾無限制。今草案已採用內閣制，而國會之對內閣，止有不信任權一種，至如在預算案之被國會否決時等等，內閣仍可頑然不動，必俟再將不信任案提出通過，然後改組，是則仍有損於內閣制之精神者也。又該條『對於國務員得為不信任之議決』一句，命意亦嫌含糊，蓋所謂『國務員』者，其指全體言耶？抑指各個言耶？在英內閣對國會之責任，為全體同負的。一人被不信任，全體卽須總辭，此一制也。在法內閣對國會關於大政方針，全體負責，關於一部之事，由各員單獨負責，故總辭抑或單辭，一視國會所反對事件之性質為斷，此又一制也。今草案止用『國務員』三字攏統言之，不知其究取英制？抑取法制？殊欠明瞭。至於解散下院，原為訴諸人民之意，故內閣之為是為非，選民實為其最高裁判者，又何必經參議院之同意？夫參議院之自身，原為國會之一部，今授國會此部以解散他部之『同意權』，於理已有所不可，通實行時梗礙尤多。苟參議院之多數為同黨也，則行政部必不易得其同意，此種解散權將等於烏有；苟參議院之多數與衆議院之多數為兩敵黨也，則參議院可勾結行政部利用此權以排擠反對黨，使立法內部，失協作之精神，生猜忌之惡感，而參議院遂永陷於政治旋渦而不能自拔，其弊可勝言哉！英國爲內閣制發祥之地，未聞其政府解散下院須得上議院之同意也。此項條文，顯然抄襲法蘭西之制度，然法蘭西一八七五年之憲法，大半成於帝制黨人之手，欲故增上院之權以抑下院，故雖共和奠定，而其上院尙有終身之議員。此種制度，詎足爲後來之模範者哉！又原總統解散國會權，僅及於下院者，多因君主國上院代表貴族與平民無關，故只改選下院，以覘民意，歐戰後之各國新憲法中解散權不及上院者，亦因其所謂上院初非純粹立法機關，乃代表地方政府，參與中央行政及立法事宜者也。㊀若上議院之組織及職權與下議院實無大差異者，理宜一律受總統之解散。比利時兩院均定期改選，故兩院同受比王之解散，此良例也。

第十節　關於國會議員被捕或監視之限制

草案第四十九條，規定『兩院議員，除現行犯外，非得各本院或國會委員會之許可，不得逮捕或監視。』所謂『現行犯』者，指當時被獲之刑事犯而言，犯罪情節不論輕重，統括在內。根據此條，則議員無論在會期中與否，均可因不論輕重之現行犯而被捕拘禁。國會不能以議事之緊急，請其暫行釋放，此實予野

註一　如普魯士德意志憲法。

心家以破壞立法之機會。近代各國憲法，對於議員之逮捕，均嚴加限制。美國憲法規定議員在會期及赴會與離會旅行中，除犯叛逆或擾亂地方治安大罪外，不被逮捕。㊀法比各邦憲法，則規定議員犯罪被捕時，得因議院之請求，在會期內暫停其拘禁或逮捕。是皆利議會之進行，防行政部之蓄意破壞，意至善也。且會期之後，犯罪議員仍可照常繩之以法，固無絲毫假借以縱議員行惡。今草案此種規定，議員如犯現行犯，雖極小之事，亦可被捕，國會無法挽救，或竟因此而發生開會法定人數問題，危險大矣。

第十一節　解釋憲法之機關

關於憲法之解釋，草案第一百十二條規定『憲法有疑義時，由憲法會議解釋之。』而憲法會議則於第一百十三條規定『由國會議員組織之。』並詳及其會議規則，謂『非得總員三分二以上之列席，不得開會，非列席員四分三以上之同意，不得議決。』據此兩條，則操有解釋憲法大權之『憲法會議，』乃由兩院議員所組織，實則國會之自身，其異於國會之尋常會議者，僅在於兩院聯席，及開議須得總員三分二以上之列席，議決須得列席員四分三以上之同意耳。再查草案第九十四條規定，『法律與憲法衝突者，無效』之一段，參照則知法律效力，固在憲法之下，而其是否與憲法衝突，則必有待於憲法會議之解決。詳言

註一　美國憲法第一章第六節。

之，卽必得兩院總員三分二之出席，出席員四分三之同意，然後能解決此項問題也。夫國會乃立法機關，一切尋常法律須經兩院出席人過半數之通過，乃能成立，今謂經國會過半數通過之某種法律與憲法某項牴觸，乃將原案再交同一國會，欲得其四分三大多數之同意，以自行取消其日昨已經得過半數議員贊同之法律，事實上似難實現。恐至其時，議員等不自甘蒙違憲之羞，將曲解憲法以自護，雖眞有與憲法牴觸之法律，亦決不能取消矣。且憲法會議之行使其解釋權也，必有重大之爭端，或問題亟待某條憲法解釋之後，乃能決定者。今乃聚兩院八九百之議員而議之，又必得四分三大多數之同意以表決之，苟不得此大多數一致之意見時，則憲法便無從解釋。該案便可延宕至無定期，豈不誤事？司法裁決貴迅速，此種繁難之手續，不宜於解釋憲法者也。考近世解釋憲法方法，不外三種：其一，由國會自己解釋者，如瑞士是。㊀其二由大理院解釋者，如美國是。其三，由議院選出之憲法裁判所專司其事者，如奧大利是。㊁就此三者而論，第一法之弊，上文已略言之，茲不再贅。然其能行之於瑞士者，因瑞士人民能時用其直接立法之權㊂以監督議會，議會如有不良或違憲法律，人民可直接用複決權以取消之。若施諸吾國，則其弊不能幸免。蓋我國地大民衆，

註一　君主國如意大利、比利時亦然。

註二　奧大利法院有尋常法院，行政裁判所及憲法裁判所三種。憲法裁判所法官任期爲終身的。

註三　如複決權創制權等。

勢不能行人民直接立法以監督議會也。至於美制之用大理院為解釋憲法機關，與奧制之由特設之憲法裁判所為此種機關，二者形式雖殊，精神則一，其主旨要在於得超出黨派之司法機關，以負保護憲法之重任，使憲法之尊嚴與效用長存不替，故其法官之任期必為終身，所以免政潮之影響也。法官之資格，必為深於法學德高望重之人，所以免非材之濫竽也。法官之判決必為最後，再無他種機關可以修改，或平反者，所以免立法行政各部之僭越也。美奧兩制所不同者，為法官產出之手續，與法院權限之範圍耳。奧之法官由國會兩院選出，美之法官由大總統指定，上議院承認之。在奧，憲法裁判所之外，更有行政裁判所，與尋常法庭之設，故其憲法裁判所之權，僅限於憲法問題，與彈劾案。在美，則大理院為獨一無二之最高司法機關，一切問題歸其解決，故大理院之司法權甚廣，不僅限於解釋憲法焉。今據草案第八十六條民國法院『受理民事刑事行政及其他一切訴訟』……是其法院已無『尋常』與『行政』之分，為統一司法計，則從美制似較善也。

第十二節　選舉大總統方法

草案第五十七條規定，『大總統之國會議員組織選舉會選舉之。』近世民治各國，不論其採內閣制，或總統制，行政元首之位均為超然的，無須對國會負責者也。君主立憲國家，元首世襲者無論矣，即行內閣制之共和國家，莫不同此原則；蓋借此以保持行政之地位，雖與國會合作，而不至降爲國會之附庸也。若總統由國會選出，在初行代議制度之國家，政黨之組織未備，議員之團體未堅，國會必成全國政客之戰場，而爲奸黠輩所利用操縱。如吾國袁氏以武力脅制國會，曹錕以金錢賄買議員，皆得致身總統之位者，可爲明例。其在久習代議制度，議會勢力比較穩健之國家，則總統將爲國會多數黨之傀儡，行政部將馴成附設國會之一委員會而已；瑞士總統即其例也。瑞士行政組織用委員制，其總統不過爲行政委員會之主席，實權與他委員等。與吾國憲法草案所設置之總統有種種特權者性質絕不相侔。法蘭西採內閣制，其總統亦由國會選出。結果不獨內閣須對國會負責，即總統亦事實上受國會操縱，仰國會大多數黨之鼻息以圖存；其獨立之位置爲憲法所加意保障者，至是幾於完全消滅。一九二四年大總統米利侖（Millerand）之被國會逼迫辭職，即爲行政受制立法之明徵，此種事實上對國會負責之總統，在內閣制國家實無存在之必要。蓋行政部已有總理及閣員對國會負責，又何必於總理之上再加上一對國會負責之總統，而建一疊床架屋之制度哉？

產生總統方法除國會選舉之外，則有民選一途；而民選方法可復分爲二：其一，由人民直接選舉者：依主權在民之原則，共和國家之元首自應由全國人民選舉推戴。然徵諸實事，行者絕少。除巴西元首，及歐戰後之德意志聯邦總統直接由人民選出外，他國殆無採用者。法蘭西一八四八年第二次共和成立後，嘗採此制，惟因拿破命第三借民選總統爲帝制階梯，故至一八七〇年第三次共和成立之後，遂改由國會選舉。㊀其二，由人民間接選舉者：地大民衆之國，以全民選舉不易進行，乃用間接選舉方法，首由地方人民選出『選舉員，』再由選舉員投票決選總統。採此制者如美國、墨西哥、智利、阿根廷、及歐戰後之芬蘭等是。人民直接選舉之法，在大國難於施行，故間接選舉一法，似較妥當。人民授其意於『選舉員』以選舉總統，其監督爲直接的。『選舉員』受命於人民，以投票其責任爲唯一的。非若國會選舉總統之可完全自由也。故非法運動當可減少，而民選總統直接對人民負責，亦可以保持行政之尊嚴與獨立，則責任內閣制下之總統，庶不至形同贅疣耳。

第十三節　憲法修正手續

草案第一百一十及一百一十一兩條，規定『憲法之修正，由憲法會議行之；』惟『國體不得爲修正之議題。』近代共和國家，其憲法均屬剛性。剛性憲法雖含有『可變性，』然不能有『常變性。』蓋百年大法，衆制之宗，非可朝令而夕改者。此憲法之修改手續，所以必鄭重出之也。今日世界各邦，除大英帝國之柔性憲法可由巴里門以尋常立法手續增修外，莫不有特別手續之規定焉。㊀然英之憲法事實上不常變更。

註一　在美國地方行政長官多由人民直選，惟總統則否。

註二　意大利一八七〇年統一後之憲法亦可由國會以通過尋常法律手續修改之。然憲法中並無修改手續之規定。

蓋其憲法根據習慣，具保守之性質，且常有一種神祕之尊嚴，人民視之輒自然遵守，故其效力往往較人工製造之成文法爲大。故柔性憲法雖富有伸縮性，實不能謂爲不穩健也。㊁然英憲之效力，植基於其固有之習慣與歷史，非他國之所能模倣者。近世立憲國家幾全採用剛性憲法，而此種憲法之修改手續，可約分四種：㊁其一，由國會以特別手續修改者：如新德及日本由兩院各有三分二之出席，出席議員三分二之可決行之。巴西(Brazil)則必經國會三次繼續之討論，每次皆得三分二之可決行之。荷蘭、比利時、瑞典等國則修改憲法時，將國會解散，以新國會討論決行之。法蘭西及海第(Haiti)則以國會兩院聯席行之。㊂其二，由臨時組織特別機關修改者：如北美聯邦各邦之邦憲，其修改必用臨時召集之憲法會議行之。其代表多由民選。阿根廷、杭都拉斯(Hondurus)等國亦先由議會通過，再由憲法會議決定之。其三，由地方政治機關批准者：如美國聯邦憲法必經四分三之邦之批准，乃生效力。澳洲及墨西哥則僅以過半數之邦之承認行之。其四，由人民直接投票決定者：如瑞士之聯邦憲法之修改必得投票人民過半數之贊成。美國聯邦中之各邦，其邦憲之修改幾盡須人民複決，通常以投票者過半數取決，惟印帝安那 (Indiana) 及阿里干(Oregon)

註一　英自愛德華第三 (Edward III) 至詹姆士第一 (James I)垂二百五十餘年，憲法主要內容未嘗有所更動。

註二　關於剛性及柔性憲法之討論，參觀 James Bryce: Studies in History and Jurisprudence, Vol. I, Essay III.

註三　按海第遠在一八四三年，既用此制，故論者疑法制抄自海第。

二邦，則規定全體公民之過半數。奧大利一九二〇年之新憲，則規定憲法之全部修改，必付國民複決，至部分修改，如國會有三分一之議員要求時，亦須交國民複決。總上四法而論，由國會修改者，無論其手續或簡或繁，其與民意究屬間接，㊀且修改憲法，爲共和國家最重要之大權，不宜單獨付與政治機關之任何一部者也。蓋憲法爲國家一切法律之源泉，若增改之權操諸一部，難免局部專制之弊，如國會操有此權，則可隨時任意擴充其職權之範圍，而減削行政、司法、他部之勢力。國民又不能直接行使其監督權，壟斷國憲，惟我獨尊，專制事實將無幸免。授國會以提出憲法修改案之權則可，授國會以議決憲法修改案之權，則恐過當。愚意憲法已爲國家之最高法，非握有國家主權者，不能修改，此權之宜在人民，或由人民直接組織之特別機關行之者，理至顯也。惟複決之制，亦不適於吾國之中央憲法，故較良而可行者，其惟民選的國民憲法會議之一端乎。

註一　關於此點，則召集新國會修改憲法，如比利時者，似爲議會修改制中之較善矣。

第六章 袁世凯之新約法

第一節 政治會議對於兩大問題之議決

袁世凯於民國二年十一月四日下令解散國民黨，撤銷國民黨國會議員後，即於十二月十五日，召集其所謂政治會議者，討論解散國會及修改臨時約法兩大問題。該會議迎合袁氏意旨，贊成停止兩院議員職務。袁氏乃以三年一月十日以命令解散國會，而天壇憲法草案亦遂隨之廢置。同時政治會議呈覆袁氏，稱臨時約法有修改之必要，謂：『查臨時約法成於南京臨時參議院，該院為十四省所派代表組織而成。彼時兵事甫息，民意未伸，起草各員，倉猝竣事，既不暇於中國民情國勢逐細考求，而於國家機關權限之分劃，又不免參以成見，故實行以來，障礙叢生，舉國訢病。……現在國事日棘，非刷新政治無以救國家之危，非增修約法，無以立刷新政治之本。……本會議依據法理，參之時勢，僉以為宜於現在之諮詢機關及普通之立法機關以外，特設造法機關，以改造民國國家之根本法』云云。旋政治會議復因袁氏之意，於三年一月二十四日議定約法會議組織條例，由京師選舉會選出四人，各省選舉會各選二人，全國商會聯合會選舉會選出四人，蒙藏、青海選舉聯合會選出八人，共組約法會議。每選舉會有監督一人；在京師者以內務總長爲監督；在各省者以各該省民政長爲監督；在蒙藏、青海者以蒙藏事務局總裁爲監督；在全國商會聯合會者以農商總長爲監督。至其選舉方法則極奇特。選舉區限於各省之都會，謂都會爲人材中集之區，而縣、市、村、鄉，盡當除外。一方面使各地選舉監督於一定條件之下調查「選舉人」，編成名册，組織選舉會，並以更嚴重條件之下提出「被選舉人」，其數均各倍於法定員額有差，以之提出於該選舉會作爲被選舉人。㊀而一面仍由選舉人於列入名册之被選舉人中，以「自由意思」「投票公選」。㊁此外復由總統指定委員七人至十一人特組「議員資格審定會」於北京，爲「糾正選舉監督之機關」。當選人復須經此機關

註一　凡充任「選舉人」者，必須具下列四種資格之一：(一)曾任或現任高等官吏而通達治術者。(二)由舉人以上出身而夙著聞望者。(三)在高等專門以上學校三年以上畢業而研精科學者。(四)有萬元以上之財產而熱心公益者。至充任「被選舉人」者，則必具下列三種資格之一：(一)曾任或現任高等官吏五年以上而確有成績者。(二)內外國專門以上學校習法律政治三年以上畢業，或舉人以上出身習法律政治之學而確有心得者。(三)碩學通儒，富於專門著述而確有實用者。其限制之嚴，實爲世界各國選舉法中所僅見。而所謂「確有成績」，「確有心得」，「確有實用」與「夙著聞望」，「通達治術」等語意又極含糊，其預爲各選舉監督任意操縱之地，可謂司馬昭之心，路人皆見。

註二　惟按照組織條例第九條，各地選舉人必滿被選舉人定額十倍以上時，方可開會選舉。蒙藏、青海，則至少五倍以上。

審查合格，方得充任議員。此法用意在於使各地選舉可由選舉監督一手操縱，而各選舉監督復受議員資格審查會之節制。所謂議員資格審查會者，又爲大總統之御用機關，一言以蔽之，選舉人與被選舉人均由各地政府稟承中央之意旨指定。此種當選人所組織之約法會議，直中央之傀儡，亦即大總統個人造法之工具而已！乃文其名曰『公選』，美其事曰『尊重造法機關』，欺人甚矣！㊀

第二節 約法會議之成立及『新約法』之產生

政治會議通過約法會議組織條例後，袁氏即於民國三年一月二十六日以教令公布。同年三月十八日約法會議遂開會於京師。到會議員共計五十七人，選孫毓筠爲議長。三月二十日袁氏即以增修臨時約法大綱案咨交約法會議。咨文有謂：『施行約法爲一時期，施行憲法當別爲一時期，施行約法與施行憲法已應別爲一時期，則第一要義之所在，當知施行約法爲國家開創時代之所有事，即與施行憲法爲國家守成時代之所有事者，截然不同。夫以吾國領土之廣，人民之衆，國家財政人民生計復日趨困窮，加以紀綱廢弛，法制凌雜，行政之秩序已紛若亂絲，地方之情形尤危若累卵。積以上種種險象，幾於不可終日，而溯由來，

註一 約法會議組織條例全文見民國三年東方雜誌第十卷第九號時事日誌，並參看吳宗慈民國憲法史前編第三章第三十節。

仍無非約法上行政權薄弱之所致。惟事關改造國家根本大法，未便以本大總統一得之愚，拘束衆議。……相應依照臨時約法之規定，將增修大綱彙案提出，咨請貴會議開會討論，如荷贊同此項「增修約法案」，即由貴會議起草議決……』云云(註一)。計所提出『增修約法大綱』凡七項(一)對外宣戰，媾和及締結條約由總統獨斷，無須預得參議院之同意。(二)官制官規之制定及國務員與外交大使之任用，由總統自決，無須參議院之同意。(三)採用總統制。(四)正式憲法不由國會制定，而由國民會議制定，總統公布其起草權亦應歸諸總統及參政院。(五)總統得自由褫奪或回復人民之公權。(六)總統得發與法律效力同等之緊急命令權。(七)總統有財政緊急處分權。此七項增修約法提議，較諸袁氏民國二年十月向國會提出之修改案更加兇厲，蓋前次之提議中尚無第三、第四、及第五諸項也。此種提案之用意，直將臨時約法根本取消，而易以自制之新法已耳。憲法會議接到袁氏提案後，當即循例列入議事日程，討論審查結果一致贊成；遂由議長指任王世徵夏壽田等七人爲起草委員。草案已成，乃提交大會討論通過。計議定新約法十章，共六十八條，於民國三年四月二十九日咨交總統府，五月一日由袁氏公布。此法公布後，而民國元年之臨時約法及國會組織法等，遂一概宣告廢止焉。

第三節　各省省議會之總解散

註一　見王景濂民國法統遞嬗史第三十六頁。

袁氏既以民國三年一月十日解散國會，猶慮各省省議會之同情於國會議員，而批評中央，鼓動國人之反感也，乃復於同年二月四日特擬解散各省省議會一案，提交政治會議議決。令曰：『據各省都督民政長等電稱各省議會成立瞬及一年，於應議政事不審事機之得失，不究義理之是非，不權利害之輕重，不顧公家之成敗，惟知懷挾私意，一以黨見爲前提。……蓋緣選舉之初，國民黨勢力實佔優勢。……根本既誤，結果不良。……不如暫行解散等語。所陳各節，自係實情，應如所請，交政治會議公同議決』云云。至二月二十八日政治會議議決呈覆，謂：『各省省議會根本上之不應存在，法律事實均有強固之理由，請將各省省議會一律解散。所有一切行政事宜，由各省行政長官力負完全責任。……毋庸另行召集』等語。袁氏據此，即日下令將各省省議會一律解散。並自謂並非『蔑視輿論』，實因『刷新政事』，不得不然云云。至是各省議會遂宣告總死刑焉。表面觀之，袁氏種種兇狠手段，似有政治會議爲其虎倀，其實當時之所謂政治會議，完全爲袁氏個人御用機關，袁氏借之以爲卸責之地，無俾衆矢咸集一人之身而已。[一]

第四節　新約法之內容及其批評

論者以新約法爲袁氏實行帝制之階梯，完全爲其個人私制，無絲毫民意以爲根據，法律上不能承認

註一　關於解散省議會之命令見東方雜誌第十卷第九及第十兩號。

其存在；故往往棄置不談，以示『春秋筆削之微旨』。（一）惟按新約法於民國三年五月一日由袁氏公布後，至民國四年十二月十二日袁氏下令稱帝之時始行廢止。其實行時期爲一年又幾七閱月。此歷史上之事實，亦予吾國民以政治上之一特種經驗，似不宜削除不論也。茲將該法內容述評之如左：

新約法之唯一目的，在於增加總統之權力，減削議會之牽掣，與臨時約法之精神完全相反。全文計六十八條，雜採美國、日本及歐洲大陸各國憲法中最偏重行政之條文，再加以別出心裁，獨自創作之集權制度，以實行其『一人政治』主義。如確定元首制，大總統止對國民負責，（二）倣美制者也。大總統總攬統治權，統率全國海陸軍，獨握宣戰媾和大權，並有發布命令及與法律有同等效力之教令等權，則倣日制者也。（三）大總統經參政院之同意，有解散立法院之權，則倣法制者也。（四）人民自由權利統受議院法律之限制，則倣英制者也。（五）至於大總統對於立法院議決法律之否認權，幾爲絕對的，其效力之大，遠過美國總統之否認

註一　吳宗慈民國憲法史前編第三章。

註二　約法第十六條。

註三　約法第十六、十九、二十、二十二、二十三各條。

註四　約法第十七條。

註五　約法第五條。

權，而等於舊德意志皇帝之以「不公布」方法，可完全取消國會一切法律案者也。㊀此種極端之獨裁制，當時附和者如古德諾氏（F. J. Goodnow）等謂『歐洲之政俗，注重立法部。亞洲之政俗注重行政部。未可以此例彼。故對今日所新修之約法，欲知其結果之良否，必先研究其能否適宜於中國之國情……使中國歷久相傳之君主政體變而爲共和政體，得以晏然無事而絕不生妨礙於其間爲宗旨。』古氏又謂『凡用內閣制之國，其人民於代議制度已早有數十百年之經驗，而中國固無此也。且用內閣制之國，多係君主國，其用此制者，蓋以世襲之君主常不負責，故必得一負責任之內閣，而中國又非其例也……新約法變內閣制爲元首制，若以美之先例言之，此制實爲共和國之良法……新約法給予政府之權，有遠過於美國者，……惟中國習慣本重行政，不重立法。今在除舊更新之始，人心未定，故不可不暫存舊制，而偏重行政之權』㊁古氏當日爲袁世凱之政治顧問，其言自多曲袒政府之處，今引之於此，亦以見新約法用意之所在耳。茲將新約法中主要數點分論如左：

註一　按約法第三十四條云『立法院議決之法律案，大總統否認時，得聲明理由，交院覆議。如立法院出席議員三分二以上仍執前議，而大總統認爲於內治外交有重大危害，或執行有重大障礙時，經參政院之同意，得不公布之。』其在美國，如國會三分二以上仍執前議，則大總統之否認權，無論在何種情勢之下，均不能行使。

註二　見古德諾著新約法論，民國三年五月出版。

（一）大總統責任之規定　約法第十六條『大總統對國民之全體負責任。』此蓋襲美制以示行政元首不受議會之監督者也。然對人民負責之總統，必由人民選舉乃一定不易之理。故美之總統由民選之『總統選舉員』選出。今按民國三年十二月袁氏公布之修正大總統選舉法，（註一）荒唐奇特千古未有。該法規定大總統任期十年，得連任至無盡期。每屆行大總統選舉時，由大總統推薦三人爲候選員，將其姓名親書，密儲金匱，其鑰由大總統掌之。至於大總統選舉會，則由參政院及立法院各選五十人組織之。（參政院全體均由總統任命者）選舉之日，大總統將所推薦有候選總統資格者之姓名宣布於總統選舉會，如大總統因故缺職，則由選舉會會長指定會員十人監視開啓金匱，宣布大總統推薦之候選員人名。總統選舉會除就被推薦三人投票外，得對現任大總統投票。尤可異者，該選舉法第十條規定，每屆選舉年，參政院『認爲政治上有必要時，』得以三分二之同意『爲現任大總統連任之議決，由大總統公布之。』據此則總統非由民選，事實上乃由其自己指定之參政院決選。人民已無選舉之權，更何責任之可監督。則所謂對人民負責云者，亦猶謂天子對天負責而已。且其任期名爲十年，實則終身，並可世襲。因連任無限制，而候選員又由總統自定，總統儘可授意於其自己所指定之參政院，而操縱選舉也。（至於副總統之選舉，該法規定由繼任之大總統推定三人用選舉大總統之規定行之）吾人參觀此種選舉法，益見新約法之所謂大總統對人民負責者，完全爲欺人之語。使此法實行，則民國總統變爲世襲之皇帝

註一　見王景濂中華民國法統遞嬗史附錄第十四頁至十六頁。

矣。

（二）參政院位置之特殊　新約法設參政院以應大總統之諮詢，審議重要政務，（註一）其性質與尋常之立法機關迥殊。按據民國三年五月二十四日約法會議所議定之參政院組織法，則參政院之參政，純由總統任命，然其權力絕大。其經新約法所規定者，可大分兩種：一、權之具永久性者，如大總統得參政院之同意，可以解散立法院，（註二）可以不公布經立法院三分二通過之法律，（註三）可以發緊急敎令代法律，（註四）可以爲財政緊急之處分等。（註五）二、權之屬於臨時性者，如參政院有推舉憲法起草委員，審定民國憲法案之權，及在立法院未成立前代行立法院所有職權。（註六）參政院於三年六月二十日成立，而原來之政治會議，至是取消。政治會議所有職權，亦遂隱爲參政院所接受焉。夫以總統指定之一諮詢機關，其權力之大，乃如是，此爲何種政

註一　見新約法第四十九條。

註二　約法第十七條。

註三　第三十四條。

註四　第二十條。

註五　第五十五條。

註六　見約法第五十九，第六十，第六十七各條。

治制度耶？蓋袁氏欲奪立法院之權盡歸於己。(一)又惡人之議其專橫也，乃設此非驢非馬之機關，以暗奪立法院之權；但己則居其後以監督操縱之。此後總統之選舉，憲法之議定，莫不在其一人掌握矣。故論者謂新約法為袁氏帝制之階梯，而參政院則為運動帝制之大本營，誠不誣矣。(二)

(三)總統高出一切之權力　大總統已不由人民選舉，則所謂對人民負責者，當然為紙上空言，絕不能發生效力。故事實上總統不對任何一方負責，而同時又有約法授予種種莫大之權力，如對外宣戰、媾和及締結條約，可完全由其一人獨斷。(三)對於國會立法幾有完全之否認權。(四)全國海陸軍之統率兵額及編制之規定，內閣及法官之任命，亦權在其個人之手。經參政院之同意，更可隨時解散國會，是直與專制君主會無二致矣。且按新約法第十九及二十兩條，大總統且有極大之立法權，(五)第十九條大總統為增進公益或執行法律或基於法律之委任，發布命令，并得使發布之；但不能以命令變更法律。(六)第二十條大總統為維持公安或防禦非常災害，事機緊急，不能召集立法院時，經參政院之同意，得發布與法律有同等效力之教令。但須於次期立法院開會之始，請求追認。(七)古德諾謂此二條規定，取自日本憲法。總統與國會均有立

註一　法蘭西拿破崙第一時代設有 Council of State，其職權頗類今茲之所謂參政院者，然亦未有若是之大也。

註二　參看王寵惠憲法芻議。

註三　約法第二十一及二十五條。

註四　第三十四條。

法權，而總統之權乃較國會爲大，蓋總統對國會有否決之權，而國會否認之權，則僅限於事機緊急，不能召集立法院之命令，與夫變更法律之命令而已。故就此二條之結果言之，凡事之未經法律規定者，總統得不以立法院之同意規定之。若至事機緊急時，則雖立法院所已定之法律，業經總統同意公布者，總統亦得以命令更改之，但送次期立法院之追認而已。是則立法之實權在於大總統，而立法院直退處於諮詢機關之地位矣。又就預算方面而論，歐美立憲國家，莫不以決定預算權歸諸國會。而按新約法，則凡支出各款之經法律條約之所定，或海陸軍編制及兵額所必需者，立法院不得減削。㊀且宣戰媾和與決定海陸軍之編制及兵額之權，完全屬之大總統，立法院不能過問，則凡關於外交、戰爭及增加兵額之預算，立法院亦勢不能減削，事實上止有唯總統之命是聽已耳。綜是而論，預算之決定權，總統實操其大半，而立法院之所能議決者，僅在新課租稅及變更稅率而已。此種立法院，絕對的無能力以監督行政，而總統直成一至高無上之專制君主矣。古德諾氏又謂『此種約法施諸久行專制之亞洲，必有良好之結果。……蓋約法規定多本於日本之憲法。……大總統之權，同於日本之君主，而與立法之關係亦與日本君主與國會關係同。此種政治在日本行之已有明效大驗，日本如此，中國何獨不然』云云。㊁信如古氏所言，則中國專制政治亦已行之四

註一　約法第五十四條。

註二　見氏所著新約法論。

千餘年，『明效大驗，』徵諸歷史，更僕難盡。直恢復君主專制斯可矣。又何必降格而效顰東鄰日本耶？

（四）彈劾權之分割　大凡採用總統制之國家，國會對於行政長官，既不能有『不信任』權之行使，故彈劾一權極爲注重；例如在美國彈劾案可由衆議院出席議員過半數之同意提出交參議院審判，參議院則以出席議員三分二之同意判決之。彈劾總統如是，彈劾內閣閣員亦同此手續，所以俾代表人民之議會，對於行政負責人員得有多少之監督權也。惟新約法之規定，則異乎是，大總統之下，設國務卿一人及各部總長若干人，不對國會負責，『如有違法行爲時，受肅政廳之糾彈，及平政院之審理，』[一]所謂肅政廳之肅政史，則由大總統委任，其職位與帝制時代之御史相同。而平政院其性質近於歐洲德、法各邦之行政裁判所（Administrative Court），其組織方法，雖由議會決定，然其法官則統由大總統個人任命。[二]故國務員止受總統任命之各機關彈劾。民選之立法院，不得與聞焉，是亦袁氏防止國會干涉行政之手段也。至於彈劾總統之手續，則見諸約法第三十一條第九節，『立法院對於大總統有謀叛行爲時，以總議員五分四以上之出席，出席議員四分三以上之可決，提起彈劾之訴訟於大理院。』據此則立法院雖可彈劾總統，然必有全院議員五分三之同意始得提出彈劾案，限制之高可謂僅見。而審判彈劾案之大理院法官全體，又

註一　新約法第四十三條。

註二　約法第四十四條。

盡爲總統自己所任命，其袒護總統勢所必然。故彈劾案卽能得立法院高額之多數通過提出，大理院亦未必能以無偏無黨之態度，繩總統以法，恐將反爲總統之辯護士而已。此美、法諸國審判彈劾之權所以必歸諸上院也。㊀

註一　新約法採一院制。

第七章　新約法之施行與帝制運動之繼起

第一節　參政院之成立及總統選舉法之修正

新約法成立之後，約法會議之職務猶未停止；蓋新約法規定參政院及立法院之組織，須由約法會議決定也。故民國三年五月二十四日，約法會議議定參政院組織法，內容大致設參政五十人至七十人，完全由大總統簡任。又設院長及副院長各一人，均由大總統特任，至其職權則已見上討論新約法文中，茲不贅。同年六月二十日參政院成立，以副總統黎元洪爲院長，原來之政治會議，至是取消，而隱以參政院爲其繼承機關。袁氏昔之借政治會議以自掩護其暴行者，至此乃轉利用參政院焉。該院人物雖泰半爲袁氏私黨，然亦間有特出之士，如蔡鍔、梁啓超等皆日後反對帝制之人，當時亦在其列也。十月二十七日約法會議復通過立法院組織法，及立法院議員選舉法，然此二法雖經公布，並未實行。立法院始終未曾召集，而其職權則由袁氏於三年六月二十九日以命令宣布交參政院代行。此命令發出後，直至五年六月二十九日參政院被裁撤之日爲止，參政院均爲立法院之代身也。約法會議復於三年十二月二十八日議決修正民國二年十月四日之大總統選舉法，其明日由袁氏公布，並經袁氏申明修正之理由。(註一)此法頒布之後，袁氏事實上不惟可終身據總統之位，且可有子孫世襲之希望。然在袁氏猶爲未足，終又自毀其法，冀竊帝王之號以自娛。事敗身死，爲天下戮，不亦宜乎！此外約法會議更議定國民會議組織法，於四年三月十二日袁氏公布。蓋按新約法規定民國正式憲法案，當由參政院推定起草員十人起草，(註二)完成後，再由參政院審定，(註三)審定後，復由大總統提出於國民會議決定之。而國民會議之組織，則又由約法會議議決，(註四)故至是遂有國民會議組織法之訂定。然該法雖經約法會議通過，及總統頒布，而國民會議則始終未曾成立。

第二節　國務院之廢止

初宋案之起，內閣總理趙秉鈞以被民黨攻擊，稱病不視事。袁氏乃命陸軍總長段祺瑞代理國務總理之職。二月後而熊希齡之內閣產生。熊得進步黨之助，而當時國民黨自知無組閣之希望，亦樂於贊成。熊受

註一　該選舉法主要內容已見上章。

註二　第五十九條。

註三　第六十條。

註四　第六十一條。

命時內閣重要人員既早爲袁氏預定，迨內閣組成，除教育司法農商三部總長外，皆非熊系人物。㊀顧熊氏初猶熱心負責，主張劃分府院權限，以法治國。同時國會亦表示擁護態度。惟袁氏自戰勝民黨之後，對於內閣總理，決不容其再與總統爭權。故未幾袁氏撤銷國民黨國會議員之命令，停止國會議員職務之命令，與其解散省議會，撤銷地方自治之種種命令，無不強熊內閣之副署。而熊內閣最初之政策，至是亦完全失敗。袁之任熊，本因受當時形勢之支配，初非心許也。㊁故政治會議成立之後，對於熊內閣之政策，處處表示不滿。而熊氏廢除省制之主張，尤大遭政治會議所反對。旋總統制之說又起，益以財政之困難，熊氏遂不得不辭矣。新約法公布之後，行政大權，集中於總統，置國務卿一人以爲贊襄，各部總長均對總統個人負責。袁氏更在總統府設立政事堂，任徐世昌爲國務卿，一切政務均由總統直接主持。蓋自唐內閣倒後，國務院久已名存實喪，至此則名實皆亡矣。

第三節　帝制運動之開幕及其經過情形

自新約法及修正大總統選舉法成立之後，袁氏事實上已成爲中國之獨裁君主。乃袁氏猶未饜足，必

註一　教育汪大燮，司法梁啓超，農商張謇，財政則熊自兼，外交孫寶琦，內務朱啓鈐，陸軍段祺瑞，海軍劉冠雄，交通周自齊。

註二　參看谷鍾秀中華民國開國史第四編第十一章。

欲稱帝而後快！而一般先意希旨之官僚政客，至是乃大倡君主立憲之議。時日本政府向北京政府提出二十一條要求，其嚴酷兇橫為外交史上所僅見。國內羣情憤激，誓以死爭。陸軍總長段祺瑞主張對日宣戰，而袁氏欲得日政府贊助其帝制計劃，乃不惜排衆議，叛輿情，公然承認日政府之要求。此民國四年五月二十五日事也。同年八月初，公府憲法顧問美人古德諾博士忽著共和與君主論，力陳中國宜於君主立憲之說，並謂『君主優於共和，能確定元首之繼承，不生擾亂。』因歷述英、美、法及南美、北美諸國歷史，大意注重程度問題。最後謂『中國程度不及，驟行共和，一旦總統解除職務，則各國所歷困難行將再見。』(一) 此論由北京機關報用大號字揭出，古氏一唱之後，楊度等即隨聲附和，發起組織『籌安會』，自稱以『發揮學理，商確政論，以供國民之研究』為宗旨。實則鼓吹君憲論，借外國博士之主張為口實，引政府暗中之勢力為護符，通電各省官吏，請求贊助。(二) 為袁氏造成帝制之急先鋒也。旋又有所謂請願聯合會者，由梁士詒等發起組織，向參政院要求議決召集徵求民意機關，是時參政院仍然代行立法院職權，八月三十日袁氏下令一切變更國體之請願由參政院受理，該院遂提出召集國民會議，以解決國體之請求。旋復議決國民代表大會組織法，於十月八日由袁氏公布。國體問題既付諸國民代表大會議決，籌安會自覺無用力之地；故遂於

註一　見東方雜誌十二卷第十號內外時報。

註二　按籌安會發起者為楊度、孫毓筠、嚴復、劉師培、李燮和、胡瑛六人，時人稱為『六君子』者也。

十月十三日通告會員改爲『憲政協進會』隱以主張君主立憲之政黨自居焉。國民代表大會組織法公布後，各省區監督逢迎袁氏之意旨，對於選舉事宜，欺騙誘脅，無所不至。代表名爲民選，實則由監督擇定，務使人人贊成君憲國體，並擁戴袁世凱爲皇帝而後已。並強令各該省區之國民代表大會，委託參政院爲國民代表大會總代表。自十月八日組織法公布後，至十一月二十日，各省區及蒙、藏、青海、回部國體投票一律告竣。其辦理之神速，殊屬駭人！選舉之舞弊，民意之強造，自可想見。參政院則於同年十二月十一日開會彙集全國國民代表共一千九百九十三人所投之票，全數贊成君主立憲，該院同時並按各省區國民代表大會文電，一致推戴袁氏爲皇帝。遂由參政院以總代表名義，恭上推戴書，書中敷陳袁氏功德，備極尊崇。並於咨文中聲言民國各法令，除與國體牴觸不適用各條款外，其效力仍舊。帝室典章，歷代均有通例，其選舉大總統法當然廢止。袁氏接到後，即日咨復，略謂：『本大總統自問功業不足稱述，若驟躋大位，帝制自爲，對於故君及前此就任之宣誓，道德信義，不能無慚。望國民代表大會總代表等（按即參院議）另行推戴』云云。參政院即於是日午後再開會議，孫毓筠等提議再上推戴書，對於袁氏謙謝之三事，極力解釋，首頌其功業之宏，疊舉經武、匡國、開化、靖難、定亂、交鄰六事以證之。次言其德行之盛，謂對於遜清，仁至義盡，決無慚德可言。末謂總統誓詞，根諸民意，民意已改，國體隨變，總統之誓詞當然消滅。此書當晚送呈，袁氏乃於十二日申令宣示承認帝位，謂：『天下興亡，匹夫有責，予之愛國，詎在人後，前次掬誠陳述，非故爲謙讓，乃國民責備愈嚴，期望愈切，竟使予無以自解，無可推諉。第創造宏業，不可急遽舉行。應飭各部院，就本管事務，會同籌備，呈請施行。」同時並以此意咨復參政院十三日更申令『改變國體，出於民意，如有好亂之徒，造謠煽惑，當執法嚴懲。」㊀十四日諮詢參政院以制定憲法之程序，並令該院推薦憲法起草人員，以便擬訂憲法。十六日清室表示『推戴大總統爲皇帝。』袁氏卽令清室優待條件，將來應附列憲法，永不變更。十八日蒙、回、藏國民代表，及滿洲王公等亦具呈推戴袁氏，袁氏又令滿、蒙、回、藏待遇條件，應列入將來憲法，繼續有效。數日後，封龍濟光等百二十八人五等爵位。計公爵七人。侯爵十人。伯爵十三人。子爵十二人。男爵八十六人。又給予一二等輕車都尉七十餘人。受封者，除各將軍，巡按使外，皆屬護軍使，鎮守使，及現握軍權等人。㊁㊂三十一日申令改明年爲『洪憲元年。』一月一日公布『洪憲元年總預算，』同日改總統府爲『新華宮。』惟時雲南蔡鍔、唐繼堯等組織護國軍起義討袁，聲勢已震動全國。袁氏與高彩烈之大典籌備因之發生障礙，暫行停頓。至三月二十三日廣西又宣布獨立。袁氏知帝制無望，卽行宣布取消，仍自稱爲大總統焉。

註一　高勞帝制運動始末記，東方文庫第二種。又參議院推戴書及袁氏承認帝制之令全文見王景濂法統遞嬗史四三——四五頁。

註二　高勞帝制運動始末記。

註三　袁氏初封黎元洪爲武義親王。黎辭不受。

第四節 帝制運動之失敗及當時各方反對情形

籌安會之初成立也，即有人上書肅政廳，指該會爲謀叛民國之機關，請轉呈大總統立予解散。更有人嚴詰內務部，謂籌安會違背約法，謀叛民國，應立予封禁，俱不報。滿清遺老趙爾巽、陸潤庠等謂欲行帝制，即當迎宣統復辟，不宜欺人孤兒寡婦，取而代之。素來擁戴袁氏之文人如梁啓超，武人如段祺瑞，均絕端反對國體之變更，惟俱屬口頭之反對，袁氏固無所憚，籌安會亦進行如故也。四年十月，駐京日、英、俄各國公使聯同勸告袁氏展緩帝制，免生擾亂。法、意大使表示同樣意見。袁氏以人民公意爲詞，含糊答覆，迄不爲動。以武力反抗帝制者，首稱雲南之護國軍。初帝制運動發起時，雲南軍界已有憤懣而主張發難者。及蔡鍔、戴戡、李烈鈞等先後入滇，與唐繼堯會商起義事，聲勢益壯。並得四川師長劉存厚、貴州護國軍使劉顯世、廣西將軍陸榮廷贊成之電，乃於十二月二十三日由唐繼堯領銜致電袁氏，請其取消帝制。略謂：『自國體問題發生，羣情惶駭，……內拂輿情，外貽口實，禍機所醞，良可寒心。大總統兩次即位宣誓，皆言恪遵約法，擁護共和。皇天后土，實聞斯言。億兆銘心，萬邦傾耳。……食言背誓，何以御民？以此圖治，非所敢聞。計自停止國會，改正約法以來，大權集於一人。憑藉此勢，以改良政治，何懼不給？有何不得已，而必冒犯叛逆之罪，以圖變國體？比者代表議決，吏民勸進，擁護之誠，雖若一致，然利誘威迫，非出本心，作僞心勞，昭然共見。幸大總統始終未嘗有所表示。及今轉圜，易如反掌。……伏望大總統力排羣議，斷自寸衷，更爲擁護共和之約言；渙發帝制永除之明誓，滌蕩穢瑕，與民更始。……謹率三軍，翹企待命。』旋又發一電請求懲辦帝制禍首，並限期答覆。電中有謂：『竊維中外人士所以不能爲大總統諒者，以變更國體之原動力實發自京師，其首難之人皆大總統之股肱心膂。……大總統知而不罪，民惑實滋。……民主共和，載在約法。邪詞惑衆，國有常刑。……應請立將楊度、孫毓筠、嚴復、劉師培、李燮和、胡瑛等六人，及朱啓鈐、段芝貴、周自齊、梁士詒、張鎭芳、袁乃寬等七人，即日明正典刑，以謝天下。……以上所請，乞以二十四小時賜答。』袁氏得電後，聲言疑爲他人揑造，發電查問；同時下動員令，密飭駐紮湖南之第三師長曹錕準備伐滇，並令張敬堯統兵陸續南下。唐繼堯等遂毅然於民國四年十二月二十五日宣布獨立於雲南，且通電各省同舉義師。五年一月一日雲南都督府成立，廢將軍巡按使名義，公舉唐繼堯爲都督，定『護國軍』名稱，計有七師，分爲兩軍，以蔡鍔、李烈鈞分長之，並宣布袁氏十九大罪，及護國軍五種主張。㊀同時蔡鍔率軍入四川，李烈鈞東下廣西，戴戡入貴州。一月二十七日貴州宣布獨立，舉劉顯世爲都督，並派兵侵入湖南。三月十五日廣西將軍陸榮廷亦宣布討袁，分兵進廣東，且與黔軍夾攻湖南。廣西獨立之後，護國軍旗幟遍樹西南，聲勢浩大。袁氏知衆怒難犯，乃以三月二十二日下令撤銷帝位，廢止『洪憲』年號，仍自稱大總統，並令起義諸軍不當『矯枉過正，危及國家，務各激發天良，捐

註一　五種主張爲擁護共和，組織合法中央政府，公開政治，實行代議制度，採用聯邦制度。見曾彥護國軍紀事。

除意見，免同室操戈之禍。今承認之案業已撤銷，如有擾亂地方，自貽口實，則禍福皆由自召。本大總統本有統治全國之責，決不能坐視不顧』云云❶。然是時西南各軍要求『袁氏即日辭職，以謝天下。』非達到倒袁目的，不肯干休。故帝制雖經取消，北伐軍進展如故。且廣東、浙江、四川、陝西、湖南諸省繼起響應，宣布獨立。五月一日岑春煊被舉爲兩廣都司令。五月八日滇、黔、桂、粤各護國軍領袖合組織軍務院於肇慶，以資聯絡策應。該院設撫軍九人，商決一切。互選唐繼堯爲撫軍長，岑春煊副之。軍務院復派唐紹儀赴上海辦理外交事務，對外發表宣言，謂袁世凱謀叛民國，已失總統資格，按照大總統選舉法，奉副總統黎元洪爲大總統，大總統未能躬親職務時，一切對外交涉及對內命令，以軍務院名義行之。

第五節　共和之恢復與袁氏之殂落

『洪憲』年號已經撤銷，袁氏下令恢復共和，仍以是年爲民國五年。三月二十三日特任段祺瑞爲參謀總長，徐世昌爲國務卿。復以黎元洪、徐世昌、段祺瑞三人名義電勸獨立各省，暫時停戰，商議善後事宜。蓋黎等三人俱因不贊成帝制，先後辭職者，至是起用，借以和緩西南反對之人心。四月二十一日又申令恢復責任內閣制，令中有謂『曩以庶政待理，本大總統總攬政權，置國務卿以資贊襄。兩年以來，成效未著。揆厥

註一　見東方雜誌十三卷四號大事記。

原因，皆由內閣未立，責任不明。允宜幡然變計。茲依約法制定政府組織令，委任國務卿總理國務，組織政府。樹責任內閣之先聲，爲改良政府之初步』云云。二十二日改任段祺瑞爲國務總理，負責組閣。改政事堂爲國務院。一切命令，均交副署，然後發表。蓋袁氏至是知帝制不成，亟欲與護國軍言和，冀獲保全其總統之位，其狼狽情形，與遜清宣統三年，武漢起義後之北京政府相逼肖也。初蔡鍔等得黎、徐、段三人電後，即覆稱非袁氏退位無言和餘地。電中有謂：『凜已往之玄黃乍變，慮日後之覆雨翻雲。若項城（即袁氏）本悲天憫人之懷，潔身遠引，國人軫念前勞，當無涯量』云云。時人康有爲、張謇、伍廷芳、唐紹儀諸氏均先後電袁，及早引退。政界要人見和議停頓，亦多以此爲請。四川將軍陳宧爲袁氏舊部，見大勢所趨，亦於五月間電請袁氏退位。當局均無明白答復。惟是時江蘇將軍馮國璋，邀同倪嗣冲、張勳等發起『南京會議』，於五月十八日在南京開會，主張挽留總統，擁護中央，進行頗力。未幾，袁氏死耗傳來，乃宣告散會。初袁氏自滇黔反抗帝制之後，軍事外交無不躬自擘畫，以故積勞成疾。至六月六日，遂逝世於清華宮。彌留之際，告徐世昌等謂本無帝制自爲之心，而左右之人淆亂黑白，遂信爲國民眞意。南方要求退位，所以未遽允者，實恐中樞一旦無主，全國驟至大亂云云。（註一）袁死後，黎副總統即以七日就任大總統職，京都人心借以鎮定焉。

註一　參看高勞帝制運動始末記。

第八章　臨時約法復活時期

第一節　恢復約法問題之爭執

袁氏之歿，遺令稱『本大總統遵照約法，宣告以副總統代行中華民國大總統之職權。』其所『遵照』之約法，蓋指民國三年五月公布之新約法也。惟根據新約法而產生之大總統選舉法，規定副總統代行職權，僅以三日爲限。(註一)事實上萬難照行而西南護國軍則早已宣言黎氏依照元年臨時約法爲大總統。當日國民所希望者，亦爲恢復元年約法，及召集舊國會。故黎元洪於六月七日宣布就任後，究竟擁護元年約法，抑民三之新約法，尚未有所表示。政府要人主張亦殊不一致。六月二十二日段總理通電各省長官，謂民國三年約法履行已久，未便以命令變更，應如何處置，徵求意見。唐紹儀、梁啓超、極陳三年約法不能認爲法律，

註一　該法第十一條規定『大總統任期未滿因故去職時，應於三日內組織大總統臨時選舉會，臨時選舉未舉行前，大總統職權，由副總統代行之。』

恢復元年約法，不與認爲變更法律。且黎總統之繼任，段內閣之成立，均根據元年約法。一法不能兩容。三年約法若爲法，則元年約法爲非法，則大總統及國務院之地位，皆將不能存在矣。蓋段內閣爲責任內閣，不能與新約法之元首制相容。而黎元洪以副總統繼登大位，亦與三年之總統選舉法所規定之代理期限發生衝突也。各省覆電多主張以命令恢復元年約法。駐滬議員亦電促以明令廢止三年約法，及附屬諸法。已而上海海軍以段內閣態度可疑，乃宣布獨立，公推李鼎新爲總司令。加入護國軍，并通電大總統謂：『大總統踐位旬餘，對於恢復約法等事，尚未見明令，必有人從中脅持總統總理，均受牽掣。海軍以擁護大總統，保障共和爲職志，舊約法未復，國會未開，正式內閣未立以前，鼎新當暫以臨時總司令名義駐滬維持現狀。』至是政府要人益爲震動，黎氏乃於六月二十九日下令恢復民國元年三月十一日公布之臨時約法，並二年十月五日宣布之大總統選舉法。同日申令依臨時約法第五十三條續行召集國會，定於是年八月一日起繼續開會，並裁撤參政院及平政院所屬之肅政廳；撤銷關於立法院及國民會議各法令。七月六日令各省督理軍務改稱督軍，巡按使改稱省長。廢止頒爵條例。十二日申令釋放政治犯。十四日申令懲辦變更國體之禍首楊度、孫毓筠、梁士詒、夏壽田、朱啓鈐、周自齊、薛大可八人，其餘一概寬免。然八人早已竄匿，無一緝獲者。十六日廢止報紙條例。八月十四日申令恢復各省省議會，並定於十月一日召集。八月一日舊國會重新開會於京師。黎總統詣會補行就任之宣誓。國務總理及國務員亦經大總統提出國會通過。至是行政部，及

立法部，均完全成立。㊀各省亦先後取消獨立服從中央命令焉。㊁

第二節　國會與武人之衝突

民國五年六月之『南京會議』，爲馮國璋等所召集，目的在於團結各省武人，擁護袁世凱之政府。及袁死，會議亦隨解散。未幾長江巡閱使張勳邀南京會議諸代表在徐州聚集，世稱『徐州會議』者是。其時國會重開，湖北、安徽、山東、奉天各省袁黨武人多被國會糾彈，慄慄危懼；乃復於九月二十一日組織『各省區聯合會』，以圖抵制。加入者計有十三省。以徐州爲策源地，訂約章十二條，揭明『鞏固勢力擁護中央』之宗旨，並宣言國會開會後倘有與省區爲難時，當協力抵制之。該聯合會攻擊新任外交總長唐紹儀，政府亦遂被迫而准唐氏之辭職。後黎段均有電勸誡各武人不得『糾衆集議，凌軼範圍』及『樹植黨援，排斥官吏』。該會氣燄稍斂；然其領袖如張勳、倪嗣沖等尙倔強如故也。段內閣本屬混合內閣，新舊兩派，互相傾

註一　高勞帝制運動始末記及東方雜誌十三卷第四、五、六各號大事記。

註二　黎元洪宣佈就職之後，陝西都督陳樹藩、四川都督陳宧、廣東都督龍濟光，均卽行宣告取消獨立服從中央命令，其餘獨立各省，則聲言俟護國軍軍務院協議後決定辦法。時軍務院撫軍長唐繼堯要求中央恢復臨時約法及國會，補選副總統，速組正式責任內閣，撤回抵抗護國軍之北軍，並開代表會議討論軍事善後問題等。迨黎總統恢復約法召集國會任命國務總理之令已下，七月十四日各撫軍遂發布撤銷軍務院之宣言，其撫軍及政務委員長、外交專使、軍事代表等職亦一併解除。於是雲南、廣西、貴州諸省均聲明擁護中央而護國軍之工作亦告終止焉。

軋。新派多爲國會所贊助者。而北方武人則擁舊派，以拒新派，與國會處處作對，必思推翻國會，然後快意。未幾段氏以總統命免內務總長孫洪伊職，國會一部分議員起而反對攻擊總理，及國務院祕書長徐樹錚，並欲彈劾內閣。五年十二月，北方各督軍聯電大總統，『請信任總理，請總理實行負責。』又警告國會，『勿干預行政』，措詞嚴重。其不識責任內閣之爲何物，可概見一斑！自是北京政治，全在三數武夫掌握中矣。

第三節　憲法會議之重開

國會於五年八月一日重開於京師。兩院議員到者五百餘人。稱爲第二次常會。開會後，卽決定組織憲法會議，（卽兩院合併）繼續制憲工作，以民國二年憲法起草委員會所議定之憲法草案爲討論基礎。自五年九月五日、八日及十三日開三次憲法會議，由憲法起草委員會委員說明草案內容旨趣。是爲草案在憲法會議之初讀。初讀完後，草案復由憲法會議審議。計自五年九月十五日至六年一月十日開審議會二十四次。按照草案所有重大問題，先行討論；然後再將草案未列入之緊要問題，提出討論審議。結果，關於國土，人民自由權，兩院制，參議院之組織，不信任國務員之議決，國務總理之同意權，法院受理行政訴訟，財政緊急處分等條，均贊成草案原有規定。關於草案第五章，設置國會委員會，於國會閉會期內代行國會職權諸條，則議決刪除。其未解決之問題凡五：一、爲孔子之道爲修身大本一條問題。二、爲議員兼任國務員之問題。三、爲緊急敎令之發布問題。四、爲解散衆議院問題。五、爲審計院之組織問題。凡此皆見諸憲法草案者也。至若臨時提出增加之章條，經審議會通過者，則爲(一)中華民國主權屬於國民全體。(二)兩院對於官吏違法或失職行爲得咨請政府查辦。(三)地方制度一章。(四)憲法非依修正程序無論經何種事變，永不失其效力等項。(一)

第四節　憲法草案二讀會之結果

審議已畢，憲法會議卽開草案二讀會。計自六年一月二十六日起，至同年四月二十日止，議決修正各條與審議會議決結果稍有出入。茲將二讀會通過各案，與草案原文相異之主要各條敍述於下：(一)關於孔敎之條，天壇憲法草案第十九條第二項規定，『孔子之道，爲修身大本。』而第十一條則謂『中華民國人民有信仰宗敎之自由，非依法律不受限制。』議員張伯烈、吳宗慈等謂此二條顯然衝突，『將孔子之道特別規定，是先以憲法條文壓迫他敎，』且『修身大本原屬倫理問題，訂入根本法內，性質殊屬不合。』故主張將第十九條第二項删去。而湯松年、陳銘鑑、朱兆莘等則謂『孔道』乃敎育問題，非宗敎問題。照荷蘭憲法先例，敎育方針亦無不可訂入憲法；故贊成維持原案。此外更有一般議員，如王敬芳等則直主張增加

註一　吳宗慈中華民國憲法史前編第四章三十一節至三十五節。

國教一條，定『中華民國以孔子之教爲國教。』謂孔教『爲天經地義萬不可滅，』『不特無排斥外教之心，且有融化他教之力。』與草案第十一條之規定儘可不相妨害云云。辯論至烈。最後各方互讓，將草案第十九條第二項刪去，而第十一條則修正爲『中華民國人民有尊崇孔子及信仰宗教之自由，非依法律不受限制。』其矛盾支離，漫無意義，較原文爲尤甚也。(二)關於國會委員會之條，草案第五章第五十一條至第五十四條規定國會委員會之產生、組織、權限等。用意在於國會閉會期間，留一監督政府之機關。反對者則謂『法、美先進諸國，均無此項委員會之組織。僅智利有此先例。』且委員全體僅四十人，將『受政府之操縱。』我國國會會期較智利已多一月，且有臨時會之規定，(常會每年五閱月)故可無用此種委員會云云。議員大多數均同此意，結果照審議會之議決，將草案第五章完全刪去。(三)關於緊急敎令權之條，草案第六章第六十五條規定『大總統爲維持公安，或防禦非常災患，時機緊急，不能召集國會時，經國會委員會之議決，得以國務員連帶責任，發布與法律有同等效力之敎令。』反對者所持理由，大致謂緊急敎令既與法律有同等效力，則一切存在法律，均可爲此種敎令所停止或變更，有行政侵犯立法之虞。各國憲法之有緊急命令規定者，大半爲君主國家，不足爲共和國之訓。遇有內亂外患，草案已授總統以宣告戒嚴，對外宣戰，及財政緊急處分等權，亦無再加發緊急命令權之必要。且草案之國會委員會，既已刪除，此條更無存在之餘地云云。於是原案終以不得出席人數四分三之贊成而廢棄。(四)關於議員兼任國務員之條，草案第二十六條規定，『兩院議員不得兼任文武官吏但國務員不在此限。』議員張國淦等主張删去但書，謂『議員兼任國務員，殊非鞏固三權分立之道政府可借以左右議院。』且將使衆議院之彈劾權及不信案之議決權，發生種種障礙。而贊成維持原案者，則謂草案所採非絕對三權分立制度，乃議會制度議員得兼任國務員可破除立法行政兩方之隔膜，且在英、法等國行之已久先例足師，殊非創制云云。此案在審議會時雙方已有極長之辯論，卒無結果至是乃於二讀會復行辯論，結果出席議員六百零六人贊成删去但書者，有五百一十人之多。張國淦之修正案遂通過焉。此外草案第三十四條關於國會臨時會牒集之規定，第七十二條大總統頒予榮典之規定及第九十六條現行租稅未經法律變更者，仍舊徵收之規定，均爲二讀會議決删除，或廢棄。至於審議會議決增加各章條，見上除地方制度一章僅通過標題其全部條文仍須再付審議外，其餘各章條，一律由二讀會通過，加入憲法草案中。㊀

經二讀會討論而仍無結果者爲解散國會，與地方制度兩大問題。關於解散國會之規定，見草案第七十五條，『大總統經參議院列席議員三分二以上之同意得解散衆議院；但同一會期，不得爲第二次之解散。』而與此條有直接關係者，爲草案中之第四十三條，『衆議院對於國務員得爲不信任之決議。』及第八十二條『國務員受不信任之議決時大總統非依第七十五條之規定解散衆議院，應即免國務員之

註一　吳宗慈憲法史前編一六六至二〇九頁二讀會之經過表。

職。』湯漪、章士釗等主張總統解散衆議院之權不受參議院同意之限制。秦廣禮、李載賡等主張第七十五條全删。又有主張第四十三條全删者。有主張大總統解散國會權應限於國會否決預算時，或通過不信任議決時者。更有主張第四十三及第七十五兩條並存，惟將『三分二』之限制改爲『同意』者。議論紛紜，各執一說。卒之無論何方俱不能得四分三之贊成，以求通過。遂決再付審議會討論。至地方制度一案，各派議員紛爭尤烈，至於鬬毆。雙方通電全國，互相謾罵，招國人之厭惡，召武人之干涉，釀成國會第二次解散之禍，議員等亦實難辭其咎也。茲將地方制度問題討論經過之大略述之於次節。

第五節　地方制度問題之糾紛

地方制度加入憲法一案，民國二年之憲法起草委員以迫於時間，未曾議及。至五年國會復集，國民黨議員如呂復、焦易堂等多主張草案中加入省制一章。而舊進步黨議員湯化龍、梁啓超等則反對之。㊀自五

註一　舊進步黨議員至民五之際分組兩政團，一爲憲法討論會，以湯化龍、劉崇佑等爲其代表黨員；一爲憲法研究同志會，以梁啓超、王家襄、林長民、藍公武、陳國祥等爲其幹部領袖。旋兩派合而爲一，號稱『憲法研究會』，主張中央集權，擁護段內閣，反對省制規定於憲法。屬該會之議員約有一百五十人。與國民黨系張繼、呂復、王正廷、谷鍾秀諸人所組之『憲政商榷會』對抗。惟憲政商榷會雖有議員百人，而分子複雜，團結不甚鞏固，未幾谷鍾秀、張耀曾等因身列內閣之關係，表示擁護段祺瑞，乃別組『政學會』，而反段派之張繼等亦復改組政團，命名『益友社』。於是憲政商榷會遂由破裂而消滅矣。此外更有江天鐸、朱兆莘、夏同龢、孫潤宇等所組織之『憲政討論會』，對於省制問題表同情於舊進步系諸人者也。

年十月二十日起，至六年一月十日止，地方制度(即省制)一案，經審議會先後開會審議九次。兩方相持久無結果。始則有表決方法之爭執，繼則有投票舞弊之大衝突。至十二月八日會議場中竟發生『轟動一時之大鬬毆案，雙方通電全國，雙方提出懲誡，雙方向法庭提起訴訟，擾攘一月之久。各黨再三協商，至六年一月十日始復開關於省制之審議會，』通過由各黨磋商合併提出之省制十六條；大致規定省議會之權限，省長之任命，省參事會之組織大綱等等。迨原案付憲法會議二讀會時，湯漪、丁世嶧等臨時提出修正案，於是各方意見又復分裂。結果又將原案及修正案再交審議會審議。故六年五月二十三日審議會續開，討論省制。惟其時督軍團干涉制憲之事已經發生。議員中『所有從前反對地方制度加入憲法之分子，俱紛紛提出辭職書以表示不贊成之意。審議會中已無反對派人發言。』至五月二十五日審議會且以不足法定人數不能討論，遂為無期之延會。至六月十二日國會兩院且被第二次之解散矣。(註一) 關於省制之爭論，除應否加入憲法一點外，尚有省長應否民選之一問題。民黨議員多主張省制入憲，省長民選。反對者主張省長由中央任命，更不贊成任何省制列入憲法。故當時各黨協定之地方制度草案，將省制列入憲法，而省長則由總統任命，且規定省議會職權以不牴觸中央法律者為限。是不啻承認地方之立法權可隨時受國會法律之限制；與聯邦國家邦權之與國權平等，在一定範圍之內國會不能干涉者，自大有別，不能謂為採納聯邦主

註一 吳宗慈憲法史上編第四章二一三頁及第六章二八四頁。

邦主義之爭也。
義者，甚明。然終以各方意見之紛歧，而不克於二讀會通過，是則別有事實上之原因，而非聯邦主義，與反聯

第六節　國會第二次之解散

第二次國會解散之原因，完全因以武力爲後盾之段內閣不能與國會合作，而總統黎元洪受各方武人之逼迫而行者也。先是民國六年春，歐戰方般，段內閣以德意志政府宣布無限制潛水艇之戰爭政策，損害中立國權利，乃對德提出抗議書。同時協約國亦慫恿中國對德宣戰。國人亦多以宣戰足提高中國國際位置。舊進步黨人主張尤力，惟國民黨首領孫文則謂對德宣戰，內亂可以立現。日本當乘機侵略，國內武人暴戾氣燄更不可遏止，故極力反對之。國會議員之大多數表同情於孫氏意見，而總理段祺瑞則固主戰派之領袖也。六年四月二十五日段氏乃召集各省督軍及各特別區都統在京舉行軍事會議，討論對德宣戰問題，一致贊成段氏政策。段氏此舉目的在廣樹聲援，以威力壓倒國會反戰派之活動也。五月一日復由內閣會議通過對德宣戰一案。七日黎總統將該案送交國會議決。十日兩院正式開會，竟通過擱置宣戰問題之議案。黎氏見內閣政策不行，乃免去段總理本職，而以伍廷芳代理國務總理。於是八省『督軍團』即於五月二十八日宣布獨立，要求中央解散國會。黎氏懼段系武人之暴動也，乃令駐紮徐州之長江巡閱使張

勳入京，借以自衞。張勳應召，率兵北上。惟同時亦要求限日解散國會，爲調停條件。黎氏見進退維谷，不得已乃於六月十二日下令解散參衆兩院。代理國務總理伍廷芳以憲法未成，臨時約法及當時一切法律俱無關於解散國會之規定，不願副署。黎氏乃命李經羲爲總理，未履任前由江朝宗代理國務總理，副署解散命令焉。令中大致謂：『本屆國會之召集，專以制憲爲要義。前據督軍孟恩遠等呈稱「憲法會議通過之憲法數條內有衆議院有不信任國務員之決議時，大總統可免國務員之職，或解散衆議院……等語，實爲震悚異常。考之各國制憲成例，不應由國會議定。故我國欲得良妥憲法，非從根本改正，實無以善其後……惟有仰懇權宜輕重，毅然獨斷，將參衆兩院卽日解散，另行組織，俾議憲之局，早日改圖……」等語。近日全國軍、政、商、學各界函電絡繹，情詞亦復相同。查參衆兩院組織憲法會議，時將一載，迄未告成，現在時局艱難，千鈞一髮，兩院議員糾紛辭職，以致迭次開會，均不足法定人數。……本大總統俯順輿情，深維國本，應卽准如該督軍等所請，將參衆兩院卽日解散……』。黎氏同日又復致電各省長官，備述被迫而解散國會之苦衷，電中有謂：『元洪自就任以來，首以尊重民意，謹守約法爲職志。……乃者國會再開，成績鮮覯。……皖、奉發難，海內騷然，衆矢所集，皆在國會。請求解散者，呈電絡繹，異口同聲。元洪以約法無解散之明文，未便破壞法律，曲狥衆議而解紛靖難。智勇俱窮，亟思遜位避賢，還我初服。乃各路軍隊逼近京畿……人心浮動，訛言繁興。安徽張督軍北來，力主調停，首以解散國會爲請。……際此危疑震撼之時，誠恐藐躬驟然引退，立啓兵端，匪獨國體政體根本推翻；抑且攘奪相尋，生靈塗炭。……元洪籌思再四，法律事實勢難兼顧，實不忍爲一己博守法之虛名，而使兆民受亡國之慘痛。……迫不獲已，始有本日國會改選之令……』云云。其用意雖難免諉過自全之處；然當日『督軍團』之跋扈，中央政府之懦弱，亦旣情見乎詞。而斯時之國會議員，黨派星羅，意氣用事，腐心於蠅營狗苟之爭。開會幾及一載，繼續討論之憲法草案，二讀會尙未完成。貽反對者以攻擊之口實，亦半咎由自取也。

第九章　南北兩政府之對峙與新舊國會之議憲

第一節　北京之新參議院新國會及新大總統之次第產生

黎氏解散國會後，張勳率兵入京倡言復辟，黎元洪逃。(註一)段祺瑞在津聞訊，乃誓師聲討，其亂旋平。段氏乃擁重兵以鎮首都，總攬政府大權。代理總統馮國璋電請黎氏復職。黎氏固辭，謂：『引咎辭職，久有成見，皎日懸盟，長河表誓……按法已無復位之文，揆情豈有還轅之理。』並極力推崇馮、段，謂：『馮總統江淮坐鎮，夙得軍心。段總理鍾簴不驚，再安國本。兩軍護國，八表齊功，勉戴河間，奠我民國』等語。七月三十一日，馮氏

註一　張勳復辟之一幕：黎氏已於六月十二日下令解散國會。張勳遂於六月十四日率所部長驅入京，偕王士珍等數十人同入清宮，奏請復辟。同日黎元洪避入日本領事館，並一面電副總統馮國璋，請其代理大總統職權。一面復任段祺瑞為內閣總理，促其即日入京主持大政。清帝溥儀既得復辟之奏，當即頒布明詔，『於宣統九年五月十三日（即陽曆七月一日）臨朝聽政，收回大權，與民更始』。並宣布應興應革諸大端九條，如確定君憲政體，限制皇室經費，禁止親貴干政，融化滿漢畛域，承認民國簽定條約，廢除民國頒行之刑律及印花稅，並防禁黨爭，允許剪髮等。此諭由『內閣議政大臣』張勳署名。又任命各尙書，弼德院長及南北洋大臣若干人。衣冠蹌濟　時氣象儼然。時馮國璋在南京得黎氏電後，即宣布於七月六日代行大總統職務，而段祺瑞自免總理職後，退處天津，聞復辟之訊，乃誓師馬廠，擁護共和，聲討張勳，並聯合各省督軍，引兵入京。張勳力不能抗，僅以身免。至七月十二日，復辟之聲遂歸平定焉。

由寧北上，就大總統職。段祺瑞仍爲國務總理。段氏以解散國會時，曾得研究系（即舊進步黨）之助，故新閣中該系領袖如梁啓超、湯化龍、林長民、范源濂等，俱在國務員之列。是時西南各省多主張恢復舊國會，惟段氏自民五以還，與舊國會仇視甚深，而研究系亦因本黨在舊國會勢力薄弱，反對恢復之議，於是段內閣乃決計不再召集舊國會。六年七月二十四日通令各省及各特別區域長官依據元年約法選派參議員，組織『臨時參議院』。謂：『國會之職權，乃由約法上之參議院遞嬗而來，有參議院行使立法職權，即無異於國會之存在，是與約法精神共和本旨皆不違背；且人數無多，選派由地方自定。依據約法，可以迅速成立，救時之計無逾於此』云云。惟其時北京政局尚未大定，故暫延擱。及馮國璋北上履行大總統職務時，乃於九月二十九日復令各省、蒙、藏、青海各長官促即依約法選派參議員，限一月內到京，組織參議院。十一月十日新參政院遂於北京舉行開會典禮。此次參政院職務，僅限於修改及議定國會組織及選舉法兩種，『其他職權，仍待諸正式國會執行』。是時，廣州政府通電反對此種參議院之組織，謂：『馮段等繼續叛軍之效力，遏抑國會之再開，儼然以一己之大權，自造立法機關。……而猶曰依據約法，某條其將誰欺？』而北京政府亦下令通緝孫文、吳景濂及列席非常會議諸議員，（吳氏時爲議長）謂其『謀覆政府，紊亂國憲，逆跡昭著，非按法懲治，不足以伸國紀。着一體嚴拿，依法訊辦，並褫奪勳位勳章』云云。民國七年二月，北京新國會組織法及選舉法，均告完成。按此新組織法，國會仍用兩院制，惟兩院議員額數較前減少。參議員名額減至一百六十八人。（前爲二百六十四人）

衆議員則減至四百零六人。前為五百五十六人　見新國會組織法第二三四各條　至選舉法，衆議員由各地方人民選舉，議員之多少，以地方人口為正比例。參議員在各省由地方選舉會選舉，而『地方選會，以有下列資格之一者為初選舉人，(一)曾在高等專門以上學校畢業，或有相當資格者。(二)曾任薦任以上官，滿三年者，或簡任以上，滿一年，或曾受勳位者。(三)納直接稅百元以上，或有五萬元以上之不動產者。』此項選舉法頒布後，政府即命令內務部籌備新選。同時組織安福俱樂部，以操縱選舉。至同年八月十二日，參議院解散，新國會成立，亦世稱為『安福國會』者也。安福系為徐樹錚主持組織，有曹汝霖、王揖唐等為之助，以運動選舉，擁護段祺瑞之內閣為目的者也。故選舉結果，『安福系議員達三百三十餘人，在新國會中為絕對之多數黨。』㊀然安福系擁內閣而不擁總統，故新國會召集之後，該系即岌岌於運動大選，謀推倒馮氏，而代以較可利用之文人。㊁民國七年九月新國會遂選舉徐世昌為大總統。十月十日徐氏宣布就職。徐氏本一文人，雖在北方歷任要

註一　參看謝彬民國政黨史六十八頁。

註二　馮，段兩人在清末同為袁世凱部下重要人物。光復後段統北洋第一軍，馮統第二軍。位置亦相頡頏。袁死後，段任國務總理，北方武人不滿意於段者，多歸附於馮，因此二派意見漸生。及民國六年夏，馮為總統，段仍為總理。對西南政策，馮似傾向和平，段主武力征服。六年十月，段氏託故辭職，馮即任王士珍繼任為國務總理。王氏亦主張和平，但不久『督軍團』復在天津會議主戰。於是段氏武力統一之聲浪復起，馮懼兩派決裂，乃於民國七年三月二十三日下令復任段祺瑞為國務總理。段已復職，擁段者謀使馮不能久居總統之位，故有安福部之組織，及選舉運動之種種暗潮也。

職，卻不似馮氏之有所憑藉者，故安福系樂以利用。徐爲總統後，政柄悉操段氏之手。雖蒞任時嘗標榜和平，以發揚文治主義爲己任，終亦處處受段氏之掣肘也。

第二節　西南軍政府之成立及其改組

初國會之被黎氏解散也，民黨議員羣集上海，運動恢復。及復辟亂平，馮、段當國，召集舊國會之望既絕。民黨首領孫文，以北京新政府顯然承認黎氏非法解散國會之行爲，其破壞約法之罪，等於民國二年之袁世凱。乃倡言護法，率旅滬議員等南下廣州，惟以列席議員僅得百餘人，未足開會之法定人數。故六年八月二十五日遂由南下之參衆兩院議員合組非常會議，三十一日制定軍政府組織大綱。該組織大綱開篇申明組織軍政府之目的，在於『戡定叛亂，恢復臨時約法』(註一) 並規定軍政府設大元帥一人，元帥三人，由非常會選舉。在約法未恢復以前，大元帥爲國家之行政元首。大元帥之下，設立外交、內政、財政、陸軍、海軍、交通、六部。每部設總長一人，由非常會議選出，咨請大元帥特任之。軍政府設都督若干員，以各省督軍贊助軍政府者任之。(註二) 組織大綱公布之後，非常會議即於九月二日選舉孫文爲大元帥，陸榮廷、唐繼堯爲元帥。海軍

註一　見六年軍政府組織大綱第一條。

註二　見組織大綱第二、三、七、八、十一各條。

總長程璧光，第一艦隊司令林葆懌率全體將士擁護軍政府㈠九月十日孫文就大元帥職，宣言：『當竭股肱之力，攘除奸凶，恢復約法，以竟元年未盡之責。』於是軍政府之組織告成焉。至七年五月十八日，非常會議爲便利各省各軍之聯合起見，復議決取消大元帥，修改軍政府組織大綱，設總裁七人，以合議制行使最高職權。下設政務院，其內分設各部，贊襄總裁。並規定『軍政府執行約法上之大總統職權時，得依照約法之規定，但須以代理國務院攝行大總統職務資格行之。』並須對國會負責。㈡旋非常會議選岑春煊、孫文、伍廷芳、唐紹儀、陸榮廷、唐繼堯、林葆懌七人爲總裁，一切重要軍政事務，均由七總裁會議取決，每次輪推一人爲主席。㈢六月五日，各總裁宣布就職，並正式開政務會議，（是日孫文唐紹儀未到五人已足開會人數）公推岑春煊爲主席。是時西南形勢漸固，議員到者亦漸多。六月十二日非常會議乃宣告改開正式國會，繼續民國六年第二屆常會之會期，惟到會議員仍未足過半數之法定人數，實際上仍不能稱爲正式，嗣爲湊足法定人數計，乃『借用

註一　非常會議致孫大元帥書云：『維一夫倡亂，牽率羣帥，元首已陷，迴及國憲。議會承民命南征，非常集議以詔於有衆。衆志所赴，軍府是成，衆意所寄，元帥是崇。願我元帥爲共和之神，孰則毀法，元帥逑之；孰則干財，元帥執之；孰則阻兵以淪盟誓，僉曰殛之。於戲！元帥其闕乃師，徒考乃職，責以發揚我邦家之庥，欽念哉！』

註二　見修正軍政府組織大綱第十六、十七兩條。

註三　見修正軍政府組織大綱第二、三、五、八、二十一各條。

民國二年議院法第七條，開會後滿一個月尚未到院者，應解其職之規定，先後解參衆兩院議員數百人之職，其遺缺將候補議員遞補。至七年九月法定人數已經湊足，正式會議遂獲成立。』（註一）七年八月十九日兩院聯合議決發表宣言，謂：『大總統職權未能依法行使以前，非法政府所公布之僞法律，及其所發布關於抵抗護法行爲之僞命令，統對不生效力。』又凡『非法政府所締結之條約契約，及其所發布之公債，按照約法應由國會議決或同意者，在未經議決或同意以前，不得認爲有效。』繼見北京召集新國會，選舉大總統。廣州舊國會乃發第二次宣言反對此種舉動，謂：『聞北京非法國會，尚欲濫竊大權選舉總統。查大總統選舉法第二條，大總統由國會議員組織總統選舉會選舉之。是總統選舉爲國會之特權，故今日除根據約法所產生之國會有此特權外，無論何項機關，無參與之餘地。大法昭著，中外咸知。萬一不幸而有非法選舉之事實發生，無論選舉何人，對內對外，絕對不生效力』云云。然同時北京政府一言一動，亦莫不以元年約法爲護符。曰臨時參議院根據約法而產生也。曰新國會依據約法而召集也。曰大總統亦按民國二年之總統選舉法選出也。狺狺爭訟，而法律問題愈滋紛擾矣。及十月十日，徐世昌就大總統職時，廣州舊國會復發第三次宣言，謂：『自民國七年十月十日起，委託軍政府代行國務院職權，依大總統選舉法第六條之規定，攝行大總統職務，至次任大總統選出就職之日爲止。咸使知聞』等語。同時軍政府復通電各省，公布徐世

註一　王世杰比較憲法下七二六頁。

昌罪狀，謂徐氏『以私人自構之國會，任意賄買之議員，竊行選舉，遽冒大位，是紊亂國憲，破壞統一之罪，厥有攸歸。』然此種反響，固不能阻止安福系把持北京政府種種計畫之進行也。(一)

第三節　廣州國會之議憲

廣州之非常會議，雖於民國七年六月宣告改開正式國會，直至同年九月法定人數始行湊足；故九月二十八日乃開憲法會議之審議會。首將北京所審議未完之地方制度案，繼續審議。至十二月十三日審議完畢。乃將原案大綱交憲法起草委員會起草。時起草委員六十人，在職者不及半數，乃補選衆議院委員二十一人，參議院委員十五人。該委員會乃於八年一月九日開會。閱時一月，地方制度條文起草告竣。全案共二十二條，與六年一月國會各派協商之地方制度草案多不相同。惟是時適南北兩政府開和議於上海，議員等又復紛紛離粵；故地方制度雖經委員會草定，終不及報告大會，完成二讀手續。惟南北和議遷延一載，久無結果，八年冬，議員等復行集會。九年一月十二日，乃開憲法二讀會，暨審議會各若干次，卒又因各黨主張不同，協商無效，會議再行停頓。計此次會議爭論最烈之問題有二：一爲憲法草案中解散國會之權限問

註一　原電見七年十月十一至十五日上海新申各報。

題：此時大多數議員均不贊成大總統有解散國會權，故將草案第七十五條宣告廢棄。惟尚有少數議員持之甚堅，故有種種解散衆議院方法之提案。結果將各原案再付審議。一爲地方制度章之省長產生方法問題：一派主張民選，一派主張由中央任命，而草案則規定由省議會選舉三人呈請大總統擇一任命。（第十一條）後某議員提議修改爲『省長由大總統經參議院之同意任命之』。經衆可決，惟少數議員又復提起異議，反抗無效，乃相率以不出席方法抵制。（多屬政學會之一部分議員）遂至憲法會議流會八次，每次差法定人數不過十餘人。至九年一月二十四日議長林森乃宣告暫時停止議憲。而護法時期之議憲事業，遂終於未有所成焉。（一）

第四節　北京新國會之制憲進行

北京新國會既於民國六年八月宣告成立。九月選徐世昌爲總統。十二月兩院各選三十人合組憲法起草委員會，從事制憲工作。該委員會開會後，即議決不適用民國二年憲法草案，而另行起草。計自七年十二月二十七日起至八年八月十二日止，開議凡二十六次，議決草案全文共百零一條，其中條文十之七八，仍抄襲二年天壇憲法草案。今特舉其與天壇憲法草案不同之點如左：

註一　參閱吳宗慈中華民國憲法史前編第七章三一一至三四七頁。

（一）關於議員兼職之限制　第二十五條，兩院議員不得兼任文武官吏。（天壇草案則有『國務員不在此限』之但書。）

（二）關於法定人數之規定　第三十一條，兩院非各有議員總數三分一以上之列席不得開議。（天壇草案則規定總數之過半數爲開會法定人數。）

（三）關於國會委員會之章條　全删。（天壇草案第五章計有四條。）

（四）關於解散國會之規定　第六十三條，大總統得解散衆議院。（天壇草案則規定大總統解散衆議院，須得參議院列席議員三分二之同意。）

（五）關於國務員之資格　第六十七條，國務總理及各部總長，均爲國務員，大總統於前項外得任命其他人員爲國務員但不得過各部總長總額三分之二。（天壇草案則僅規定國務總理及各部總長爲國務員。）

（六）關於審計院院長之任命　第九十七條，審計院院長之任命，須經參議院之同意，由大總統任命。（天壇草案規定參議院選出審計員而審計院長則由審計員遴選出之。）

（七）關於解釋憲法之機關　第一〇一條，憲法有疑義時，由參衆兩院議長及大理院，平政院，審計院，三院院長組織會議解釋之。（天壇草案則規定憲法疑義，由國會議員組織憲法會議解釋之。）

(八)關於地方制度一章 議決不加入憲法。

除此八點之外，其餘各條幾盡與二年天壇憲法草案相同。至其全文之主要組織與精神，則更如出一轍。(註一) 然八年之憲法草案，對於天壇草案不無微有改善處焉。如解釋憲法一權，天壇草案規定由國會議員所組織之憲法會議行使。換言之，卽由國會行使。夫憲法問題之起，多因行政與立法兩方之爭執，若以解釋權付之國會，是無異以原告裁判被告，非獨不平，且將使憲法永無確當之解釋。其弊前章既論之矣。八年草案，乃改採特別解釋機關之制度。且組織僅限五人，以求判決之精審迅速。用參衆兩院議長以代表立法方面之意見，用大理平政兩院長以代表司法方面之意見。至審計院雖爲獨立機關，實入行政之系統，以該院長加入，亦可代表行政方面之意見。似此憲法解釋，無戾平停之意，以視聚數百議員以壟斷憲法行使裁判權者，自不得謂爲非改善之一着也。至於關於國務員一條，八年草案規定大總統得以國務總理及各部總長之外任命其他人員爲國務員，此則純倣英制。所謂『其他人員』者，可約分二類：一、各部總長外之任他項職務者。二、適當人材之現未任職者。此制之理論，蓋謂國務員係代大總統對國會負責，但問其能負責與否，不必問其爲總長與否。蓋國務員與各部總長資格各別，各部總長當然爲國務員，而國務員不必皆爲總

註一 參看十四年八月北京國憲起草委員所編之草憲便覽附錄中二十九頁至六十八頁及 China's New Constitution, by L. Liang, in the Chinese Political Science Review, Vol. X, No. 1, p. 156.

長也。我國前此因約法限以各部總長爲國務員，當國務紛冗之際，各總長均有專司，共同研討之功效大減。而統籌全局之責，不得不取成於總理一人，應付遂大感困難矣。八年草案對於此點之修正，其理由亦自正當也。惟該憲法草案雖經新國會所組之憲法起草委員會議決，終未曾提出國會正式討論。蓋是時國內人士，一致主張和平，南北兩政府之對等和議亦進行甚力。新舊兩國會之孰存孰廢，抑或一併取消，俱在未可知之數，故制憲工作亦遂停頓。及和議決裂，而直皖之戰又起㊀。結果皖系大敗，安福議員亦被放逐，不能再足法定人數以開會。於是新國會之制憲事業遂與其自身之命運同告斷絕。直皖戰後，段閣亦倒。徐世昌乃命靳雲鵬爲總理，下令解散安福俱樂部，宣布參衆兩院重新選舉，並令依民國元年國會組織法及參衆兩院議員選舉法，辦理選舉。於是七年所訂之新國會組織法，及選舉法又宣告廢棄。惟因西南方面始終不承認徐氏爲總統，故奉令行選舉者僅十一省，所選出之議員始終以人數不足，未及集會，而奉直之戰又作矣。

註一　民國九年五月北京學生因章宗祥、曹汝霖、陸宗輿訂賣國條約，斷送權利於日本，致中國在巴黎和會外交失敗，乃圍曹宅，擊章氏，而安福系包庇三人，大爲全國輿論所攻擊。時直系首領曹錕之部將吳佩孚駐兵湖南，常與廣州政府通款，爲段系所啣恨。旋曹錕及張作霖請准徐世昌免去安福系三總長，及西北籌邊使徐樹錚本職。段氏大憤。九年七月，乃組定國軍，聲討曹吳，而曹吳亦宣布安福系罪狀，由保定調兵北上。張作霖亦以段氏桀驁不馴，願爲曹、吳之助。結果定國軍一敗塗地。段氏去職，安福系各首領各自逃命。兩年來氣燄炙手可熱之安福系，出與直派武人相角，未及旬日，而風流雲散，可慨嘆也。

第五節　南北和議之發起及其停頓

北廷自徐世昌爲總統後，即標榜和平，國內人士亦渴望其主張之實現。然段內閣抱定武力統一之宗旨，多所牽掣。至七年十月，北京外國使團責備中政府，借參與歐戰之名義，增加內亂，不能盡國際上之義務。並請北廷速籌南北和平統一辦法。徐氏得此，膽乃益壯，遂下令各省限制增募軍隊，又特令前方軍隊『即日罷戰，一律退兵。』同時廣州軍政府亦宣告停戰。於是南北兩方商定和議進行辦法。八年二月，北方總代表朱啓鈐，南方總代表唐紹儀，在上海開始談判。時歐戰方終，世界和平之聲浪震撼全球，安福系主戰要人亦不敢堅持舊日之武力政策；故和議前途，甚有希望。惟旋因南方代表提出恢復舊國會問題，北方代表不肯讓步，和議遂至中止。至八年八月，北京政府改派王揖唐爲總代表，南方代表拒絕接洽。於是上海和會無期停頓。

第六節　總裁制之崩潰與護法政府之改組

初袁世凱帝制失敗之後，桂軍首領陸榮廷以討袁有功，爲廣東督軍。廣東重要地位，漸次爲桂系盤踞。已而桂系復聯政學會領袖，與在粵之滇軍衝突，唐繼堯令李烈鈞率部反抗，李氏不能取勝，而軍政府內部遂以破裂。九年四月，伍廷芳及一部分國會議員離廣州，表示不與桂系及政學會合作。而桂系武人岑春煊，及政學會則與北方新興之直系祕密交換和議條件，並願犧牲舊國會，取消自主，大爲唐繼堯及粵系總裁等所反對。於是廣州軍政府之總裁會議，止餘岑春煊二三總裁，不能足法定人數以開會。九年夏，陳炯明率駐防福建漳州之粵軍回粵征桂，連戰皆勝。岑春煊見事無可爲，乃宣布取消自主。九月陳氏率軍入廣州，國民黨在南方之勢力至是復振。(一)

西南護法時代之議憲，至民國九年一月二十四日而告終。其時議員之中，民友社系，益友社系，政學會系，彼此意見甚深，不能相容。(二)國會已無形解散。加以七總裁之內訌，議員多數赴上海，再由上海赴雲南。九年八月，在雲南省城開「非常會議」，即擬組織政府，不爲省長唐繼堯所贊同，該省人士亦不表示歡迎，議員等乃又離滇赴蜀。九年九月至重慶，再開「非常會議」。值川省內訌不已，經費難籌，議員等以無人供給，開會未及一月，乃又離川。時西南政府雖已破裂，而尚有少數議員淹留廣州，自選議長，仍開「非常會議」。至九年冬，陳炯明由閩率師回粵，軍府總裁岑春煊，及粵督莫榮新均被逐出走。孫文回粵，再召集國會「非常會議」。該會「鑒於軍政府之組織權責不專，遇事瞻顧，致大亂未平，而國本先潰，乃謀澈底之改造」(見非

註一　東方雜誌第十六卷一號至六號本國大事記。

註二　益友代表民黨之溫和派，民友爲民黨之急進派。

常會議致大總統詞乃又製定中華民國政府組織大綱。十年四月，選舉孫文為大總統。五月五日孫氏就職，通電全國，正式政府成立，軍政府取消。孫氏履任後銳意圖北伐，而舊國會至此亦不再談制憲事矣。

第七節 廣州非常會議選舉總統之經過

陳炯明由閩回粵，驅逐桂系武人之後，頗思與民休息，乃高標『聯省自治』主張。而孫文欲以粵地為根據，再圖北伐，其目的既已不同，兩方人物更相排擠。迨十年四月，國會議員又開非常會議於廣州，選舉孫文為大總統。陳氏頗懷不滿；時人對於此舉，亦有所批評。蓋無論十年前之議員，不能代表人民；借曰國家多變，事出非常，不能不寬假以時間，則選舉總統，亦必依規定手續。按照民國二年十月五日正式公布之總統選舉法，必有參衆兩院三分二之出席，出席議員四分三之同意，始能決選大總統。而當時兩院議員總額為八百七十人，以三分之二計，則選舉會必有五百八十人始能開會，以四分三至少之開會人數計，必有四百三十五人以上之贊同始能決選。乃十年四月之總統選舉會，出席議員僅有二百二十二人，其距開會法定人數遠甚。孫氏得二百一十三票，其額亦尚未足決選總統最低限度票數之半。㊀然當日國會議員流離轉徙，勢難全體報到；而護法政府自七總裁內變之後，生命不絕如縷，欲振作人心，重整旗鼓，孫氏固不能待規

註一 見一九二八年 China Year Book, p. 1218.

行以拯溺，其為此亦勢使然也。孫就任後，即任陳為陸軍總長，且與之商議北伐。陳氏不奉令，孫乃免陳省長及粵軍總司令職。陳部葉舉等叛變。是時北京徐世昌自動辭職。黎元洪復任總統，已有命令再行召集舊國會。故十一年六月，葉舉等以國會恢復護法告終為辭，通電請孫下野。孫氏乃離粵赴上海。同年十二月，孫復借滇桂兩軍之力驅逐陳軍，再回廣州。以國會已移北京，乃取消大總統之稱，仍以元帥名義與北方周旋焉。

第八節　國民大會之提倡與上海國是會議之憲草

初吳佩孚戰勝皖系，推倒段內閣後，（九年夏）即主張取消上海和會，召集國民大會，制定憲法。而國民大會，則以全國各縣農、工、商、學各會選舉代表組織之。一時內外輿論多予贊許，惟張作霖表示反對。曹錕亦不願為助，此說遂無形消滅。至民國十年十月，全國商會聯合會及全國教育會聯合會在上海開聯席會議，通過發起召集『國是會議』一案，由各省及各特別區議會、商會、教育會、農商工會、律師公會及報界公會八大團體各派代表三人組織會議，『討論國是，制成憲法。』其計劃蓋淵源於吳佩孚國民大會之主張者也。民國十一年五月，『國是會議』在上海開成立大會，然到會代表僅二十九人，代表十四省區。結果擬定一篇憲法草案，由張嘉森主稿，全案十一章，凡百有四條。其與國會所擬之憲法草案根本不同之點，即在於採取聯邦主義。故其首章第一條即明定『中華民國為聯省共和國。』至分權辦法，則將中央與各省雙方之權同時列舉，此其倣加拿大聯省之制者也。惟於雙方列舉之上，冠以總原則曰，關於全國之事，由中央主之。關於地方之事，由各省主之。日後苟有權限問題發生，可根據此原則以判其所屬。此則其與加制稍有出入之處。㊀其餘如採用一院制，以參議院爲全國立法之總機關，規定大總統由各省法團選舉，規定人民召回議員之方法，皆其異於前此一切憲法草案之處。然此種草案，雖經『國是會議』通過，當時並不能發生何種影響。惟至民國十二年秋，北京之新憲，及十四年執政府時期憲法起草委員所通過之草案，內中所採分權原則，頗與『國是會議』之草案有相類似處也。

註一　參閱張君勱國憲議附錄憲法草案全文第二章第五及第六兩條。又關於加拿大聯省分權方法，可參看陳茹玄聯邦政治、第五章、第二節。

第十章　省憲運動之勃興及其結果

第一節　省憲運動之發端

自西南七總裁內訌，軍政府解體之後，國人目擊護法事業之失敗，全國統一之不可驟期，乃倡『聯省自治』之說，主張各省自動制憲，實行自治，然後再聯合各自治省組織聯省議會，制定中央憲法，取先省後國之建設程序。其時實力派中，如湖南之趙恆惕，浙江之盧永祥，福建之陳炯明，(一)雲南之唐繼堯，均極力贊助此種運動。民國九年十一月，湖南省政府首出宣言自治着手制憲，先由省議會通過湖南制定省自治根本法籌備章程，內規定由省政府特聘十三人組織起草委員會，擔任起草；再由湖南各縣人民選出代表一百五十餘人，組織審查會，審查已成之草案。審查畢後，乃交全省公民投票複決。通過後，乃由省長公布。(二)是爲中國各省自動制憲之第一聲。

註一　是時陳在福建漳州。

註二　參看十一年湖南省憲籌備處編印之湖南制憲報告書第三規程。

第二節 湖南省憲之內容

自民國九年十一月着手制憲，至十年十二月十一日湖南省憲草案經省民複決批准。十一年一月一日湖南省憲法遂公布施行。全文計十三章一百四十有一條，可大別爲五部：一、人民之權利義務。二、省之事權。三、省政府機關之組織及省政權之行使。四、下級地方自治之組織。五、本法之修正及解釋。總綱中首標『湖南爲中華民國之自治省』及『省自治權屬於省民全體』。其省會議之組織一院制，議員名額以人口爲比例。男女均可被選，而議會之解散必經『全省公民總投票過半數之可決』（見湖南省憲法第四十四條）省長由省議會選出四人，交全省公民總投票決選，以得票最多數者當選。任期四年，不得連任。未滿任前可『由省議會提議交公民總投票表決令其退職。』（第五十二條）如犯謀反大罪時，省會可彈劾之，令其退職。至省務院設內務、財政、教育、實業、司法、交涉、軍務七司。司長爲省務員，由省議會選二人，請省長擇一任命。省務院長由省務員互選。省務員對省議會負責，受議會不信任投票時，卽須辭職。人民有創制，及複決法律等權。預算由省長提出，交議會通過。採用強迫教育制度，義務民兵制度。對外宣戰時，省軍得受中央指揮。高等審判廳長及檢察廳長由省會選擧；以下法官則由省務院呈請省長任命。至憲法之修正及解釋，則規定每十年召集憲法會議一次，省議會及縣市議會均有提出修正案之權，惟修正案必交人民複決。而憲法之爭議，則由高等審判廳解釋及判斷之。此外於附則中聲明『國憲未成立前，應歸於國之事權得由本省議決執行。』(一)全文中最足令人注意者，則爲總投票制之用未免過濫。舉凡省會之解散，省憲之修正，省長之選出，省長之召回，法律之複決案等，俱由人民總投票行之。可謂積極求全民政治精神之發展者矣。顧愚於此不能無疑焉。大凡國民總投票之制，其施行僅限於地小人稀，或素有組織之社會，知識程度較高之人民。苟其聚無數無知之人民，平日已未參與，臨期莫詳事由，本無意見可言，迫以投票，將茫然不知所爲。且吾國各省戶口至今未有詳實之調查，投票尤易於作僞。貪官劣紳，從而利用此機，以實行政治買賣，把持壟斷，上下其手。其尤桀黠者，或且從而欺民竊國焉。袁世凱借公民投票之名，以圖推翻民國，可爲前車之鑒。此吾於湘省總投票制之採用，不能不嫌其太早。該憲草案交省民總投票時，已弊端百出，所謂『公民總投票決定』者，早經以其自身之經驗，證明爲有名無實之具文矣。該憲至民國十三年十月曾經一度召集憲法議會，舉行修正，至十四年五月十三日始將修正憲法公布施行。其經修改之處，不外將舊時每二十萬人口選議員一名之規定，改爲每三十萬選出一名。舊時省務院設七司之規定，改將交涉及軍務兩司裁撤，僅存五司。舊時各司長由省會選出二人，請省長任命其一之規定，改爲完全由省長任命。舊時省長不得連任之規定，改爲得連任一次。此外關於司法之組織，新增數條，及暫行附則中各縣應出省議員之名額，其分配方法較前略有不同

註一 參閱十一年十月北京京華印書局出版憲法要覽下編。

耳。㊀其餘則一仍舊觀，未有更動。湘省自憲成之後，戰亂頻仍，以力爲政，所謂根本大法亦不過一二武人之利用品，得魚忘筌，視同敝屣，以言民治，則相去尙遠也。

第三節　浙江省憲之變遷

繼湖南起而制憲者，當推浙江。民國十年六月，浙江督軍盧永祥卽通電主張各省自行制憲。同月召集浙江省憲法會議，（其組織法由省會通過）該會議由省議會選出五十五人，（但省會議員當選者得過五分之二）及各縣縣議會各選一人組織之。此外設憲法起草委員會，而起草委員則由省議會所選出之五十五人充任之。（見憲法會議組織法第八條）起草委員開會後，限三十日內將草案完成，卽召集各縣所選之議員會同省議會選出之議員，組織憲法會議。限於開會後六十日內議決憲法。議決後，卽由該會議公布之。此浙江省憲制成手續，較湘省爲單簡敏捷處也。㊁計自民國十年六月十六日開始制憲，至同年九月九日正式公布。（故又稱爲九九憲法）爲期不過三月。憲法全文，凡十七章，共一百五十八條，內容大致與湘憲同，惟於議院、法院、省政院、審計會外，加設監察會，會員由縣議會與特別市議會聯合選舉，有查辦行政司法官吏審判行政訴訟監視各項官吏之考試及請省會懲罰議員等權。

註一　東方雜誌二十二卷十七號附錄。

註二　參閱自治學會發行之省憲輯覽乙編。

觀其組織頗類孫中山之五權憲法。（憲法第八十一條）此外復公布憲法施行法二十三條，其第一條規定國憲未成立以前應歸於國之事權，『得由本省議決執行之』與湘憲第一百二十三條相同。此種條文命意含糊，其疑義有二：一、所謂屬於國之事權，是否包括軍政、外交、一切而言；若然，則自治省將成獨立國。二、所謂由本省議決者，其權究屬諸省議會？抑屬諸省務院？權限殊不淸晰，恐實行時必發生爭執與障礙也。惟浙憲雖經公布，迄未實行。至民國十一年浙江省議會乃議決將十年九月九日憲法交省民複決，並先由人民自由提出各種憲法草案，而以十年憲法作爲草案之一，彙交人民複決。在複決之前，一切草案均交省憲審查會審查，而審查員則由各提案人票舉。至十二年一月，審查會議決草案三種：第一種，採行政委員制。第二種，採責任內閣制。第三種，採省長合議制。㈠以紅、黃、白三色紙分印，稱爲『紅黃白三色草案』。原定於同年八月付省民複決，以得票比較最多數之草案爲省憲。惟屆時此項投票亦未舉行。㈡至民國十五年一月一日浙省復有所謂『自治法會議』者，議決公布一種省憲，名爲『自治法』，全文凡一百八十四條，所採原則與十年九月之浙憲無大出入，惟增加省民之生計一章，及改『憲法』之名稱爲『自治法』而已。與該自治法同時公布者，更有一種浙省『自治法施行法』，然以當時北京執政府之反對，繼以東南頻年之戰事，其進行

註一　民選省長，同時爲省務院長，省務員由省會選舉。

註二　參閱民國十三年商務印書館之中國年鑑九二頁至一二九頁。

亦遂戛然中止矣。(一)

第四節　江蘇之省憲運動

湘浙省憲制省運動發生之後，江蘇省議會卽通過民選省長一案，旋又提出制憲規程二十條。規定由省議會選舉委員二十三人，組織委員會起草。起草完畢再交省會代表及農、教、商、律師、各會代表合組之審查會審查。經審查會議決後，再由全省公民大會決定，並公布之。然該項規程未經議會正式通過。同時一部分議員擬定江蘇省制草案六十四條，其說明書中有云：『今世界盛倡民族自決之說，政治原動力在下而不在上。……故本案以最初組織政府，及最後解決爭議之權，歸之公民。』(二)故案中採人民複決制之處甚多。又謂：『中央政府爲專管外交，國防，及最高司法之機關，以關稅、鹽稅、印花稅，及交通收入爲其經費。……而內務行政（包教育實業水利交通兵備等）之立法行政事務，及地方法院，則以省政府爲統治之機關，而以地稅及以省爲範圍之他稅爲其經費。』是其對於省權列舉甚廣。該草案對於縣以下各級自治，亦採促進主義，由省政府

註一　參閱東方雜誌二十二卷第二號附錄浙江省自治法。

註二　蘇社特刊第一期省憲十一年出版。

負監督指揮之責，以冀扶植民治能力。然該草案始終未得正式成立，故亦無從交人民複決。㊀至十三年七月江蘇省會乃通過『江蘇省自治法會議組織法』，惟因當時各團體之反對，亦卒未實行焉。

第五節 福建及其他各省之制憲事業

民國十年，陝西省會亦通過憲法會議組織法，主張以『學者起草，法團審查，人民總決。』惟無甚結果。江西省議員等亦提出制憲議案及省憲會議組織法案數次，卒因與省政府不能合作而打消。㊁十二年一月，四川省憲起草委員成立，歷時月餘，草案告成。規定省長直接民選，省民有提案複決等權，大致與湘憲同。廣東省亦曾正式起草省憲，然終於未獲完成而中輟。民國十三年，福建省會制定制憲規程，舉出起草員擬定草案，交由各縣教育、及農商會等法團所組織之審查會審查。同年夏審查完畢，交付各縣公民總決。至十四年一月十二日，已得五十五縣之可決，乃以同月十三日由省議會公布。㊂惟同時閩省軍民當局致函省會，否認憲法發生效力。：謂北京執政府有『國憲問題尚未解決，省憲應暫緩』之命令，於是閩省之憲法，亦

註一 省憲輯覽丙編。

註二 省憲輯覽附錄。

註三 見十四年一月福建省議會公報第一期法規欄。

遂無形消滅焉。㊀

總是觀之，民國九年以來之省憲運動，除湘、浙兩省尙得一紙有名無實之省憲外，其餘各省或僅有制憲動議而未起草，或起草完成而未經正式通過及公布，或乍經公布，而卽行打消，其成效可謂俱等於零。至於今者，中央集權之說甚囂塵上，省憲運動久已寂然無聞矣。

註一　參閱東方雜誌二十二卷第三號內外時評欄。

第十一章　國會第二次之恢復與『曹錕憲法』之完成

第一節　舊國會之復集北京

奉直合力倒段之後，十一年三月奉直兩方又相火併㊀結果直系戰勝，曹錕、吳佩孚遂爲北京政府之『狄克推多』。忌徐世昌之親奉也，決計逐之。乃倡『恢復法統』之議，請黎元洪復任總統。吳氏至此不復再談其昔日國民會議之主張矣。十一年六月二日徐世昌『自動』下野。同月十一日黎元洪入都，卽撤銷

註一　奉直之戰爭：曹錕、張作霖戰勝皖系（卽段祺瑞系）卽請徐世昌任靳雲鵬爲內閣總理，曹錕爲直魯豫三省巡閱使。張作霖則爲東三省巡閱使，外兼轄察哈爾、熱河及綏遠三特別區，並欲伸其勢力於長江流域。民國十年，江蘇督軍李純死，奉直兩方俱欲爭此地盤，卒爲直派齊燮元所得。六月兩湖巡閱使王占元所部軍隊譁變，洛陽吳佩孚南下平之。乃派蕭耀南爲湖北督軍，至是直系在長江之勢力益形穩固。時國民黨領袖與段祺瑞、張作霖謀倒直系，未幾徐世昌任命由張作霖提出之梁士詒爲國務總理，爲直派吳佩孚所不滿。適其時華盛頓會議中日代表爭山東問題正烈；梁內閣電中代表對日讓步。吳乃通電痛詆梁氏，梁遂請假不視事。十一年三月，張作霖稱吳抗中央命令，率兵入關討伐直系。四月奉直兩軍在京津間開戰。徐氏下令阻止無效。五月中旬，直軍大勝，奉軍退出關外，而奉、直之戰遂告終結焉。

民國六年解散國會之命令。是時廣州護法政府適有孫陳決裂之事發生，一部分留粤議員，亦遂紛紛北上。故舊國會至十一年八月一日得以有過半議員之報到而開會於北京。自曹吳『恢復法統』之議起，議員等即一方宣布徐世昌罪狀，擁黎元洪爲總統。一方聲言：『護法大業既已完成，西南各省因護法而成立之一切組織，亦應於此終結。』㊀蓋至是該議員等又直取消廣州護法政府矣。是時，直系將領孫傳芳等亦倡孫中山、徐世昌同時下野之議。孫氏通電有云：『廣東孫大總統原於護法，法統既復，責任已終，功成身退，有何流連？北京徐大總統新會選出，舊會召集，新會無憑，連帶問題，同時失效。所望兩先生體天之德，視民如傷，敝屣虛榮，及時自退』云云。當舊國會之復集也，北京尚有所謂『新新國會議員』者，起而反對。該議員等爲民國九年十月北京『安福國會』解散之後，由徐世昌以大總統命令依照民國元年國會選舉法及組織法所產生。惟徐氏命令發表後，遵照舉行選舉者，不過十一省區。已經選出之議員，淹留北京，一載有餘。以人數未足，始終不會開會。及『恢復法統』之議起，此般『新新國會議員』乃通電全國，謂：『新舊國會既失監督政府能力』。而『新新國會』乃爲民意所歸。並痛詆舊國會議員謂其與安福勾合，人格喪失。且力陳其法律上不可恢復之理由。㊁惟當時實力派已決計擁護舊國會，對於此等反響，毫不加意。『新新國會

註一　見劉楚湘癸亥政變紀略第五頁所載國會議員之通電。

註二　十一年五月廿四五各日上海新、申兩報新新國會議員通電。

議員』亦旋卽星散焉。舊國會恢復之後，復有民八民六議員列席資格問題之發生。蓋自民六國會解散之後，大部分議員南下列席於民八廣州之國會。其未到會者，多被民八國會除名，而以候補議員補充。此次國會恢復，如係恢復民六國會，則民八補充之議員，不應列席，而被除名者，理宜復職。如係恢復民八國會，則彼除名議員，不當復職，補充者應繼續列席。此項問題在國會爭執甚久，終於多數主張繼續民六國會之工作。而民八補充之議員，遂失其列席資格。民黨議員以此舉無異否認西南護法時代之建措，深致不滿。孫中山亦宣言法統不明，不能承認黎氏爲大總統云㊀。

第二節　黎元洪總統任期問題

初黎氏復位，自知個人任期，必成法律上問題，故其通電有云：『法律問題，應由國會解釋。元洪謹於十一年六月十一日入都，暫行大總統職權，俟國會開會，聽候解決。』惟國會開會後，總統任期問題久擱不議。司法總長張耀曾謂：『黎元洪六年七月之離職，乃事實上之離職，非法律上之離職。馮國璋之代理，乃事實上之代理，非法律上之代理。今次復位，且任期尚有一年三月餘。』駁之者則謂馮國璋代理之期間爲有效。黎氏任期僅能補足洪憲改元之八十三日及復辟之七日，而依附黎氏者，又謂黎氏任期，須由袁世凱召集

註一　參看吳宗慈中華民國憲法史後編第九章十五頁至四十九頁。

修改約法會議，舊約法失效之日起算。如是，當延至十四年九月始滿。議論紛紛，各執一說。至民國十二年五月，國會議員某始提出解釋任期案，謂：『黎元洪此次復職，爲補足洪憲改元，迄袁世凱死亡之日，其任期爲百六十日。（一）而黎氏自十一年六月十一日復任，迄今已三百三十餘日，業超過任期一百七十餘日。應由黎氏自動退位，依法由國務院攝行總統職務，一面速組織總統選舉會選舉次任大總統。』同時繼之提案者，二十餘起。黎氏知不可久留，乃咨催兩院查照總統選舉法，準備大選。於是兩院議員四百餘人發表『制憲選總同時並進』之主張。決定於十二年八月三十一日以前完成憲法，於九月三十日以前舉行選舉。（二）

第三節　國會制憲事業之遷延

舊國會恢復之後，既宣言繼續民六國會之工作，其主要職務自在制憲。議員中之稍明達者，有鑑於舊國會兩遭解散，顛沛流離，飽經憂患，而護法一役，重累國人以兵革之苦。今三次集會北京，若再不將憲法完成，將何以對天下後世？然集會之後，憲法會議，仍往往以不足法定人數而流會。於是乃有減少出席法定人數之提議。案照民國二年國會組織法，則議定民國憲法『非兩院各有總議員三分二以上之出席，不得開

註一　將袁氏下令取消帝制後之數十日加入。

註二　劉楚湘癸亥政變紀略第一頁至三十頁。

議。非出席議員四分三以上之同意，不得議決。」（國會組織法第二十一條）據此，則憲法會議至少須有參議員一百八十三人及衆議員三百九十八人之出席，始得開會。限制苦其過高，乃於十二年三月議決修正爲『非兩院有總議員五分三以上之出席，不得開議。非出席議員三分二以上之同意，不得議決。』至是憲法會議止須有參議員一百六十五人，衆議員三百五十七人，即可開會矣。旋又以議員出席須加獎勵；故至同年五月更修改憲法會議規則，規定每次出席憲法會議者，給出席費二十元，缺席者扣歲費如之。又請假須有議員五人證明，缺席過二次者除名。議已成，即由政府每月添撥制憲經費十七萬元爲出席費之開支。議員於歲費旅費之外，乃至出席亦復索費，貪鄙之風，爲世所僅見。其不爲輿論所容，固其宜矣。

第四節　黎元洪之被迫離職

初黎元洪復位，以唐紹儀爲國務總理。唐畏直系勢燄未入都。至十二年一月，乃正式任命張紹曾爲國務總理。張閣初成，亦以和平統一爲政策，欲以協議方法解決時局糾紛，未見實行。同年六月，張內閣復以黎元洪指撥制憲經費不交閣議通過等等爲辭，提出總辭，且相率離京。政務無人負責，京畿軍警到總統府索餉。而京畿衛戍總司令王懷慶、陸軍檢閱使馮玉祥以月餉積久，無法應付，呈請辭職。黎氏疊電曹錕，均不應；乃於六月十三日通電全國，謂：『去年復職，歷經咨催國會遴選替人，但得憲法早成，於願已足。若謂延長任期，競爭選舉，匪特毫無是跡，抑且毫無是心。何嫌何疑，而相脅迫？個人自由，橫被侵奪，更何能執行職務？萬不獲已，權移天津。望邦人君子主持正誼，俾毀法之徒，絕跡吾國……』㊀同日，准張閣辭任，命農商總長李根源署國務總理。旋即出都赴津。黎去後，王懷慶馮玉祥等宣告復職，擁護國會。當軍警索餉鬧宮時，有谷鍾秀致曹錕一電云：『邇者張揆出亡，軍警騷動，大好都市，突陷恐惶。發縱指示，昌言驅黎。萬目睽睽，公將蒞止。夫以公盛德豐功，何求不獲？循序依法，尚有何人敢抗顏行？乃逢迎公意者，忽急爭翊戴之功；而猖狂妄行者，遂甘冒不韙之舉，以致紀綱墮壞，中外訾謷。即所欲倖成，何所恃以號令國人，昭示後世？……』觀此亦可見逼黎退位之原動力所在矣。㊁黎氏離京時，其印璽中途為直隸省長王承斌邀截，復被逼簽名發電，向國會辭職，並將大總統職權交國務院攝行。事後黎氏雖通電聲明被迫簽發之電不能認其有效；然已辭職之內閣，即借此召集『依法代行大總統職權』。是時參衆兩院議員，知黎氏之難再擁，遂議決『自六月十三日起，黎元洪所發命令文電，概不生效。』蓋非此不能撤銷李根源之署閣，而擁出曹派高凌蔚等之攝閣也。其附勢趨炎，不識法律為何物，於此可見一斑。（惟當時亦尚有少數國民黨議員通電反對此項議決）黎氏在津聞之痛憤，謂：『國會附合暴力，獎勵叛亂，自絕於天下後世。』其所議決，決不承認。又補任唐紹儀為國務總理，未到任前，暫以李根源兼署。然

註一　十二年六月十四五日上海申報。

註二　原電見癸亥政變紀略四二至四三頁。

堂堂民國大總統，託庇於租界，以發號施令，可憐亦復可恥矣。

第五節　少數議員在滬之集會

直系以暴力逼走黎元洪後，國會議員中之少數，以避軍閥之惡勢力，主張南遷者。而浙江軍務督辦盧永祥，亦於六月二十三日通電歡迎議員等南下制憲。於是議場決設上海。七月十四日舉行集會式兩院議員出席者約二百人。發表對內對外宣言，謂俟足法定人數，卽正式開會，行使職權。並謂『留京議員陷於強暴，卽有議案，不生法律效力。』惟留滬議員開會尙未成功而復有民六民八之糾紛。初民國十一年八月國會復集北京，國民系議員必欲繼續廣州之憲法會議，於是有民八民六法統之爭。政府爲調停計，乃設一『政治善後討論會』，以位置民國八年在廣州遞補之議員。然爭仍未息。迨六月十三日之政變，來滬議員恐北京急於選舉總統，或將民八分子湊足法定人數；因是一律招請南下。惟民八議員不承認黎元洪爲總統，故『移滬國會』內部，復有法統之爭，漸呈破裂現象。而拜金議員亦多惟利是圖，騙取旅費月費後，蹤跡飄忽，來往無定。正式開會，遂成絕望。黎氏離京，坐守天津租界私邸中，至九月初旬，在滬議員發電促黎來滬，黎乃蒞止。初，孫文及民黨議員因法統之爭，並未承認黎之爲大總統。浙江亦曾宣言自主，在未統一前，不服從中央命令。故此次直系逼走黎氏，浙、粵各方俱憤直系武人之橫暴，惟不願擁黎爲總統。黎之來滬也，原欲在蘇收集議員，組織政府。而蘇省紳商，懼其引起戰爭，糜爛地方，亦不贊成。於是黎之計劃遂歸失敗。議員等更徬徨無所依歸。延至九月中，北京以急轉直下之勢實行賄買，且輦金來滬，極力運動。議員等遂又紛紛北返。而曹錕之賄選告成功矣。（一）

第六節　賄選之告成

十二年七月二十四日，曹錕發一促進制憲之電，對於大選，則不提及。民黨議員呂復等質曹云：六月十三日政變『若不明其責任果當誰屬，非但議憲不足以遏亂萌，而黎元洪之任期與此次出京，是否即係大總統選舉法上所指之「因故」（選舉法第五條第二項云大總統因故不能行使職務應由國務院攝行其職務云云）二者未經解釋確定之前，即使選出總統，恐亦不足以釋天下之疑，而箝議者之口也。』至八月終，議員離京者已有三百八十五人。然南下者亦多為利而來，初無一定宗旨。八月二十四日，北京議員由吳景濂開談話會，議定議員每次出席費一百元，以餌議員返京。又以衆議員任期至十月十日屆滿，（護法時期之集會除外）提議延長任期至下次議員選舉完成始止。於是南下議員，即陸續返京。自政變後，北京兩院流會至數十次，至九月七日，衆院常會竟復開成，即通過延長國會任期案。至九月二十六日，參議院亦開成常會，對延長任期案，即予可決，咨達攝閣，十月四日正式公布。

註一　參看癸亥政變紀略一〇〇頁至一一八頁。

『先憲後選』原爲曹黨掩飾觀聽之計；嗣以賡款已多，憲法會議久未開成。衆議院副議長張伯烈主張先行大選。議長吳景濂乃於九月八日開選舉總統預備會，『即以五百元之出席費於十二日先開總統選舉會一次。然此次之會到者僅四百二十餘人，距大總統選舉法規定之五百八十一人，尚差一百五十餘人。迨票價問題經兩旬期間之切實協商，於十月一日開始塡送五千元支票。十月四日即有五百五十餘人出席，開成憲法會議』㊀於是吳景濂卽以總統選舉會名義發出通告，訂於十月五日開會選舉。至五日總統選舉會竟然開成，簽到者五百九十三人，投票總數計五百九十。曹錕以四百八十票之大多數當選爲總統。㊁

第七節　各方對於賄選之反響

曹錕謀當選總統，向議員行賄，經數月之接洽，至大選前四日始實行塡送支票。浙籍議員邵瑞彭得此支票後，將其製成銅版，向京師地方檢察廳告發。㊂惟該廳處軍閥積威之下，未能實行偵察。其時旅滬拒賄議員，尚有百餘人聯名發表宣言『明正賄選之罪，一致聲討。』浙江盧永祥、奉天張作霖、淞滬何豐林、四川

註一　癸亥政變紀略二二一頁。

註二　選舉詳情見十月六日北京日報紀載。

註三　見癸亥政變紀略賄選鐵證章附有製成銅版之五千元支票。

熊克武、雲南唐繼堯、廣東楊希閔、廖仲愷等，均先後通電反對賄選。十月十日，上海有國民討曹遊行大會。杭州有救國大會。各省學生亦羣起爲誅議員討曹錕之運動。上海工、商、學各界開省區公民大會，議決將此次應選與受賄之『猪仔』議員由各本省各法團抄沒其財產，并剷除其籍貫，以示與衆共棄。浙、皖各省，更有學生搗毀議員住宅發起『鑄像除奸會』，將受賄議員一一鑄成鐵像者，亦可見當時人士之痛憤矣。惟曹錕經營大選已及一年，耗款至千數百萬，(註一)始得如願以償，萬不肯以各方之反響而沮其攫取大位之志。故民國十二年十月十日，遂由保定入京，宣布正式就大總統職焉。

第八節　賄選後憲法之草草完成

當十一年八月，舊國會恢復集會北京時，卽決定繼續民六制憲之工作。而護法時代之所議，則一概不提。民六國會被解散時，憲法草案一部分仍未經過二讀會，其最要者爲地方制度一案。故自十一年八月十日至十一月二十五日，憲法會議迭開審議會，將民六懸而未決各原案及修正案，重付審議。並將審議結果，先後交憲法起草委員會起草。該起草委員會乃草定地方制度修正案，全章凡十條。並於憲法原案國會章前，增加國權一章，凡十六條，『以明定國家之組織，劃分中央地方之權限。』於十二月二十三日，提出憲法

註一　參閱謝彬民國政黨史第十章。

會議。嗣後又草定生計及教育各一章，於十二年四月提出憲法會議。然地方制度及國權章，提出後，議員中省憲派與反省憲派，爭持甚烈。中立派乃聯合兩派代表爲三方面之協商。擾攘幾半載，至十二年六月十二日始將地方制度及國權兩章協商完妥。然未及經過二讀而政變陡起。黎元洪被迫離京，兩院議員紛紛赴滬。憲法會議流會至數十次，不能成會。同時曹錕圖謀大選，以重利餌回一部分留滬議員，至十月四日，憲法會議之法定人數又復湊足。是日憲法會議，卽將地方制度全章完全通過二讀會。五日組織選舉會，選舉曹錕。六日又將國權一章及他項懸案盡數通過二讀會，同日由主席指定藍公武等三十人整理憲法全部條文字句。（按照憲法會議規則應交原起草委員會整理）十月八日，憲法全案遂通過三讀會。而生計、教育兩章則壓擱未議。❶ 至十月十日，憲法全案遂由憲法會議公布。計此次憲法會議之開會，不過三次，爲時不及七日，遂舉十二年久孕不產之大法，全部完成。六七載爭論之問題，不議而決，進行之速，儼若有神，豈彼議員等前後之不相若有如是耶？噫！

第九節　關於十二年憲法內容之評論

民國十二年十月十日北京『賄選議員』所公布之憲法，原爲民二天壇憲法草案演進之結果。第其二讀之完成，三讀之通過，及全案最後之公布，俱在賄選告成之後。論理議員受賄已有鐵證，雖在武力壓迫

註一　參觀吳宗慈民國憲法史後編第十二章六十三節及六十四節，又第十三章六十六節，第十四章六十八節，第十五章六十九節。

之下，法庭不能行使職權，以懲戒違法者。而在法律上彼等卽皆不可赦之罪人。其議員資格，當然喪失。故受賄後所通過之憲法，自應不能發生效力而爲之詞者，則謂受賄是一事，議憲又是一事。議員受賄，國有常刑。然其依正式手續而產生之憲法，則不能認爲無效。此說雖辯，究屬牽強；蓋『娼婦不能產合法之嬰兒』固人所同知也。然姑舍是，今僅就該憲內容摘要評論，以供研究憲法學者之參考。十二年憲法全文共十三章，都一百四十一條，其與民二民六時代憲法草案不同之要點，卽在國權與地方制度兩章。國權一章列舉中央與各省所有權限各若干條，其未經列舉事項，性質之關係國家者，屬於國家，關係各省者，屬之各省。十二年憲法第二二條至二十六條其制度精神，酷類民國十一年上海國是會議所起草之聯省憲法第二章中所規定也。此章無異承認中國已改單一爲聯邦。但其條文中則避免『聯邦』或『聯省』名詞耳。是其與民二民六草案，根本相異之處也。至地方制度章，則將全國地方，分省、縣二級，省、縣機關之組織，亦爲規定大綱。各省得自由制定省憲，惟制定省憲之機關，亦爲該章所規定。憲法第一百二十四條至一百三十五條此蓋當時省憲派與反省憲派爭論之結果也。

聯治之說，民十以後，漸得國人同情。十二年憲法似欲取其精神而避其名號。聯治可採用乎？反對者謂其破壞國家，違反我國歷史上久大一統之習慣。余謂地方自治在中國亦有歷史上久遠之基礎。考吾國省制，起於元代之中書行省，歷今已五六百載，根基久遠，不易廢除。而省治發達，肇自前清咸同間，洪楊之亂，蔓延全國。中央無力削平；各省乃起而自衛，練兵籌餉，均獨斷行之。迨平定後，一切善後事宜，均各省督撫是賴；而督撫治不啻地方之南面王，是為各省權重之始基。遜清之季頒明詔預備立憲。各省均設諮議局；對於本省政務興革有議決之權；對於地方行政長官有糾舉之責。是為省民自治之雛形。辛亥革命，西南各省首舉義旗，推倒滿清。起義各省，各治其兵，各立其政，儼然獨立國家。南京代表中央之臨時政府，為各省代表之所創立。制定約法之參議院，亦為各省代表之所組織。先有省而後有國，其建造之程序，與美利堅、德意志諸聯邦大國，如出一轍。(註一) 故採用聯省制，決非違背吾國歷史之習慣。獨怪十二年憲法已採聯治分權之原則而又忌諱聯治之名稱。殊不知其用意所在也。

該憲第二十三、四、五各條，列舉中央與各省各有或共有之權。第二十六條，則謂除各條『列舉事項外，如有未列舉事項發生時，其性質關係國家者，屬之國家；關係各省者，屬之各省。遇有爭議，由最高法院裁決之。』又第二十八條規定『各省法律與國家法律牴觸者無效，……其疑義由最高法院解釋之。』據此，則最高法院有取消省法之權，並未有取消國法之權。如是國法侵奪省權，法院何從糾正？則所謂『屬之國家』『屬之各省』者，其分界蓋至危矣。(註二) 又第百零八條『法律與憲法衝突者無效。』惟裁判權屬之何方，則並無規定。惟第百三十九條云：『憲法有疑義時，由憲法會議解釋之。』揣其意，殆謂法律與憲法衝突時亦

註一　參看陳茹玄聯邦政治第八章第十節。

註二　或謂該條所指『事項』，乃其未經國法或省法取締者而言，故不至有取消何方法律之事實發生。不知苟無法律取締，勢無爭議發生，已無爭議發生，何待法院裁決。故有爭議發生，則該種『事項』必同時包含法律問題也。

由憲法會議裁判之也。夫裁判國家法律與各省法律之衝突之權，已於第二十八條授諸最高法院；而裁判國會法與憲法衝突之權，則由憲法會議行使。是憲法會議之權，遠在最高法院之上。而按第百四十條之規定則『憲法會議由國會議員組織之，』以國會議員組織之機關，裁判國會法與憲法衝突之問題，是何異以被告裁判原告？（其弊已詳上章茲不贅述）國會至此，眞可爲專制萬能之機關矣。

至於關於地方制度之規定，憲法共有十一條。首分地方爲省縣兩級。、次予各省以制定省自治法之權。惟第百二十六條明白規定省自治法制成之方法。第百二十七條又詳細規定省政府之組織。第百二十八條並縣自治之各種組織亦詳及之。第百二十九至百三十一條則更將省縣之關係一一爲之規定。此則與國權章所採之分權原則，難免矛盾者也。地方自治機關之組織，在單一國家，則應由國會立法規定。在聯邦國家，則當歸各邦或各省自行立法規定，而皆不宜於中央憲法詳細條列者也。蓋地方制度，最要能適合地方情勢。以我國之地大民衆，而必令各地方機關之組織，整齊劃一的規入國家之百年大法中，苟有與地方情勢枘鑿者，舍修改國憲外，各省無法補救，其弊豈勝言哉！且嘗細究單一國，除國家政府外，卽爲地方自治團體。而聯邦國家二者之外，更有一介居其間之邦政府。聯邦憲法對於邦政府之權限，無論其爲列舉或爲概括，往往有詳細之規定。至於邦政府之組織，則鮮有規定者。㊀有之，亦不過如美、瑞憲法，限制各邦之『必

註一　參閱陳茹玄聯邦政治第一章。

爲共和政體」及新德憲法限制各邦之必採責任內閣制度者而已。至於地方自治團體，如縣市者，則由各邦自主，中央憲法固不過問，中央議會亦不干涉。蓋不如是，則地方自治不能發展，中央與各邦權限不能分淸，聯治之精神盡失矣。今十二年憲法，已將中央與各省之權，平等的列舉於國憲，是直採用聯治分權之原則，自應予地方以充分之自治。乃第十二章又忽規定各省之縣政府當如何組織，如何選舉，一切爲國憲所支配，尙何自治之足云㊀。若謂該憲本旨，原採單一集權制度，則不應將省權與國權平行列舉於憲法中，使地方與中央於對抗地位。蓋單一國家，地方機關俱帶有代表中央性質，且存在於中央權力之下者也。故其組織及權力應受國會法律之支配。如普魯士之十二省，政府一方代表中央，一方主持地方自治，中央對於各省，不獨可監督其行政，並可干涉其立法。如法蘭西之八十六道（86 Departments），爲純粹中央之行政區域，官吏之任免，法令之興革，莫不大權操諸中央。苟此種地方機關之權力，一一規定於國家之根本法，則地方與中央已成兩相平等之機關，中央豈復能操縱自如耶，故地方制度無論在單一國，或在聯邦國，俱不宜於中央憲法詳細規定也。

再就十二年憲法所規定地方制度之內容觀之，亦覺殊多缺憾。第百二十七條第二項云：『省設省務

註一　奧大利聯邦憲法，雖有邦立法行政組織大綱，並規定大總統得解散邦議會，然奧制偏重中央集權，非完美之聯治，不足爲法。關於此點可參閱陳茹玄聯邦政治第七章第九節。

院，執行省自治行政以省民直接選舉之省務員五人至九人組織之。任期四年。」第三項云：『省務院設院長一人，由省務員互選之。」此蓋竊取瑞士各郡與普魯士自由邦及美國各邦之制度拉雜入諸憲法者也。今先將普、美、瑞各制述要如下：(一)普魯士自由邦，不設總統，僅有對邦議院負責之內閣。內閣總理由邦議會選舉。其餘閣員則由總理指定。總理及閣員均對議院負責。(二)美國各邦，設邦長（Governor）一人，或添副邦長一人及各部長若干人。大抵皆由人民直接選出。嚴持分權主義，不對議會負責，故行政機關呈多頭現狀。(三)瑞士各郡（Cantons）概用委員制，行政權由五人至十三人之委員會主持之。各郡委員，大概由郡議會選出，然亦有由人民直接選舉者。任期從一年至五年不等。上述三制，形式雖有不同，而共爲多頭行政則一。瑞士小國，其所謂郡，猶我國之村市。人民易以監督，且少政黨之爭，故行政多頭，亦不爲弊。至普魯士則採用純粹的議院制度，閣員對議會負責，議會可時時監督。且內閣總理有指定閣員之權，事實上即爲行政元首，責任亦無不中集之患。吾國各省之大，不可與瑞士諸郡同日語。今省務院已由省民直選，當然對省民負責。試問各省人民，能如瑞士郡民之監督其行政委員否？吾知其必不能也。且省務院長與省務員同爲民選，非若普之總理有指定閣員權者之能中集其責任，而受議會之節制也。人民不能監督，議會不能節制，此羣龍無首之省務院，一旦內部發生意見衝突，吾不知其將何所適從？美利堅各邦採用分權原則，立法與行政各自獨立，而其邦長與各部部長復同爲民選。部長與邦長成爲平等同僚，致令內無負責之中心，外無直接之監督行政效率因之大減識者莫不病之奈何欲蹈其覆轍耶然則省行政應如何組織耶曰採普制廢省長，由省議會選出總理，以組織對省會負責之省務院可也。或採分權原則，以民選省長獨自任免行政各員與議會對峙亦可也。即以民選省長，組織對議會負責之省務院，亦未嘗不可也。蓋行政最忌失其重心事權貴中，集責任貴專一，方不至浮泛無歸，不可不察也。

其餘各條批評，見天壇憲法草案章，茲不贅述。

第十二章　臨時執政府之組織及其制憲工作

第一節　曹錕之退位及段執政府之組織

曹錕稱總統後，始以高凌蔚代閣繼任孫寶琦爲國務總理。孫閣成立後，即設「憲政實施籌備處」，預備實行憲法。又發起和平大會，求全國領袖共謀國是，終於主張不行辭職。七月乃命顧維鈞代閣，旋改命顏惠慶爲國務總理時，江浙戰爭爆發於東南，奉直兩軍又再次喋血於東北。直系雖戰勝於東南，然東北方面以馮玉祥之倒戈反攻北京，通電主和，迷信武力統一之吳佩孚遂陷絕境。吳入京後，逼曹下野，以黃郛代閣；並取消宣統帝號。惟曹解職後，東南各省通電請段祺瑞主持中樞，響應者甚衆。馮玉祥、張作霖亦表示擁段。段氏乃於十三年十一月二十二日入京。黃郛自動辭職。段氏卽下令就執政職，並公布臨時政府制。任命沈瑞麟、李思浩等爲各部總長。該制共計止六條，規定臨時政府，以臨時執政總攬軍民政務，對外代表國家，不設監督機關。執政下設九部。各部總長合組國務會議，不設總理，以臨時執政爲主席。其國務會議實兼總統、內閣、國會三者之權力而有之。組織之單純，權力之中集，爲民國有史以來所僅見之制度。然終於緩衝無地，窒礙難行，一年之後，又改轍也。

第二節　善後會議與國民會議

執政府成立之後，段祺瑞卽擬召集『善後會議』以解決當前重要問題。故十三年十二月二十三日，公布一種善後會議條例。定於十四年二月一日召集各地方軍民長官之代表及政府認爲『有大勳勞於國家』或『有特殊資望學術經驗』之人於北京開會。(一)『此會專爲整理軍事，財政，及籌備建設方案而設。質言之，卽溝通各方意思……共謀和平統一』。惟憲法問題，則應另行『組織國民代表會議，由人民公意解決，以符主權在民之意』。(二)被邀者有一百三十餘人，幾盡屬國內實力派之代表。該條例公布後，國民黨人謂其列席者未有人民代表，不予贊同。廣州且有反對出席善後會議之示威運動。初民黨首領孫文，自十三年十一月受北京各方之電邀，卽離廣州北上，並有召集『國民會議』之主張。先由現時實業團體，商會，教育會，大學，各省學生聯合會，工會，農會，反直各軍代表，及政黨，九種團體代表組織『預備會議』，議定召集『國民會議』之方法，以謀統一。更準備將第一次全國國民黨大會宣言及所附之政綱，作爲『建國

註一　見東方雜誌二十二卷第一號參考欄善後會議條例。

註二　見段祺瑞十三年十二月三十日通電。

議案』提出於國民會議。後經段氏再三設法疏通。孫氏答應不再爭「預備會議」之名稱。惟要求於善後會議中容納民間九種團體之代表，及關於軍財要政須由國民會議議決。段氏表示相當容納。故至十四年一月二十九日電聘各地總商會、各省區教育會、省議會、農會首領為專門委員。對大會議案有審查修正權。惟民黨意仍未滿。二月一日善後會議開幕，民黨會員均不出席，後經極力拉攏，至十三日始足三分二之法定人數，而開第一次會議。乃舉趙爾巽為議長，湯漪副之。㊀二月十九日，執政府將擬定「國民代表會議組織條例」七十五條，提交善後會議。經該會修改討論至四月十八日議決國民代表會議條例凡三十九條，是為該會對於國家根本問題之第一要案。然當時論者，謂段政府由時會造成，完全以實力為基礎，『在法理上由此種政府之意思而產生之善後會議，並無立法及解決國家根本問題之權利』。㊁段氏左右雖嘗謂：「曹錕憲法革臨時約法之命，執政府則革曹錕憲法之命，」章士釗語以斷臨時約法之失效。然其所持理由，似屬幼稚可笑。加以當時國民黨有力之反對，故段氏擬定之『取消國會』及『聲明臨時約法失效』二令，遲遲不敢遽下；而執政府法律上之位置，因之益形搖動。㊂

註一　見善後會議公報第二期議事錄。

註二　見京報王恆著對時局下一觀察文由東方雜誌二十二卷五號轉載。

註三　取消法統之令，直至十四年四月二十四日善後會議閉會後始下。

第三節　國民代表會議條例

國民代表會議條例，爲善後會議所通過議案中之最要者。據該條例所定，則國民代表會議之職務，完全在於制定憲法；而財政、軍事、則另設『善後委員會』以處置之。(一) 該會議議員，由各省區人民選出，選舉方法，大抵與元年之衆議院議員選舉法相似。各省議員額數，最多者有二十七人，最少者有十六人，每特別區八人，蒙、藏、青海共四十三人，華僑十六人，約計五百人。(見國民代表會議條例第八條) 並定召集後自開會之日起，以三個月爲期，必要時得延長一月，即須議決憲法，並宣布之。(見該條例第四及第七兩條) 其最足令人注意者，則爲憲法起草委員會，不由國民代表會議產生，而由政府指員組織。(二) 竊怪國民會議之主要任務，既在制憲，胡獨於憲法起草一權，靳而不予，而必由政府把持。將謂事實上較便利歟？所得人材較優異歟？抑以不如是，則政府對於新憲不能操縱，其自身地位，不得一層保障歟？由前之說，則直謂兩機關制憲較一機關爲便利，私人所派代表較衆意所屬之代表爲優異也。由後之說，則政府直自包辦憲法足矣，又何必以國民會議裝飾門面耶？憲法爲國家之根本法，所以代表全國人民最高之意志者，故必由人民的機關製成。今該條例將憲法起草委員

註一　參閱善後會議公報第三、四兩期所載『軍事善後委員會條例』，及『財政善後委員會條例』。

註二　該條例第二條『國憲起草委員會委員，由每省軍民長官各推舉一人，每區長官各推舉一人，臨時執政選聘二十人，內外蒙古、西藏各二人，青海一人，仍由臨時執政分別選聘，並定期召集之。』

會歸由執政及各省軍民長官派員組織而國民代表會議之自身，不過立於畫諾之地位，此實違背國民制憲之精神；其結果必有下列之四大弊：

一、表面上國民會議操制憲最高權，事實上起草委員可決定一切；因起草委員爲政府代表，得實力爲其後盾。

二、起草委員既銜府方及各省軍民長官之命而來，發言不得自由，在會場無異傀儡，操縱其後者，多屬國人唾視之武人政客，必不能得良好憲法草案。

三、政府各方已可操縱起草委員會，更可借起草委員會以遙制國民會議，必使後者曲從其所欲望而後已。

四、起草委員既爲各方實力派之代表，起草憲法時，必將法律根本問題與私人利害問題混爲一談，難得正當解決，將來失望之少數，必借端破壞國民會議。

或曰，北美合衆國一七八七年之憲法，起草會亦由政府選員組織，何以吾國不能行耶？不知美國憲法，在革命成功之日起草，當時革命領袖，大抵皆民意所歸，授以此權，於勢於理均所應然。吾國自袁氏毁法稱帝之後，所謂政府者，大抵皆憑借一時武力爲『五日京兆』，十餘年來，全國鼎沸，人民將無噍類，試問孰非此輩『軍民長官』之所賜？國人之視此輩『軍民長官』，方若虎狼，利害懸絕，不可同日語。今必曰政府爲民父母，吾意即若意。起草憲法，吾可爲若代庖；未免欺人過甚矣。

國民代表會議條例，於四月二十四日經段政府公布，然受民黨反對，輿論亦多不贊同。各省有不遵令舉行選舉者，故該會議始終未曾成立。

第四節 臨時參政院之成立

善後會議，主要成績，爲通過國民會議，及軍事、財政、三大提案。然所議決，各方實力派早存無足輕重之心，不願受其拘束。段氏亦不過借此以敷衍場面而已，本不敢希望其實行。爲容納善後會議議員，及延長執政府之壽命計，段氏復於四月十三日公布一種臨時參政院條例。該院議員除新加入各省區議會議長一人，及各省區法定各團體之會長互選一人之外，其餘仍爲執政及各軍民長官所委派之代表，實一變相之善後會議也。該院任期至正式政府成立之日爲止；其職務爲輔佐臨時執政，議決臨時執政重要提案；而對外宣戰、媾和、或締結條約，必經該院之通過。㊀故其權力幾與國會等。以政府屬官之行政會議，行使國會大權，亦未免受人譏議者也。㊁臨時參政院於十四年七月三十日，在北京開會，由執政特派趙爾巽爲議長。

註一 臨時參政院條例第一二兩條，見東方雜誌第二十五卷第九號參考資料。

註二 臨時參政院條例至五月一日復有修正案公布，然不過增加執政及各地軍人領袖代表而已；其他無所變更。

第五節 國憲起草委員會之成立及其工作

善後會議雖已閉幕，而由善後會議產生之機關，如臨時參政院國民代表會議籌備處軍事善後委員會，財政善後委員會國憲起草委員會國政商榷會建設會議等等，名目繁多，不勝縷述。其主要作用亦不外在於聚軍人代表失職官僚過期議員及所謂名流與政客於北京，使各有噉飯之地，不與當局爲難而已。時張作霖復有改組執政府之議，段氏乃亟召集各種新組機關，表示其對政治負責之決心，以和緩改組之議，用意良苦，然其無濟於事，自不待言。惟國憲起草委員會在執政府瓦解之前，尚議決一種中華民國憲法草案。依據國民代表會議條例，國憲起草委員會純由各省區軍民長官及臨時執政所指派之委員七十人組成，待草案成立之後，再交國民代表會議議決。該委員會於十四年八月三日在北京成立，以林長民爲議長，從事起草工作，至同年十二月十一日草案經該委員會三讀通過。然草案雖已完成，而國民代表會議始終未曾召集，故亦無從交其議決也。該草案內分五部，共十有四章，一百六十條。中央與各省之關係，採聯邦主義，大致與十二年憲法相同。其不同之點，則如總統由人民間接選舉，而不由國會選舉；憲法修正，由中央與各省區立法部合組之國民會議執行，而不由國會議員所組之憲法會議執行；人民經地方自治團體職業團體之可決，得提出立法案；人民對於衆議院議員直接選舉，並可直接罷免；臨時組織國事法院，以解釋憲法，及審判國務員被彈劾事件，裁決中央與地方權限之爭議等等，皆其較著者也。

第六節　憲法草案之大概

十四年十二月國憲起草委員會所議決之草案，大致與十二年憲法無甚出入，其聯邦主義之色彩更爲明顯。首章卽申明『中華民國永遠爲民主共和國』，避去『統一』字樣。(一)當日起草員之意以爲『統一』似含『單一』意味，改爲『共和』以見聯合共治之義，蓋衆意傾向聯邦也。(二)第二章列舉民國領土，並明定首都地點，及國旗顏色。第三章列舉屬於國家之事項二十四種，屬於各省區之事項十六種，及國家有立法權之事項八種。其中中央與地方分權方法頗類加拿大制度，惟凡未經列舉之事項，性質屬於全國者，由國家立法，屬於一省區者，由各省區立法，此則純取自十二年憲法者也。在『國家與地方之關係』章中，規定國家行政得委任地方執行，但其經費則應由國庫支出。(第十七條)是各省地方機關，可受中央之委託，而代行其職務。中央之行政機關，顯爲不完全的。此則大類瑞士與德意志中央行政機關之組織，而異乎美利堅之制度者也。近世談聯邦者，多取美制，蓋恃地方機關以行使中央職權，似與分治精神有所牴觸，且跡近同

註一　十二年憲法第一條爲：『中華民國永遠爲統一民主國』

註二　見梁龍（氏爲起草委員之一）China's New Draft Constitution, Ch. 1, Published in the Chinese Social and Political Science Review, Vol. X, No. 4, Oct. 1926.

盟組合之中央機關，極易流於尾大不掉之弊也。國會仍用兩院，衆議院議員由選民直接選出，任期三年。各地方議員之多少，以人口爲差別，各議員可由原選舉區選民隨時撤回。此人民直接罷免國會議員之方法，吾國前此根本法上之所未有。蓋起草諸人，有鑒於十餘年來國會議員無惡不作，人民莫如之何，皆因無直接監督之方法致之，故特採用撤回制（Recall），俾失職不良之議員有所警惕，不敢肆行無忌，意至善也。至參議院議員，每省三人，取平等主義。各區則每區一人，藏、蒙各四人，青海一人，全院計八十餘人，其數較前已大減。議員任期四年，不用分班改選制，其機關性質與衆議院無大分別，不過各省不論大小，俱有均等之代表，頗似美、瑞上院組織之目的，在於防大邦壓制小邦之弊者耳。兩院開議法定人數，爲總員三分之一，較前略爲減少，師英制也。惟衆議院通過不信任內閣案時，必須得總員三分二以上之列席，列席人數過半之同意，如該案經大總統咨交覆議時，則更須得列席人數三分二以上之同意，始能通過。閣員對衆議院負責，關於部分之事，其責任爲個人的，關於全局之事，其責任爲聯帶的，與新德意志之內閣制度相同。參議院對於衆議院議決之法律案，有否決及修正權，惟必咨交政府轉衆議院覆議。倘衆議院總員過半數仍執前議時，大總統應即公布之。（第四十二條）是參院對於衆院之議決案，僅有一種與大總統駁議權（Veto power）相同之權，並無絕對制止法律案通過之能力。故立法重心在衆院，而不在參院，此亦倣新德上下兩院之關係者也。大總統由選民選出大總統選舉人，集會國都選舉之。（第五十九條）五年一任，得連任一次，此人民間接選舉之制，得自美憲，而稍加以修改者。蓋美國總統選舉人選出後，在各邦投票，而此則須赴國都集會以行之。其實吾國土地遼廣，邊省交通尤多不便，必令每省百數十之總統選舉人跋涉萬里至京師，以投一票，手續已費，且無意義。似不若完全取法美制，選舉人在各省投票，彙寄京師，由兩院開票者之較簡便也。

關於地方制度一章，不似十二年憲法之詳細規定其組織者。省憲制定方法，由各省自定省議會及省政府之組織，由省憲規定其大綱。（各區亦然）惟各省行政部，必設省長一人，由省選舉二人，呈請大總統擇一任命。其選舉方法，依各省憲法之所定，但退職未滿一年之軍人，不得被選。然中央對省長雖有任命權，而省長任期則法定四年，非經省議會之議決，大總統不能免其職。（第一百十六條）是蓋折衷中央任命與地方選舉兩制之間者也。此外生計章及教育章，大抵仍以十二年未及通過三讀之生計教育兩章草案爲基礎，保障個人之生計自由，及私產契約。凡不勞而增價格之土地，與遺產之繼承，國家得課以累進稅。國家應協助失業工人，救恤老弱殘廢，獎勵發明、著作、美術等，可謂個人主義與社會主義一爐共治。至於教育，則明白規定學校教育不得爲黨派主義之宣傳。蓋以研究學術之地，必廣納衆流，虛心觀察，以求眞正之智慧，不宜爲一黨一義狹隘偏私之宣傳，以自囿其思想。教育經費至少應占行政費全額十分之二。凡此皆起草員有鑒於近年國內教育之瀕於破產，亟思有以補救而爲之規定者。然稽諸他國憲法，則絕罕相同之例也。

至於修改憲法，及解釋憲法之權，均由特別之機關行使，而不由國會獨操，防國會議員之壟斷大法以自便，其用意甚善。較諸十二年憲法，可謂既進一步。今述之如次：憲法修正，由國民會議議決，而國民會議議員，由各省區議會每省選十人，每區五人，內外蒙古各五人，前後藏各三人，衆議院議員五十人，參議院議員三十人合組之。第一百五十八條 以衆議院議員爲議長，必有全體五分三之列席，列席三分二之同意，方能議決。是所謂國民會議者，地方代表占四分之三，而國會議員僅有其四分之一，其重心不在中央而在地方矣。至解釋憲法，則由國事法院行之。國事法院則由參議院選四人，最高法院選四人及最高法院長一人共九人臨時組成之。第九十四條 該院有權裁決之事項凡三：（一）法律是否牴觸憲法，及其他憲法上疑義之解釋。（二）國家與省區及其他地方權限之爭議。（三）關於國務總理及國務員被彈劾事件。第九十三條 其形式頗類德意志聯邦之國事裁判所（Staatsgerichtshof），與奧大利聯邦之憲法裁判所（Verfassungsgerichtshof）。惟其權力範圍則較後二者爲稍廣。吾國十二年憲法則大異，是解釋憲法由國會議員組織之憲法會議裁判，中央與地方權限之爭，則由最高法院，而審判國務員與大總統，則由參議員行之。（註一）解釋憲法之權歸諸國會，其弊既詳述於上章；而權限之爭又別由最高法院處理，界限亦殊難分清。又無如法蘭西之法權裁判所（Court of Conflicts）者爲之調劑；其於權力行使，必生障礙，自無待言。十四年草案乃併其權而歸諸特別產生之國事法院，一方維持憲法之尊嚴，一方統一關於憲法問題之裁判，不爲無見也。

註一 十四年草案規定大總統被彈劾時，亦由參議院審判，惟總理及國務員被彈劾者，則由國事法院審判。

第七節　臨時執政府之改組及其消滅

段氏出任執政，初以半年爲期；惟因各方牽掣，號令不易實行，蹉跎一載，而國民代表大會尙未召集。十四年十二月張作霖因部將郭松齡叛變，方從事征伐。馮玉祥主張改組執政府，而易以委員制，舊國會議員則主張再擁黎元洪。武漢吳派武人主張恢復顏惠慶之內閣。段氏至此覺四面楚歌，乃決計自行改組。於十二月十六日公布修正中華民國臨時政府制七條，仍自稱執政，總攬政務，發布命令，統率海陸軍。執政之下，增設國務院，置國務總理，執政一切命令均由總理及各總長（國務員）副署。一切政治責任，由國務院負之。於是所謂執政者，儼然爲責任內閣政府之總統矣。段氏年來一身受各方之包圍，解紛排難，應付已窮，乃借改組機會，增設國務院爲執政緩衝機關也。十五年一月，段命許世英爲國務總理，未幾張作霖與馮玉祥又復決裂，段氏地位遂陷絕境。十五年一月，張作霖聲言段執政已失自由，率師入關，聲討馮氏。段氏下令阻止無效。設法調和亦不濟。許世英辭總理職。三月四日段氏命賈德耀組閣，至十八日國務院門前復發生轟動全國之槍殺學生案（一）。段政府大受各方輿論之攻擊，旋馮玉祥又與直系通。四月九日派鹿鍾麟率兵圍執政府，

註一　是時張、馮兩軍在津沽一帶作戰，封鎖港口。日艦礮擊大沽。北京外國使團對段政府最後通牒，停止由大沽至天津之戰鬪行爲，俾外國船隻自由出入。北京學生向政府請願拒絕其要求，並嚴重對日本交涉礮擊大沽事。學生請願團至國務院門前，爲衞隊開槍射擊，死傷多人。

段氏逃。鹿鍾麟乃通電宣布段祺瑞罪狀。電中有『保護總統曹公恢復自由並電請吳玉帥卽日移節入都主持一切』等語。鹿氏爲馮親信卽前年圍總統府逼曹離職之人，今一旦勢窮又欲擁曹聯吳以圖苟全。十餘年來國內軍閥之和戰聯拒大都類此，固不足獨爲鹿氏責也！然鹿氏此種宣言，已遭奉系將領之駁斥，亦不獲吳佩孚之諒解，故不得已率軍離京，退往南口。段祺瑞自行復職，欲聯奉拒吳，不成。賈德耀內閣亦向段總辭，四月二十日段氏乃逃往天津，而執政府遂倒。

第八節　北京軍政府之組織與敗滅

執政府倒後，張作霖又與吳佩孚合作，入京維持，以杜錫珪代閣，其時南方國民政府之北伐軍，已由湘南而及長江，直軍已不能支。十五年十二月張作霖在天津宣言就『安國軍』總司令職，旋用國務院攝行大總統令，以顧維鈞署國務總理。十六年三月黨軍入南京。山西之閻錫山通令所部加入民黨，服從三民主義。張氏見環境日惡，乃取消北京內閣，組織軍政府，自爲大元帥，總攬大權。十六年六月十八日乃於北京懷仁堂就大元帥職，宣誓『擁護共和，發揚民治，刷新內政，輯睦邦交。』對外宣言修改不平等條約，照和平外交手續，不強制取消。並以命令組織『軍政府。』內容大致爲，(一)元帥統率海陸軍。(二)元帥在軍政時期行使統治權，保障全國人民法律上權利。(三)軍政府置國務院輔助元帥政務。(四)國務院由總理、外長、軍事總長、內長、財長、法長、教長、實業總長、交通總長、農工總長十人組織。(五)元帥命令由總理副署。(六)國務院與各部官制另法訂定。(七)六月十七日以前法律命令其不牴觸本令者有效。同日張氏命潘復爲軍政府國務總理，王蔭泰、何豐林等爲各部總長。自是顧維鈞之閣解組。張作霖由『安國軍總司令』一變而爲『軍政府大元帥』。事實上不啻北京政府之大總統矣。張就職後，通電南北要人自稱：「與孫中山相交多年，志同道合。過激分子誤釋先生主義，宣傳共產。」並謂本人「友視不背三民主義者協力抗赤。」㊀又派員與山西閻錫山接洽；無結果。奉、晉兩軍旋即宣戰。至十七年春，南京國民政府大舉北伐，以蔣中正爲第一集團軍總司令，馮玉祥爲第二集團軍總司令，閻錫山爲第三集團軍總司令，白崇禧爲第四集團軍總司令，分路向北京進攻。至五月十日，晉軍首入北京。張作霖逃回奉天，中途被炸死；其自建之『軍政府』亦遂消滅焉。

註一　見張氏六月二十五日通電。

第十三章　軍政時期之根本組織法

第一節　革命政府之成立與國民黨之改組

初孫文借滇軍之助，驅走陳烱明。十二年一月復回廣州。但舊國會在北京宣布取消西南護法政府，各方亦多勸孫下野，孫乃避去大總統之稱，仍以大元帥資格與北廷抗爭。至曹錕賄選成立，孫氏組革命政府，欲與奉、浙合同聲討北廷。惟因陳烱明殘部尙據東江，時掣孫氏之肘，故北伐計劃，始終未有進展。孫氏此時，乃萃全力以謀黨勢之復振。蓋自十一年廣州事變之後，孫氏經一番挫折，頓覺民黨之組織與訓練均有改造之必要；並決意聯俄以壯聲援。故未返粤之先，卽與蘇俄大使越飛(A. Joffe)在上海磋商民黨與共黨合作計劃㊀。旋俄政府改派加拉罕(Karakhan)來華，孫氏就商以改組政黨及軍隊之方法。加氏乃薦鮑羅廷(Michael Borodin)於孫。鮑氏以欲振黨勢，宜先統一全黨黨綱，統一全黨組織，及實行嚴厲黨訓之說進。孫氏極爲嘉納㊁。自是言聽計從。十二年十月召集改組會議，討論改組民黨問題。並派胡漢民等九人爲委員，

註一　參看George E. Sokolsky: The Kuomintang, in China Year Book, 1928.

註二　見國民黨第二次全國代表大會會議紀錄第二日第三號汪精衛報告『鮑先生幫助總理的經過』。

組臨時執行委員會籌備召集第一次全國代表大會。十三年一月二十日國民黨第一次全國代表大會開會於廣州，到代表百七十餘人會期十日。通過黨綱章程，頒布宣言。決定容納共產黨黨人，以擴張黨勢，倣照共產黨之組織方法以改組國民黨組織。第一屆中央執行委員會，聘鮑羅廷爲政治委員會高等顧問。然民黨之組織雖改並未變更其向來之主義。故其大會宣言縷述中國政治經濟受列強壓迫之眞象，指摘國內當時各派主張之謬誤，而認明『只有國民革命實行三民主義爲唯一生路』云云。民黨改組之後，厲行『以黨治國』諸種政策。以政治委員會辦理黨務及政治，設軍事委員會，以主持軍務；一切問題均以總理或大元帥爲最後之決定。又孫氏倣共黨之紅軍以練黨軍；命蔣中正籌辦黃埔軍官學校；習軍事之餘，加以政治訓練，使學生明瞭黨義爲黨奮鬭。以其畢業生組織黨軍。㊀是時民黨中之穩健派，對於『聯共政策』頗不贊同；惟孫氏斷然行之。並削除反對者之黨籍，以求貫澈其堅決之主張焉。㊁

第二節　國民政府之組織

初孫文於十三年十一月以北京臨時執政段祺瑞之電邀，離粤北上，共謀國是。途中肝病大作，於十二

註一　見蔣中正第三次全國代表大會軍事報告第一章第一節。

註二　參看十三年中國國民黨改組案。

月三十一日扶病入京，醫治無效，延至十四年三月十二日遂逝世。遺囑勉民黨同人依照其所著『建國方略、建國大綱、三民主義及第一次全國代表大會宣言，繼續努力』。孫氏歿後，廣州民黨中央執行委員會即宣言『在國民會議未實現合法政府未成立前，仍求完成革命工作』。故北京臨時執政府所有建措，民黨政府始終未予合作。十四年六月十四日民黨政治委員會第十四次會議議決，改『革命政府』名稱爲『國民政府』。關於政治之方針，由政治委員會決定，以政府之名義執行之。旋又於第十六次會議議決，設中央政府，定名爲國民政府，以委員若干人組織會議；並於委員中推舉一人爲主席。又議決由中央執行委員會根據民意改組政府，由大本營以命令頒布之。並定於是年七月一日爲新政府成立日期，同時取消代理大元帥職務。（是時由胡漢民代理）至第二十五次會議，通過國民政府組織法，㊀是爲中華民國國民政府根本組織法之鼻祖。㊁該法僅犖犖十條，規定國民政府受中國國民黨之指導監督，以掌理全國政務。採用合議制。由政治委員會推定汪兆銘、胡漢民、張人傑等十六人爲委員，並推定常務委員五人，以汪爲主席。國務由委員會議執行之。設軍事、外交、財政三部，每部設部長一人，以委員兼任。一切法令文書由主席及主管部部長署

註一　參閱十八年三月中央政治會議政治總報告法制之部第一類。

註二　先是十三年一月第一次全國代表大會亦曾通過一種組織國民政府案，將大元帥府改爲國民政府，惟直至此時，方由中央執行委員會議決公布。

名；其不屬各部者，由常務委員多數署名，以國民政府名義行之。㊀ 茲將該組織法原文錄之如左：

中華民國國民政府組織法。

第一條　國民政府受中國國民黨之指導及監督，掌理全國政務。

第二條　國民政府以委員若干人組織之，並於委員中推定一人爲主席。

第三條　國民政府設置常務委員五人，處理日常政務；常務委員於委員中推定之。

第四條　公布法令，及其他關於國務之文書，由主席及主管部部長署名；其不屬於各部者，由常務委員多數署名，以國民政府名義行之。

第五條　國務由委員會議執行之。委員會議，出席委員不足半數時，由常務委員行之。國民政府委員會議於國民政府所在地行之。

第六條　國民政府設置軍事、外交、財政各部，每部設部長一人，以委員兼任之。有添部之必要時，經委員會議議決行之。

註一　是時廣東省政府，亦依照國民政府所頒之省政府組織法改組，設主席，七廳，及委員若干人，組省務會議。另設廣州市政廳，亦用委員制。於是自中央而省，而市，均採合議制焉。

第七條　各部部長依其職權，得發部令。
第八條　國民政府所屬各機關官制另定之。
第九條　國民政府設祕書處受常務委員之指揮，其規制另定之。
第十條　本法自公布日施行。
總上十條觀之國民政府之組織，初固非常簡單，不惟五院制度，未具雛形，卽行政各部，如交通、實業、司法、教育等，亦尙付闕如。蓋當時政府局處一隅，凡百施設，均以軍事爲主體。故其於政治組織，止能循事勢之需要爲準則，規模無須過於宏大也。且政府之上，更有黨焉。黨政機關，雖各分立，而根本政令，必策源於黨。故曰：『關於政治之方針，由政治委員會決定，以國民政府之名義執行之。』㊀是政治委員會實有主要部分之立法行政權，國民政府不過承轉機關而已。事實上政治委員會爲中央委員會所組織；其所有委員，大皆同時爲中央委員，又兼爲國民政府委員及各部部長者也。則所謂中央委員，政治委員會委員，國民政府委員三者；三其名而一其實，誠可謂『三位一體』者矣。蓋不如是，則無由貫澈黨治之精神也。

第三節　國民政府組織法之特點

註一　參看十八年三月中央政治會議政治總報告上冊法制之部第一類。

國民政府組織法，爲純然別開生面之作，與我國前此一切之憲法絕無淵源與關係之可尋。其變態之尤足令人人注意者，厥惟二端：一爲直接黨治。英、美諸國之政黨政治，雖常以黨內領袖出而組織政府，而領袖亦例必依照本黨黨綱，及決定之政策以爲政治南針；然迨其已負政治責任，往往因事勢及環境之要求，而變更其政策者，黨人莫可如何也。（如英之麥唐納、美之威爾遜等是）且其黨之組織，對於政治組織，不能行使直接監督；除借國會機關以彈劾、質問、不信任，諸種方式行使監督權外，實無其他公開方式可以行使。即彈劾、不信任等權，亦非可任一黨之意以行使；苟不得對黨或其他小黨之贊助者，關於此類之提案，不易通過。而負政治責任之領袖，往往由此黨選出，而暗中聯絡他黨，以鞏固個人權位者，亦數見不鮮。（如法國歷任內閣總理多如此）惟國民黨之黨治，則無上述諸種現狀。黨對於政府，有直接監督指揮之機關，即所謂政治委員會者是。政治委員會，爲中央執行委員會之代表；而中央執行委員會，則爲全黨最高之機關。苟國民政府稍有與黨綱不符之舉措，政治委員會可立時加以糾正。故監督較英、美政黨爲敏捷有效。且一黨專政，『黨外無黨』，非若英、美諸國之有『他黨』或『較小黨』可爲政府之聯絡暗助者。此集中直接之黨治，惟蘇俄政治近似之耳。（註一）二爲委員制度。委員制度不適宜於行政，學者意見大抵相同。故民國以來所有根本法，大都出入於總統內閣兩制之間，對於委員制，未敢輕於嘗試。近代國家行政部採用委員制者，惟瑞士與蘇俄耳。民黨當時何以厲行委員

註一　惟蘇俄之黨治有永久性，民黨黨治，限於訓政時期，此爲不同要點。

制耶曰，其故有二：一因容共之後，一切黨政制度，多取法於蘇俄。而委員制者，固蘇俄所澈底採用者也。二因一黨專政，大權已極集中，倘行政全權再由一人獨裁，懼其威權過盛，浸假而不可復制，故易以若干之委員，使之共同負責處理，以睹收互相節制互相監督之功。用人人俱有責任，即人人不得擅專，縱有桀驁不馴之野心家，亦不能不受多數意見之裁制。立意未始不善也。然責任已無專歸，意見又難期一致，行政效能，因之大減。『議而不決，決而不行』之事，與日俱增。此羣龍無首之組織，遂極端暴露委員制所有之弱點焉。

第四節　國民黨之組織

為完全明瞭國民政府之組織起見，必須先述國民黨自體之組織；蓋國民黨在『軍政』『訓政』時期，實行『以黨治國』主張，而國民政府純在最高黨部監督之下也。國民黨現行之總章（原稱黨綱）於民國十三年一月二十八日在民黨第一次全國代表大會通過，經第二、三兩次全國代表大會二度之修正；其內容多脫胎於蘇俄之全俄共產黨組織大綱（The Constitution of the Russion All Union Communist Party）。黨部之組織，計分全國、全省、全縣、全區及區分部五級。每級均有代表大會，及執行委員會：如全國代表大會及中央執行委員會，全省代表大會及全省執行委員會等。執行委員會由代表大會選出，在代表大會閉會期間代行其職權。[1]全國代表大會爲國民黨最高權力所在之機關，常會每二年舉行一次，（三全大會以前規定每年舉行一次）由中央執行委員會召集。遇不得已情形，得展期召集；惟展期至長不得過一年。（總章第二十七條）全國代表大會之職權有四：（一）接納及採行中央執行委員及其他中央各部之報告。（二）修改本黨政綱及章程。（三）決定對於時事問題之政策及政略。（四）選舉中央執行委員及監察委員，並決定其人數。此四項規定完全與蘇俄共產黨組織大綱中所列舉之黨員大會（Party Congress）主要任務相同。[2]至中央執行委員會由代表大會選出，其職權有五：（一）代表本黨對外關係。（二）執行代表大會之議決。（三）組織及指揮各地黨部。（四）組織本黨之機關各部。[3]（五）支配本黨黨費及財政。該會每半年至少開會一次，互選常務委員五人至九人，組織常務委員會，於中央執行委員會全體會議閉會期間執行職務，對中央執行委員會負責。其組織與任務亦大致摹倣共黨之中央委員會（Central Committee）。惟蘇俄中央政府之組織另由全俄大會（Union Congress of Soviets）產出之中央執行委員會（Union Central Executive Committee）主持，而非由黨員大會產出之中央委員會主持。吾國現今之國民政府則直接受民黨中央執行委員會之節

註一　參看國民黨總章第九十兩條，見十九年七月中央執行委員會編印中國國民黨現行黨務法規輯要第一類第一節。

註二　見共產黨組織大綱第四章第二十三條。

註三　三全大會以前規定『組織國民政府及其他中央機關各部。』

制及監督耳㊀。又民黨中央執行委員會遇必要時得設置特種委員會，如政治委員會等；並得隨時派員分赴各地指導黨部，執行黨務。故中央執行委員會實爲今日黨國最高權力行使之機關，除黨員代表大會之外，莫或出其上也。執行委員會之外，更有中央監察委員會，亦由代表大會選出，其職權有四：(一)依據本黨紀律，決定各級黨部黨員違背紀律之處分。(二)稽核中央執行委員會財政之出入。(三)審查黨務之進行情形，及訓令下級黨部審核財政與黨務。(四)稽核中央政府之施政方針及政績是否根據本黨政綱及政策。監察委員會亦至少每半年開全體會議一次，選常務委員五人，於閉會後執行職務。（總章第四十一條至四十二條）此項委會員，與共黨之中央審檢委員會 (Central Revision Commission) 性質相同；所規定任務數種，亦與共黨中央審檢委員會之任務如出一轍㊁。中央執行委員及監察委員任期原定一年，現改爲二年，於召集全國代表大會（即全黨代表大會）時改選。惟必要時亦可延長一年；蓋大會之召集有展期一年之最高限度也。民黨現有政治會議，由中央執行委員會組織之；操有立法行政權能，一切對內對外之重要政治問題，俱取決焉。事實上爲中央執行委員會精神寄託之機關。共黨之中央委員亦有所謂政治會議者 (Political Bureau or

註一　參看 New York Times Current History, Feb. 1927; Constitution of the Russian Communist Party, Ch. 4, art 24–28. 及 Soviet Union Year Book of 1927, p.p. 1–27.

註二　參照共產黨組織大綱第四章第三十條第二段，及民黨黨綱第三十九條。

Politbureau）爲全黨政治工作之最要機關，❶亦全黨權力運用之樞紐，全黨『狄克推多』之策源地也。

第五節 政治會議之組織與職權

政治會議之重要已如上述；故其組織與職權，更有敍述之必要。政治會議，或稱政治委員會。其第一次會議，在十三年七月十一日舉行。委員原無定額，最初由孫總理指派胡漢民、汪精衛、廖仲愷、戴傳賢等七人，繼又加派譚延闓、孫科、蔣中正等數人，其中尙不必盡爲中央委員也。如孫科蔣中正等當時皆非中委 旋胡漢民在第一屆中央執行委員會會議，提出政治委員會對中央執行委員會之權限案，經該會議決：（一）關於黨事，對中央執行委員會負責。按照性質由事前報告，或事後請求追認。（二）關於政治及外交問題，由總理或大元帥決定辦理；然最初政治委員會所議決關於黨務者甚少；故事實上爲孫總理政治外交之商議機關。及孫總理歿後，三月政治委員會議決建立國民政府，並通過關於該會本身之重要議決案二條：（一）在中央執行委員會內設政治委員會，以指導國民革命之進行。（二）政治委員會決定政治方針，以政府之名義行之。是政治會議，雖爲黨之機關，而實行使政府之職權者也。十六年三月六日國府由南昌遷鄂。第二屆三中全會議決，政治委員會以中執委會常務委員全體及由三中全會選舉六人組織之。國府非政治委員之部長，止能列

註一 見共產黨組織大綱第四章第二十六條。

席，無表決權。而『政治委員會對於政治問題議決後，交由中央執行委員會指導國民政府執行之。』是政治會議與政府之關係，已不似前時之直接矣。至十六年九月，在中央特別委員會產生時期，曾經一度取消。至十七年二月，第二屆四中全會又議決恢復。旋復規定政治會議一切議決，應由中央執行委員會交國府執行；而政治會議委員亦全由中執委會推定。至十七年十月二十五日，譚延闓、胡漢民於中央常會提出修正政治會議條例案，當卽通過。綜其要點有四：(一)政治會議為全國實行訓政之最高機關；對於中央委員會負其責任。(二)以中央執監委員為政治會議當然委員；其他委員人數，不得超過當然委員名額之半。國民政府委員亦當然委員 (三)政治會議討論及決議事項，以下列五項為限：甲、建國綱領。乙、立法原則。丙、施政方針。丁、軍事大計。戊、國民政府委員、各院院長副院長及委員、各部會長、各省政府委員、主席、廳長、特別市市長、駐外大使公使、及特派官吏之人選。(四)政治會議議決案，直接交國民政府執行。(註一)該條例至三全大會後，稍有改變，如關於第二點，改為該會委員由中央執行委員會就中央執監各委中推定。第三點，則加入財政計劃一項。又戊項改為『國民政府主席及委員、各院院長副院長及委員、及特任特派官吏之人選』等等。(註二)然較諸十七年前之政治會議，其組織及職權，均似擴大。根據此條例，則政治會議與政府之關係，為直接的，其指

註一　參見十八年三月政治總報告下冊一至八頁。

註二　見二十年十月政治會議工作報告一至四頁。

導權力爲最高的政府一切重要政務，須經其議決，一切重要職員，須歸其任免，則謂之爲太上政府，固無不可也。胡漢民於其所著之訓政大綱說明書中對於政治會議之地位嘗爲簡明透闢之言曰：『政治會議對於黨，爲其隸屬機關，但非處理黨務之機關；對於政府，爲其根本大計與政策方案所發源之機關，但非政府本身機關之一。換言之，政治會議實際上總握訓政時期一切根本方針之決擇權，爲黨與政府間唯一之連鎖。』然『國民政府在發動政治根本方案上，對政治會議負責，但法理上仍爲國家最高機關，而非隸於政治會議之下』[一]蓋政治會議對內不能直接發布法令，對外亦不能代表國家而必仍以政府之名義行之也。明乎此，則庶可了解政治會議之體用矣。

第六節　國民政府組織法之修改

十四年七月之國民政府組織法，雖無修改該法手續條文之規定；然該法已由中央執行委員會議決，則其修改權亦當然操之中央執行委員會。十五年十月，黨軍已克武漢，國民黨決定由廣州遷都武昌。在政府未全部遷到前由中央執行委員及政府委員聯席議決一切。因是時一部分之中央執行委員及政府委員已在武漢也。十六年三月在武漢之中委召集會議，卽稱爲第三次中央執行委員會全體大會改組國民政府，同時修正國民政

註一　見十七年九月十六日上海民國日報胡漢民發表之訓政綱領說明書。

府組織法於三月三十日公布查修正案與原法精神，似無甚變更。其與原法不同之處，則在置常務委員，不設主席；明白規定國民政府受中央執行委員會之指導；（第一條）國府委員由中央執行委員會選舉；（第二條）組織法得由中央執行委員會修正；（第九條）及『凡未經中央執行委員會議決之重要政務國民政府委員無權執行』（第三條）數項而已。在事實上，則早已如此實行；不過在十四年組織法中未詳及之耳。此外除原有之財政、外交兩部外，增設交通、司法、教育、勞工、農政、實業、衛生各部。（第五條）而軍事，則另由軍事委員會管理焉。

同年三月，黨軍克復南京。在京之民黨中委，於四月宣布奠都南京。仍用十四年所公布之組織法以組織國民政府。惟國府直轄機關，則增爲外交、財政、交通、司法四部。此外有大學院、中央法院、法制委員會、財政委員會、軍事委員會、勞工局、印鑄局等。其餘一切，均仍舊觀焉。厥後，寧、漢、滬三方合作，『中央特別委員會』成立，代行中央執行委員會及監察委員會職權。(一)然對於國府之組織，初無更動；旋各方對於特別委員會多所批評，乃於十七年一月自行結束取消。同年二月在南京開中央執監全體會議，議決改組中央黨部及

註一　寧、漢問題始末：初黨軍克武昌時，國民黨中執委會議決由廣州遷都武昌。至十六年三月，在武漢之民黨領袖召集第二屆三中全會，改選常務委員、中央黨部各部長及國民政府各委員。又議決國民黨與共產黨須開聯席會議，討論合作辦法，並應第三國際之邀請，派代表參加共產國際會議。於是南京、上海方面民黨領袖大爲不滿。四月二日民黨中央監察委員在上海開全體大會，監察委

員吳敬恆提出檢舉『共產黨聯結容納於國民黨內之共產黨員，同有謀叛證據』之呈文。並討論共產黨不利於國民黨之行爲，議決將首要各人請各地方當局監視拘留。同時汪兆銘適返國抵滬，與共產黨首領陳獨秀在上海聯合發表告兩黨同志書。並祕密赴漢。上海各軍將領議決不承認武漢方面命令。汪氏抵漢後，仍力持國民黨與共產黨合作政策。四月十七日武漢中央執行委員會議決，開除蔣中正黨籍。十八日南京國民政府宣布成立；並發表建都宣言，揭櫫驅逐共產分子，取締跨黨分子，實行淸黨運動；並電促汪兆銘、譚延闓來京。惟汪氏表示不贊成南京舉動。二十六日南京國民政府通電否認漢口命令。而寧、漢兩方，遂成不竝立之勢。

南京國民政府既於十六年四月間下懲辦共產黨首領之令，且牽涉及武漢方面領袖，未幾又與『西山會議派』（西山會議爲民黨黨員鄒魯謝持居正等所發起，在北京孫總理靈前開會，反對共產黨。十五年春曾在上海召集第二次全國代表大會，表示不與廣州之二全大會合作）合作。武漢領袖亦標榜『分共』『淸黨，』且免鮑羅廷及俄顧問之職，以示誠意；惟堅不承認南京政府爲合法。時北方馮玉祥出爲兩方調人，勸寧、漢合作，並促汪精衛、譚延闓等赴寧就職。時各方急於寧、漢之合作者，更倡汪、蔣同時下野之議。桂軍領袖李宗仁亦主此說。八月十三日蔣中正乃自行宣布下野。於是寧、漢兩方代表會議於廬山，確定合作辦法。旋復會於上海，決定遷都南京，一致反共，合組中央特別委員會。九月十五日，民黨中央執監聯席會議，議決設立『中國國民黨中央特別委員會』。推定寧、漢及上海『西山會議派』三方委員，共三十二人，以張繼于右任等五人行監察權；並發表通告云：『中國國民黨之統一現告完成。九月十五日南京及武漢中央黨部同志在南京開中央執監委員臨時會議。同時上海中央黨部同志（按即西山會議派），亦在南京紫金山總理墓前開中央執監委員臨時會議。（案該執監委員會，爲十五年四月西山會議派在上海召集之第二次全國代表大會所產生。）各通過同樣議決案如下：「茲爲完成本黨統一，努力革命工作起見，設中國國民黨中央特別委員會，其任務及職權如次：（一）受中央黨部之委託，分別行使中央執行委員會及監察委員會之職權，至第三次全國代表大會開會時爲止。（二）統一各地方之中國國民黨黨部（三）籌備「第三次民黨全國代表大會」，以十七年一月一日爲開會期。於是民黨之中央執行委員會及監察委員會，均暫時取消而代以中央特別委員會。

特別委員會成立之後，卽發表宣言述淸黨經過及北伐計劃，改組中央黨部，及國民政府與軍事委員會。推定汪兆銘、謝持、蔡元培爲特別會員常務委員。取消中央政治會議及各地政治分會，將漢、寧、滬三中央黨部及漢、寧兩政府合併於該特委會所組織之中央黨部，及國民政府等等。惟汪兆銘、唐生智等回漢口後，卽組武漢政治分會，反對南京特別委員會之工作；謂其在黨章上，毫無根據。廣州之政治分會，江、浙兩省黨部及南京市黨部亦有反對特別委員會之表示。於是寧、漢、粵三方領袖協商在南京召集全體執監會議，追認特別委員會，恢復中央執行委員會及監察委員會。惟執監會議，尙未召集而南京國民政府已下令討伐唐生智。十一月二十二日南京開討唐勝利慶祝大會，學生有反對中央特別委員會之表示，被政府軍警開槍射擊，死傷多人。激動各方憤慨而攻擊特別委員會者，至是愈衆。同月二十四日，汪兆銘、蔣中正、譚延闓、李濟琛發起於十二月三日在上海召集中央執監全體會議預備會，到者三十餘人。議決中央執監全體正式會議，準於十七年一月在南京召集。特別委員會則在中央執監全體會議開會時取消。又該預備會議決，請蔣中正繼續任國民革命軍總司令職，並免認爲與開槍案有關之謝持、居正等十餘人職。嗣因中央監察委員對粵方委員檢舉，多不到會；經多方調解，延至二月三日，全體會議始得正式開幕。而特別委員會則已先期結束取消。全體會議議決改組中央黨部，（取消前時之農工商、靑年婦女等部）變更對俄政策（暫行絕交）停止民衆運動等案。決定第三次全國代表大會延至十七年八月一日召集；所有第二屆之中央執行及監察委員亦延至第三次代表大會召集時始行改選；又國民政府委員會人數擴至四十六人，以譚延闓爲主席；軍事委員會人數擴至七十三人，以蔣中正爲主席；均由該全體會議選出。中央執行委員會常務委員原有九人，暫改爲五人，以蔣中正爲主席。選舉畢，該會議亦遂閉幕。

召集三全代表大會日期；（定於是年八月一日召集）同時對於國民政府組織法，亦有所修正。（該修正於二月十三日公布）然大都文字上之出入，與前此之組織法事實上初無二致也。惟國府直轄機關，則已增爲內政、外交、財政、交通、司法、農礦、工商等部，並設最高法院、監察院、考試院、大學院、審計院、法制局及建設、軍事、蒙藏、僑務各委員會。（第七條）而國府委員人數，雖向無規定，然事實上已由十六人而增至四十六人。常務委員仍爲五人，推譚延闓、于右任、李烈鈞、蔡元培、張人傑任之；以譚延闓爲主席。軍事委員會則有委員七十三人，常務委員十二人，以蔣中正爲主席。此十七年二月改組情形之大要也。總上觀之，國民政府組織法自十四年七月成立，以至十七年秋，中間雖經數度之修改，然更動極少，直謂之未嘗修改可也。惟至十七年十月，國民政府組織法乃經一次極大之變遷；經此變遷，五院之制度成形，委員制度之運用，亦頓受限制，而國民政府之職權，亦有較詳明之規定焉。此則最值得吾人注意者也。

第七節　地方制度及中央與地方之關係

國民政府組織法已極單簡。中央與地方之關係，初無規定，卽省縣市政府之組織，亦僅以臨時單行法定之。建國大綱，及第一次全國代表大會宣言中，雖有關於省縣權限之原則，然亦粗具綱領而已。至十五年十月國民黨召集聯席會議於廣州，到會代表除全體中央執行委員外，更有各省黨委會之代表，及海外分部之代表。該聯席會議之權，『僅亞於代表大會，而高出於中央執行委員會全體會議。』〔一〕其召集之目的，在於討論國民政府與省政府及縣、市政府之關係，並決定國民黨政綱關於國與省之關係問題。該會議決原則如下：

（一）一省之事，由省政府辦理。

（二）兩省以上或關於全國之事，由國民政府辦理。

（三）外交事件，完全由國民政府辦理。

（四）國省財政須劃分清楚，並分別管理之。

（五）國軍與省軍須劃分清楚，惟省軍於國防需要時，得受國民政府調遣。省軍之額數，由國民政府決定。縣政府不得組織軍隊。

（六）省政府之廳，應受國民政府同性質之部會監督及指揮（如財政廳受財政部監督）。

（七）地方司法歸省，但高級法院隸屬於中央司法部。

（八）省內國立大學歸中央管理，中小各學歸省管理。教育方針，由中央黨部定之。

（九）國民政府監察院得在各省分設。

註一　見一九二八年 China Year Book 第二十八章一三四三——一三四八頁及東方雜誌第二十三卷二十三號時事日誌。

至關於省縣市政府之組織，該會議決，大致如下：

(一)省政府用委員制；由七人至十一人組織省政府委員會，委員分兼廳與不兼廳兩種，由國民政府任命之。

(二)由中央執行委員會指定數人，會同省委員組織省政府。

(三)省政府下設民政、財政、建設、軍事、司法、教育各廳。必要時得增土地、農工、實業、公益等廳。

(四)縣市亦用委員制，由省政府任命委員若干人，分掌教育、公路、公安、財政各局。必要時得增土地、實業、農工各局。由省政府指定一人為委員長。惟特別市之組織法另定之。

同年十一月公布修正省政府組織法，[一]規定省政府於『中央執行委員會指導之下，受國民政府之命令，管理全省政務。省政府委員推選三人至五人為常務委員；並由常務委員推一人為主席。各廳設廳長一人，由委員兼任，國府任命。其他一切省內各機關薦任官吏，均由省府任免之。其餘大致與聯席會議決原則同。自國府遷移南京之後至十七年春，省政府組織法經三度之修正，然原則上無大變更；惟省府主席最後改『由國民政府就省政府委員中指定之，』不由委員推選；而常務委員亦經取消，並明白規定省政府祇能『於不牴觸中央法令範圍內對於省行政事項發布命令。』[一]各廳所掌管事務，亦加以列舉，前時均無

註一　十五年以前之組織法，據十八年三月中央政治總報告稱：『因舊政治委員會文卷散佚，已無可稽考，』故未補述。

此項條文也。(一)至於市政府，則有特別市與市（卽普通市）之分。特別市直隸中央政府，不入省縣行政範圍。其他各市，則直隸於省政府，不入縣行政範圍。初採委員制，如廣州之市政廳及武漢之市政管理委員會等，爲其明例。自移都南京後，均改爲市長制。特別市市長由國府任命。普通市市長則由省政府薦請國府任命之。市長之下，分局辦事焉。關於縣組織法，其初亦用委員制，然實行者甚少。至十七年七月，中央政治會議通過縣組織法；按區域大小與事務繁簡，分縣爲三等。每縣設縣長一人，由省政府任用之。縣長之下，分科辦事。科長由縣長呈請民政廳委任。縣政府又設公安、財務、建設、教育各局。局長由省府主管廳委任。縣內分區、村、里、閭、鄰，爲人民自治機關。至於縣黨部與縣政府之關係，經十五年二月政治會議決定，「縣黨部對於縣政府有監督之權，及建議之責任；不得強制縣政府執行。如縣黨部不滿縣政府之措施，應提出意見於省黨部，由省黨部轉咨省政府處理……」云云。又按照組織法，縣、市均應有「參議會」之設置，由民選代表組織，爲地方之立法機關；惟實行者極少。蓋戶口之清查，選民資格之審定，仍須費一番手續也。(二)

註一　參閱十八年三月中央政治總報告上冊法制之部第十一類一——八頁。

註二　參閱十八年三月中央政治總報告上冊法制之部第十一類九——四二頁。

第十四章　訓政時期之五權制度及約法之完成

第一節　試行五權制度之國民政府組織法

十七年秋，北伐成功軍事暫告結束。胡漢民孫科提議改訂五院制之國民政府組織法，以爲訓政楷模。九月間國府主席蔣中正邀同黨中領袖討論；並推定胡漢民、戴傳賢、王寵惠起草。是月二十三日初稿成，計四十九條。二十六日該草案提出中央政治會議審查修正後，報告於中央執行委員會，經中委會常務會議議決通過，交由國民政府於十月八日公布。㊀同時由中常會通過極重要之『訓政綱領』六條，以爲該組織法之依據。其大致如下：(一)中華民國於訓政期間由國民黨全國代表大會代表國民大會，領導國民行使政權。(二)國民黨全國代表大會閉會時，以政權付託中央執行委員會執行之。(三)依照總理建國大綱所定選舉、罷免、複決、創制四種政權，應訓練國民逐漸推行，以立憲政之基礎。(四)治權之行政、立法、司法、考試、監察五項，付託於國民政府總攬而執行之，以立憲政時期民選政府之基礎。(五)指導、監督國民政府重

註一　見十八年三月政治總報告。

大國務之施行，由國民黨中央執行委員會政治會議行之。(六八)國民政府組織法之修正及解釋，由中央執行委員會政治會議議決行之。(註一)至是中央政治會議，爲一切重要政令之策源地。其位置之高權力之大，較諸前此益見增加矣。(註二)該組織法共分七章凡四十八條。開端引言稱：『國民黨本革命之三民主義、五權憲法，建設中華民國；已用兵力掃除障礙由軍政時期入於訓政時期；允宜建立五權之規模，訓練人民行使政權之能力，以期促進憲政，奉政權於國民。謹本歷史上所授予本黨指導監督政府之職責，制定國民政府組織法頒布之。』云云。可見本法爲試行五權制度，於訓政時期預備入憲政時期之過渡法也。時第一章第一條，即規定『國民政府總攬中華民國之治權。』根據中山遺教，明政權與治權之分。政權爲人民行使之四權，即創制、罷免、複決、選舉等權是也。治權爲政府管理公務之五權，即行政、立法、司法、考試、監察等權是也。第五條『國民政府以行政院、立法院、司法院、考試院、監察院五院組織之。』所以確定五院平衡之地位，而樹五權獨立之基礎也。五院之上，仍設國民政府；主席委員一人，委員十二人至十六人。而五院院長及副院長俱由國府委員兼任。所謂『分之則爲五院，合之則爲國民政府』也。國民政府主席，代表政府接見外使，兼任中華民國陸海空軍總司令。凡法律命令，經國務會議(由國府委員組成)議決，俱由國府主席及五院院長署名公

註一　本綱領於十八年三月十九日由第三次全國代表大會追認。

註二　參看十九年七月中國國民黨現行黨務法規輯要第一類三五——三九頁。

布或發布之。根據此法，則國民政府爲聯絡五院，總持全局，解決衝突，和融意見之樞機。國府無常務委員之設置，主席兼陸海空軍總司令，負有政治責任。十七年十一月復將國民政府軍事委員會國民革命軍總司令部，及海軍總司令部分別裁撤；以其事權分配於軍政部，參謀本部，及訓練總監部三部。其中除軍政部屬於行政院外，餘二部均直隸國民政府，由國府主席以總司令名義直接指揮者也。(一)則國府主席之軍權，非如歐、美共和國總統徒擁大元帥之虛名者所可比擬。故蔣中正依此法出任國府主席三年，其威權之重，可謂超過普通總統制國家之元首，與前此之組織法規定一切政務均由「國民政府委員」或「常務委員」處理時之主席權勢之大小，相去遠矣。至於五院，各設院長，以總其成。原有部會均按其性質分隸各院。所有部會長官，均由所隸院院長提請國府任免。惟立法委員及監察委員，則雖由各該院長提請國府任命，而因有法定任期，非屆期滿，或經彈劾手續，不能中途更動也。各院組織法，均另以法律規定，以便隨時伸縮。根據十七年十月八日政治會議所通過之各院組織法；則行政院之規模，最爲宏大，舉凡內政、外交、軍政、財政、農礦、工商、教育、交通、鐵道、衞生各部及建設、蒙藏、僑務、勞工、禁烟各委員會均屬焉。(二)立法院則設委員四十九人至九十九人，任期二年。委員不出於選舉，而由院長提請國府任命。且彈劾權已移歸監察院，其異於普通

註一　參看十八年第三次全國代表大會軍事報告八一——八六頁及國民會議實錄附政治總報告五九頁關於軍政項。

註二　建委會至二十年又改隸國府。

國會者在是。至於對於法律、預算、大赦、宣戰、媾和、條約等案之議決權，則完全存在；是其與前此之法制局，則又根本不同矣。惟中央政治會議於十七年十一月復有「立法院爲全國立法之總匯機關；舉凡立法事項，均應歸其釐訂。嗣後關於立法原則，應先經政治會議議決，而法規之條文則由立法院依據原則起草訂定」之議決。㊀據此，則立法院之立法權，實受中央政治會議直接之裁制，遠不若歐、美各國議院之立法權也。司法院內設司法行政部、最高法院、行政法院及官吏懲戒委員會四機關。除司法行政部及最高法院爲原有機關改隸外，㊁行政法院則至二十一年十一月始將組織法公布，二十二年六月始規定經費，組織完成。而官吏懲戒委員會則嗣後改爲公務員懲戒委員會，至民國二十一年一月始行成立焉。㊂以上三院，均於本法公布後同時成立；其組織較後者，則爲考試、監察兩院。按組織法，考試院設銓敍部及考選委員會二機關。前者掌理公務員資格審查、成績考核及升降任免之登記各事。後者掌理官吏公務員及專門技術人員之考選及考試之舉行等事。考試院自十七年十月院長戴傳賢就職後，直至十九年一月始正式成立。二十年七月開始舉行高等考試焉。監察院最要職權，爲彈劾及審計二種。關於彈劾，則設監察委員十九人至

註一　見十八年政治總報告立法程序之變遷。

註二　司法行政部至二十年末又改隸行政院。

註三　審判公務員關於執行職務所發生之不法行爲，其權限與監察院不發生衝突，蓋監院止於彈劾也。

二十九人委員可單獨提出彈劾案㊀，且可不負失察責任。監察委員任期未有規定；惟有不盡職者，立法院得向監察院提出質問；同時監察委員亦可互相彈劾。至關於審計則設審計部以審核國民政府及各省各特別市政府歲出歲入之決算，及國府所屬各機關每月之收支事項。監察院組織法頒布後，以人選迭更，迄未完全成立，直至十九年第三屆四中全會乃復選任于右任爲院長，尅期組織，至二十年二月二日始正式成立。原有之審計院依法改部，隸屬於該院焉㊁。試行五院制之國府組織法公布之後，直至二十年五月國民會議召集之時，中間行政系統屢有變更。如十八年三月第三屆一中全會議決將行政院之僑務委員會，收歸中央黨部辦理㊂。又以海軍關係國防，特設專部管理。勞工委員會則迄未成立，關於勞工行政劃歸實業部勞工司掌理。十九年十一月四中全會「爲減少機關以期工作緊張，並劃清權限確定責任計」，將農礦、工商兩部合併爲實業部；衛生部併入內政部；建設委員會直隸國府。又將國府組織法第十一條及以下各條所有之『國務會議』，改爲『國民政府會議』；而行政院之會議則改稱『國務會議』，俾『行政院

註一　經三委員審查多數認爲應付懲戒時，該院即將被彈劾人移付懲戒委員會。（見監察院組織法第六條）

註二　見二十年十月十六日監察院呈國府轉提四全大會文。

註三　至二十一年又改歸行政院。

所屬各部會長官皆對政府直接負責，以謀各部會間密切以聯繫，提高行政效率」云。[一]

第二節　五權組織法之實際運用

總上述五院組織之大體觀之，委員制度之在此五權制度之新組織法中，可謂已無存留餘地。國務會議雖由若干之委員組成，然無常務委員以分其柄，大權實中集於主席，政治軍事實際上均由主席握其綱領，非若前此之國府委員會主席僅爲會議時之主席，其職權與他委員等者也。故國民政府之組織，非合議制，實大近獨裁制也。五院院長雖與國府主席同爲中央執行委員會所選任，然其法律地位究次於國府主席。行政院雖有軍政部，然其所掌，不過全國陸海空軍之行政事宜而已。至國防用兵事宜，則歸參謀本部掌管。全國軍隊及所轄軍校教育，並國民軍事教育事宜，則歸訓練總監部掌管。此二部者，皆直隸國民政府，實際受主席之直接指揮。又設軍事參議院，爲軍事建議最高機關，以備主席諮詢。行政院爲五院最重要之院；其實權已常操於主席，他院更無論矣。此所謂合議其形式而獨裁其精神者也。各院均採首領制，由院長負

註一　見國民會議實錄附國民政府政治總報告第一編關於行政事項。及中央執行委員會祕書處編印之第三屆中央執行委員會第四次全體會議紀錄所載刷新政治案。又四中全會開會時適行政院長譚延闓病故，乃推由國府主席蔣中正兼任。

責主持，所有院中各部會主管人員事實上俱可由院長任免；故各院本身之組織，已無委員制度之遺痕。各院所屬，雖仍有號稱委員會之機關，如蒙藏委員會僑務委員會等，然皆續漸改常務委員制爲委員長制；機關內一切用人行政，均以委員長之決定行之，其他委員俱掛名不預事者，故雖名爲委員會，而其權責實已總匯於首領一人。是故新組織法中之最足令人注意者，厥爲去委員制，而行首領制。蓋因數年來國民政府飽經內憂，始漸覺委員制度之不適於政治，至此而求改轍焉。又根據本法各院雖在其本身範圍之職務稱爲『最高機關』，然亦多互相關係之處。如各院均有於主管事項提出法律案或議案於立法院之權；而立法院對行政院預算宣戰媾和條約大赦各案有議決權；監察院對於各院官吏均有彈劾權；司法院對於各院公務人員於職務上發生不法行爲者，有懲戒權；立法院對於監察委員有不盡職時，有提出質問權；(一)此類規定，皆於平等獨立原則之下以求聯絡接應之效者也。而國民政府又爲各院之總匯焉。又各院法律上雖同爲平等最高之機關，而事實上因職務之繁簡不同，權力範圍之廣狹亦異，而政治重心，往往聚於權力較大之院如行政院者。至如考試、監察等院，在政治上力量依然甚微。復次本法雖較前此之國府組織法爲詳，然全文七章四十八條，除第一章規定國民政府職權綱要及第七章爲附則外，其餘五章，分配五院，每院一章，規定各院主要之組織及職權，至於人民權利義務，國民生計，地方制度等問題，均付闕如。故亦僅爲憲

註一　見監察院組織法第十一條。

法之一部分質言之，卽最高政府組織法而已，不能視爲具體之憲法也。至十八年六月第三屆二中全會通過治權行使規律案。俾各院認明權限，無相侵越。內容大致如下：（一）一切法律案、財政案、條約案、或其他國際協定案，非經立法院議決，不得成立。其有未經該院議決而公布施行者，公布施行機關以越權論。倘立法院不提出質詢，以廢職論。（二）人民生命、身體、財產之自由，皆受法律保障；倘有未經合法程序而剝奪之者，以越權論。司法院不提出質詢，以廢職論。（三）在考試院、監察院成立以後，（此時尚未完全成立）一切公務人員之考試權及彈劾權，均屬各該院。其有不遵考試院所定辦法而行使考試權；或不經監察院而攻訐公務人員，或受理此項攻訐者；以越權論。考試院及監察院不提出質詢者，以廢職論。是則以五院制試行之始，難免事權衝突，或界限不淸之處，該規律目的在於救濟此種弊端者也。

第三節　擴大會議之約法草案

自十七年國府組織法完全改定之後，中央政治有漸趨獨裁之傾向。民黨一部分黨員，表示不滿。十九年秋，乃借閻、馮實力，以『護黨救國』名義，相率聚會北平，另行召集中央執行委員會擴大會議。凡國民黨第一、二、三屆中央委員均得與會。彼等以南京國民政府『不能遵從總理之遺敎，訓政雖號稱開始，約法迄未頒布；遂致訓政其名，個人獨裁其實。』故『中央黨部擴大會議成立之始，卽以制定約法，爲當前急務。

……使人民得有行使直接民權之根據。』㊀該會卽於同年九月推定中央委員九人，及聘請若干法學專家，共同組織約法起草委員會。旋因張學良進兵平、津，約法起草委員會復隨擴大會議自北平移駐太原。至十月二十七日，草案完成，卽行公布；而擴大會議亦遂閉幕焉。此項草案，全部分八章二百一十一條。本總理建國大綱之精神，立訓政時期根本大法之骨幹。雖以擴大會議之失敗，而不克實現；然其草案，固有足稱述者。該草案第一章全錄孫文建國大綱二十五條爲總冒，以明建設之程序及國民政府之職責；第二章爲人民之自由權利義務。關於義務，僅列納稅、服兵役、及服公務三條。而自由權利，則有二十五條。除創制、複決、選舉、罷免及請願、訴訟、受教育、應考試、任公職等權，規定『依法律』行使外，餘如身體、財產、居住、集會結社、言論、信教、擇業、通信祕密等自由，雖非絕對不受法律限制，然亦明定法律所能裁制及干涉之範圍，不以空洞之『依法律』三字了之。如第三十三條：『人民之居住，非有犯罪嫌疑或證據經有該管官署負責之聲明，不得侵入或搜查。』是已確定受搜查之範圍，非若『人民之居住，非依法律不受搜查』者之空泛。又如第三十五條『人民有集會之自由。……如無攜帶武器或直接擾亂社會秩序情事時，不得干涉。』亦非若『人民有集會之自由，非依法律不受干涉』者之不着邊際，而易滋流弊。此則不能不謂爲該法精心獨到之處焉。然此種個人自由權利之規定，與孫文三民主義中之民權理論，不無牴觸之處，當於次篇論及之。第

註一　見該會議中央黨部發表約法草案宣言。

三章爲國權。列舉『由國家立法並執行』之權，如外交、國防、關稅、幣制等十七項；及『由國家立法並執行或委任地方執行』之權，如教育、監獄、刑、民、商事之法律等十五項。並於第五十九條明白規定『凡事權不歸於國家者，均爲地方之事權。』是中央之權，採列舉主義；地方之權，採概括主義。大類乎美、德聯邦憲法之分權原則者也。且根據此條，則中央與地方權力之範圍，均爲約法所規定；地方之權，不受自中央政府，而受自國家之根本法，亦深含聯邦憲法之精神矣。第四章中央制度。宣言：『未達到憲政開始時期，國民政府組織委員會處理國務。』而國府委員會，則以委員七人至十一人組成；並推定其中一人爲主席。國府不設五院，而直接管轄各部。每部設部長一人，由國民政府任命之。『各部部長得列席國民政府委員會會議。』可見其並不能由國府委員兼任，此則與前此之國府組織法，均互有出入之處者也。在本章中，更有全國國民代表會之規定；代表由縣民直接選舉。惟未達憲政時期，該會僅『爲國民政府之諮詢及建議機關，』未能代表人民行使四權；蓋用意在訓政時期，予人民以政治訓練之機會耳。此外，更將憲政開始時期之五院組織大綱及國民會議職權，預爲簡明之規定；並申明『國民政府以總統督率五院，處理國務。』（第八十四條）至總統及五院院長之產生方法，則付闕如。若謂可依照建國大綱中所謂『國民依憲法行全國大選舉』之一條而產生，則該條之所謂『選舉，』乃指在憲法頒布之後，而非謂憲法未頒以前應先行大選也。建國大綱第二十一條明明謂：『憲法未頒布以前，各院院長皆歸總統任免。』則在憲政開始之後，憲法未頒布以前之總統如何選出，誠不能不令人懷疑，而視為該草案之缺憾者也。第五章地方制度。規定憲政開始時期，當實行省長制，並於一百四十四條規定省政府之職權；而其組織，則由省憲決定。至省憲之議定，及省長之選舉，則均歸權於『省國民代表會』焉。惟在訓政時期，省政府仍由中央任命委員七人至九人組織之。並指定其中一人為主席。關於縣制，亦有詳細條文。在訓政時期，各縣縣長由省政府任命；惟同時各縣應組織縣自治籌備會，以縣長為主席，執行建國大綱第八條所規定之籌備事項。籌備完畢，即報告省府，依法選舉縣長，縣議會議員及縣監察委員。(註一) 第六章教育。採用強迫普及制度。凡『及學齡之男女，至少使受六年之基本教育』，不收學費、衣、食、書籍、學費，當以由學校供給為原則。設立教育會議，由政府暨教育會，學術團體，共同組織，建議關於教育之立法、行政等事項。第七章生計。以保護勞工，節制資本為原則。私人營業利益，應資勞兩方，公平分配。營業有獨占性者，應受政府之限制，或備價收歸公營。他如重利借貸之禁止，財產繼承之課稅等，均有明白之規定。又設經濟委員會，合政府、勞、資三方代表組成，為政府諮詢及建議機關焉。第八章附則，規定約法之效力，高於其他普通法律。約法之解釋，則由中央監察院及最高法院共同組織委員會行之；以監察院院長為主席，最高法院院長為副主席。又約法須經國民會議議決施行；其修改權，亦操之國民會議，非黨內機關之所能單獨行使者也。

註一　縣政府及縣議會職權，均詳細列舉。

第四節　國民會議召集之決定

自十九年閻、馮之變，益以擴大會議之反對獨裁，主張重開第三次全國代表大會，㊀並召集國民會議，制定訓政約法。一時風雲四起，中央雖賴軍事力量削平大難；然痛定思痛，爲黨內意見之調和，恢復元氣計，黨中領袖漸多同情於約法之制定者；而羣衆知識階級方面，亦多以約法未立，民權無所保障爲詞以批評當時之政府者。故十九年十月三日主席蔣中正於軍事結束之際，自鄭州電請中委會『確定召集國民會議之議案，頒布憲法之時期，及制定在憲法頒布以前訓政時期適用之約法。』以『副全國人民之期望』㊁同年十一月，蔣主席遂於中央第三屆第四次全體大會開會時，提出召集國民會議之議案。略謂：『此次討逆之戰，實爲全國永久和平與眞正統一之基礎。亟當於討逆軍事結束之際，確定召集國民會議之時期，以副全國人民之期望。本黨遵奉總理遺教，負民國建國之重任。民國人民應行使之政權，由本黨代理而行使之，以期保育民國之健全發育，不爲專制餘孽之所害毒。在訓政開始之時，一切建國根本問題，應與國民共約，乃得齊一全國國民之心志，集中全國國民之能力，以立民有民治民享之基，而明本黨執政時期之責。』

註一　因汪精衞等認十八年之大會，尙有部分黨員不得參加，不足代表全黨。

註二　見蔣主席江電。

等語。會議結果，決定於二十年五月五日召開國民會議，而制定約法，實爲其主要任務焉。當時民黨耆宿如胡漢民、吳敬恆等雖贊成國民會議之召集而不贊成約法之制定。謂：『總理之建國大綱及第一次全國代表大會宣言中之對內政綱，較任何約法爲完備；……無需再作出欽定式的約法來。』㈠且『第三次全國代表大會已議決將總理所著的主要遺教，定爲效力等於約法的根本大法。現在又談約法，豈非將總理遺教擱開而另尋別選？』㈡然民黨多數領袖，深覺約法爲時勢之要求，未可忽視；且制定大法，與民共守，亦無背孫總理之遺教。『總理在中華革命黨時，本定軍法、約法、憲法三個時期；』後於建國大綱，則分軍政、訓政、憲政三期，是所謂訓政時期，卽約法時期也。且『無約法則人民之生命財產，尙無由保障，其何以言統一建設？』㈢故制定約法之主張，卒於隨國民會議之召集而實現。胡氏亦旋辭中央職務而退休焉。㈣

註一　見吳敬恆十九年九月二十九日在中央第七十九次紀念週報告。

註二　見胡漢民十月六日在立法院講演。

註三　均見蔣中正二十年三月二日在國府紀念週報告詞。

註四　後來吳敬恆對於約法亦不堅持反對，故十一月二十四日在中央黨部紀念週演說有云：『不過明年開國民會議，如果人民以爲總理遺教太多，不妨把其中最重要的幾點，由政府來起草條文，這一種條文我們叫他做約法也可以的。』

第五節　國民會議與國民大會之區別

國民會議與國民大會同爲民黨首領孫總理所主張。國民會議之名稱，最初見於民國十三年十一月孫氏之北上宣言中有謂：『對於時局主張召集國民會議；其目的在藉國民會議以謀中國之統一與建設。』而所以召集國民會議之原因，則在將民黨『第一次全國代表大會所列舉之政綱，提出於國民會議，期得國民澈底的明瞭與贊助。』自其組織方面而論，國民會議爲職業團體之代表機關。其內容如孫氏當時所定之九大團體：一、現代實業團體。二、商會。三、教育會。四、大學。五、各省學生聯合會。六、工會。七、農會。八、共同反對曹吳各軍。九、政黨。故不能謂爲直接民選之機關焉。自其職權方面而言，則國民會議，乃爲訓政時期黨政府『徵集國民意見，以謀解除人民切身痛苦之機關。』故其職權，爲協助政府解決重大問題而非行使政權直接監督政府之機關。㊀至於國民大會，則見於孫文所著之建國大綱，所以制定憲法行使中央統治權者也。其組織，爲全國各自治縣人民直接選出代表所組成。其職權，爲代表人民對於中央政府實行監督，並行使選舉、創制、複決、罷免四大政權。㊁故國民會議是在訓政時期，解決建設中國問題之機關；而國民大會乃在憲政時期，全國人民寄託政權之最高機關；二者絕不能混同者也。㊂

註一　參看胡漢民一月五日在立法院演講遵依總理遺教開國民會議之演詞。

註二　參看建國大綱第二十三，二十四兩條。

註三　參看王寵惠十九年十二月一日在國民政府演講詞。

第六節　國民會議代表選舉法

國民會議召集之期已定，中常會乃於十九年十二月二十九日通過國民會議代表選舉法。二十年一月一日由國府公布。該法規定國民會議代表總額為五百二十名，由各地方選出，依下列各款分配：(一)由各省選出者四百五十名。(二)由各市選出者二十二名。(三)由蒙古選出者十二名。(四)由西藏選出者十名。(五)由在外華僑選出者二十六名。至選舉代表方法，採用職業代表制。全國各種團體，共分下列五組：(一)農會。(二)工會。(三)商會及實業團體。(四)教育會、國立大學、教育部立案之大學、及自由職業團體。(五)中國國民黨。婦女團體，曾要求參加，未得准許。多數省份所有代表名額，由五組團體平均分配。(例如規定江蘇代表名額三十，每組各選六名)至當選人之資格，除國民黨代表由中央黨部另定外，農會代表，則限於曾從事農業十年以上者；而工商教育及各種自由職業團體之代表，則限於曾從事所屬事業五年以上者；至曾經犯罪或證明有反革命行為，或精神病及不良嗜好者，則均在屏除之列焉。又設選舉總監督及監督，選舉團體之資格，由總監督審定之。各省以民政廳長為總監督，各縣市則以縣市長為監督。蒙古、西藏，則以中央之蒙藏委員會為總監督。海外華僑則以僑務委員會為總監督。此該選舉法之大要也。(一)

註一　參看二十年一月國民政府公報。

第七節　訓政約法之起草及其在國民會議通過情形

二十年三月二日蔣中正、戴傳賢等復於中央執行委員會常務會議，提議召集國民會議，『應以三民主義的訓政範圍以內確定本黨與全國人民共同遵守之約法……以樹久安長治之宏規。』決議通過。並由中常會推定吳敬恆、王寵惠、于右任等十一人為約法起草委員。該委員等於三月九日，開第一次會議，復推定王寵惠、邵元冲、邵力子三人為初步起草；並決定範圍，包括訓政綱領及保障人民權利等數要點。自三月三十日起至四月二十二日止，開起草會凡六次，全案完竣。二十四日送經中常會通過，至五月二日復經中央執監委員臨時全體會議修正通過，提交國民會議。該草案全文計八章八十二條。除規定中央政府與地方政府組織大綱外，尚有『人民權利義務』、『訓政綱領』、『國民生計』、『國民教育』諸章，而尤以訓政綱領一章為最要。依該章規定，則在約法時期，仍由國民黨全國代表大會代表國民大會行使中央統治權；民黨全國代表大會閉會時，其職權則由民黨中央執行委員會行使之。故此項約法，經國民會議通過之後，則理論上黨治原則，已經國民正式接受，民黨政權在訓政時期可以益形鞏固矣。國民政府公布國民會議代表選舉法後，即議定設立籌備國民會議選舉事務所；以戴傳賢為主任，孫科副之。四月二日，中常會通過國民會議組織法。二十年五月五日，國民會議開幕。出席者除國民黨中央委員，國民政府委員外；代表到四百五十餘人。國府主席蔣中正，致長篇之開會詞。大致根據孫總理遺教，極言在訓政時期約法及實業建設之重要。自八日起至十六日止，討論議案共開大會八次。十七日閉幕發表宣言，接受中山先生全部遺教，及制定訓政時期約法，交由國民政府公布施行等。國民大會第一次會議，即討論國民政府送議之約法草案，由國府主席蔣中正作正式之提議，大會討論後，即交付約法審查委員會吳敬恆等審查。各代表以書面陳述對草案意見者，共有六十九件。審查結果，對原草案增加者六條。計國民生計章，增加興辦油、煤、金、鐵、各國營航業兩條，國民教育章增加獎勵補助華僑教育及私立學校兩條，政府組織章加國府編訂預決算公布一條，及附則加約法由國民會議制定，交國府公布一條。對原草案修正者亦有六條。最要者為原案第七十九條：『本約法解釋權，由約法解釋委員會行使之。約法委員會之組織，以法律定之。』改為『本約法解釋權，由中國國民黨中央執行委員會行使之』之一條；其餘不過文字上之修飾而已。至十二日審查委員會報告大會，即開始二讀，對審查報告，均無異議；惟於第八十三條下增加『凡法律與本約法牴觸者無效』一條而已。同日接開三讀會，由主席朗讀條文，全部約法，共計八章八十九條，一致議決通過；而訓政時期之根本大法遂告成焉。（一）

註一　參看國民會議實錄。

第八節　約法內容之說明及其批評

訓政約法全部八章第一章，規定主權屬於國民國體為『統一共和』及南京為國都等；所以明訓政約法為全國人民公意所產生，亦為全國人民公有之大法也。第二章，為人民權利及義務。列舉共二十餘條。第七條規定中華民國『在完全自治之縣』享有選舉、罷免、創制、複決四權。是隱含『人民四權之行使以地方自治單位為限，不能直接及於較高之政治組織』之意。其餘各項自由權利，除信仰自由無何種限制外，均有『依法律有』某某權，或某某自由『非依法律不受限制』等等，此蓋為日後政府於必要時，得斟酌立法，不受約法拘束，俾有伸縮餘地也。然便於政府者，則不便於人民；為維持『保障民權』之原意，則擴大會議之約法草案所擬權利諸條，似較完善也。第三章為『訓政綱領』規定依建國大綱，為訓政時期之政治綱領；由『國民黨全國代表大會代表國民大會行使中央統治權。』民黨代表大會閉會時，其職權由中央執行委員會行使，是為訓政時期仍不能離黨治之徵。第四章為『國民生計』，凡十四條。規定獎勵生產事業，發展農村經濟之大綱；並詳及於婦孺、勞工、殘廢軍人、及工人等之保護與救濟，而對資勞雙方，則取『協調互利原則』焉。此外更有人民擇業自由及契約自由二條，就其性質論，似應歸入『權利義務』章者也。第五章為『國民教育』規定以三民主義為民國教育之根本原則；並採集權主義。全國所有公私育機關，均受國家之監督；並由中央決定教育政策，已達學齡之兒童應一律受義務教育，以期普及。然此種強迫制度，以現時之社會經濟環境實不易遽行，故自約法公布三四年來仍未見諸實施，非無故矣。第六章爲『中央與地方之權限。』規定『中央與地方之權限，依建國大綱第十七條之規定，採均權制度。』惟除第六十三條工商業之專利、專賣、特許權，明定屬於中央外；何者爲中央之權，何者爲地方之權，並無列舉。所謂『建國大綱第十七條之規定，』亦不過說：『凡事務有全國一致之性質者，劃歸中央；有因地制宜之性質者，劃歸地方；』而已。如此攏統，幾令人無從捉摸。在作法者之意，或以爲如此，則中央之權可富有伸縮性；其與地方權限之分，可隨時以法律決定之。且地方之權，亦勢必受自中央法律予奪之權，全在中央單一國家所應有之制也。然此種理想，究與事實相去太遠。依歷年割據局面及現在尾大不掉之情勢觀之，即中央之權，列舉於根本大法，猶慮其未能完全行使；況不加規定，而欲自由操縱，宜其號令之多被地方藉故玩忽難生效力也。第七章『政府之組織。』大致照原有試行五權制度之組織法所規定，挈其綱領入之。惟對於國民政府主席，則無兼任陸海空軍總司令一條，而加上各院院長及各部會長由國府主席提請國民政府依法任免之一條。約法第七十四條。參照第七十二條 國府主席及委員，由國民黨中央執行委員會選任之規定；則主席之位置，顯然高於其他院長。院長必由主席提請任免，非若前此之同爲中央委員會選任者；且主席之提請任免權，可直及於各院下之部會長官，亦非若前此之可由院長提請者矣。然同年十二月之修正國府組織法，並未照約法此條辦理；且明白規定主席不負政治責任，而國府主席遂成虛位，是則與約法原旨，似不盡符者也。關於地方制度，則規定凡省縣政府之組織法，均由法律定之。第八章『附則』中規定『約法之解釋權，由中國國民黨執行委員會行使；』蓋約法爲根本大法，政府一切權力之所自出，故解釋之權，不由政府任何部分行使，而由中央執行委員會行使。蓋根據訓政綱領，執行委員會爲民黨代表大會之代表，而民黨代表大會，則又『代表國民大會行使中央統治權』者也。此外，更有『凡法律與本約法牴觸者無效』一條；所以確定約法最高之地位與尊嚴，亦循憲法普通之先例耳。總核該約法全篇，除人民權利各條外，大體均以孫文主義爲基礎。蓋約法規定之人民權利，與三民主義不無出入；三民主義之所謂『民權，』乃國族整個之權，而非人民之個權。所謂『自由，』亦爲國家之自由，而非個人之自由。自由權利『如果用到個人，就成一片散沙。……要用到國家上去。』[一] 故個人之自由權利，固非孫氏之所主張；然外循立憲國家之慣例，內順各方羣衆之要求，其不能不將此列入者勢也。擴大會議之約法草案亦同 至訓政綱領，爲約法全篇精神之所寄託；所以確定黨治基礎，『謀人民與政府之合作，俾全國人民在法律上有接受三民主義之明白表示，亦約法全篇骨幹之所在也。』中央與地方權限一章，就理論上言，至爲重要；而約法僅以寥寥數語了之，並無確切之辦法，亦無明白之列舉，是則不能不認爲約法之一大缺憾。國府主席有提請任免各院院長之權，是其位

註一　見孫中山三民主義民權主義第二講。

置與實權，均似更勝於曩昔之國府主席，殆近酷類美國之總統矣。然而事實上竟未實行；日後且有主席不負政治責任之條見諸組織法，而主席一職，遂成贅疣。立法難，行法尤難，不其然歟？

第九節　約法公布後國民政府組織法之修改

約法經國民會議通過之後，即交由國民政府於二十年六月一日公布。然依照該約法所規定之中央制度，當時所行之國府組織法已不盡適用。故六月十三日第三屆中央執行委員會開第五次全體會議，（簡稱『五中全會』）討論改組政府及其他重要問題（一）。由吳敬恆、蔡元培、戴傳賢等根據約法規定，將十九年十一月所公布之國民政府組織法重行修正。至十四日，即提大會通過，送國民政府交立法院臨時會議核議。惟該院會議結果，以『該法為中央所草擬，應仍呈由中央直接頒布，不再由立法院參加意見』。因之即呈國府轉呈中央公布（二）。蓋組織法已經由中全會議決，該院對於該法原則大體上不能有修正之討論，止可為條文上之整理；且五中全會所議決修改各案，（如五院院長由主席提請任命等）事實上業已實行，亦勢不能再有所討論，故不如

註一　該會所討論尚有『處理粵變問題』一案。因民黨在粵同志古應芬等不滿中央對胡漢民之辭職處置，故通電彈劾蔣主席；而蔣亦向中央監察委員會自請查辦。旋監委會議決，認古等所糾劾毫無根據而罷。

註二　見立法院公報第二十七期。

『不參加意見』也。惟第三屆二中全會所決定治權行使之規律中，原有『一切法律案，包括條例案，及組織法案，……非經立法院議決，不得成立』之一條，而國府組織法是否得爲例外，此實一大疑問也。此次修改，於原組織法加冠『總則』一章，申明『國民政府依據中華民國訓政時期約法第七十七條之規定，制定中華民國國民政府組織法。』設國民政府會議，以委員十六人至三十二人，及國府主席，五院院長，副院長組織之。而國府主席，五院院長及副院長，則爲當然委員。（見組織法第十條及第十八條）是與前此之組織法規定『五院院長及副院長由國民政府委員任之』者，已大有別；蓋按新組織法可以因院長資格，而得委員名義；舊組織法則必先爲委員，乃可被任爲院長也。同時委員名額較前亦已增至一倍以上，因委員及當然委員兩者合併可有四十餘人，前此至多不過十六人耳。主席任免官吏之權，較前增大；凡五院院長副院長，陸海空軍副司令㈠及『直隸於國民政府之各院部會長，』均以國府主席之提請由國民政府依法任免之。（見組織法第十六條）是蓋依照約法第七十四條而定者也。然查約法第七十四條規定『各院院長，及部會長，以國民政府主席之提請，由國民政府依法任免之；』並無『直隸於國民政府之各院部會長』字樣。如是行政院內之各部會長，雖不直隸國府，亦當由主席提請任免。今組織法第十六條，乃有『直隸國民政府』一句，似與約法所規定，微有出入。但組織法第二十四條，又謂：『行政院各部長，委員長之人選，由行政院長「推由」國民政

註一　總司令由主席自兼，見組織法第十三條。

府主席「提請」國民政府任免之各部之次長各委員會之副委員長由行政院長提請國民政府任免之』是直屬各院之部會長亦須由主席提請其義甚明。故組織法第十六條，似略有語病。惟無論如何在此組織法下，主席任免官吏權已經擴大；同時又兼陸海空軍總司令之職❶一切法律之公布命令之發布，均『由主席署名行之，由關係院院長副署之；』與前此之一切法令均由主席及五院院長署名行之者，權責漸就集中；故主席之權位，實不亞於任何國之總統。五中全會修正國府組織法後，即依據該法選任蔣中正為國民政府主席，張人傑、胡漢民、蔡元培、蔣中正等四十人為國民政府委員。同時蔣中正即以國民政府主席名義，向該會提請任蔣中正兼行政院長，宋子文為副院長；林森、王寵惠、戴傳賢、于右任等為立法、司法、考試、監察各院院長及邵元沖、張繼等為各院副院長；張學良為陸海空軍副司令。經該會議決通過。然按照約法及新組織法，除國府主席及委員由國民黨中央執行委員會選任外，其餘各院院長副院長均由主席提請國民政府依法任命，似無提出中全會通過之必要。但照第三屆第三次中央全體會議修正之政務官任免條例，則『國民政府主席及委員，各院院長副院長及委員，如立法委員監察委員等及特任特派官吏之人選，』均應由中

註一　見組織法第十三條，惟約法無此條。

註二　見二十年十月政治會議工作報告二〇一頁。

央政治會議議決。㊀蔣主席之向中全會之提請任命院長蓋根據此項條例行之者；然與約法所載，則似未能完全一致也。此外修正案尙加入『國民政府主席因事故不能執行職務時，由五院院長依次代理之』一條。蓋以主席職責繁重，不可一日無人。故爲之規定代理人員。又根據約法加入『國民政府公布法律發布命令』及『國家之歲入歲出，由國民政府編定預算公布』之數條，其餘則大抵仍舊。

第十節　現行之國民政府組織法

約法公布後，國府組織法卽行修正，已如上述。然現行之國府組織法又與五中全會所通過者大異。蓋自國民會議閉幕之後，內憂外患，環逼交煎。大江南北，贛、皖、湘、鄂諸省赤匪遍地，勢成燎原；益以秋間空前之大水災泛濫十餘省，災民以萬萬計，剿赤賑災，中央已窮於應付。且當時南方民黨同志自立法院長胡漢民去職後，對於中央舉措多不滿意。一部分中央委員方集合廣州，開非常會議，另組政府，形勢日趨嚴重。及至九月中暴日乘我多難之秋，出兵犯我東三省，副司令張學良抱不抵抗主義。不數日而三省名城要隘，盡入敵手。一時朝野震驚，憤慨莫可言狀。紛紛要求中央懲辦失地長官及出兵收復失地。危局飄飖，不可終日。民黨領袖鑒於分崩離析之不足以救亡；乃以『精誠團結，共赴國難』相號召，力謀黨內之大團結。於是寧、粵兩方各派代表，赴上海開和平會議，決定第四次全國代表大會寧、粵兩方分地開會，增加中央委員名額，寧、粵兩方各選相當人數。㈠至十一月中旬，四全大會分寧、粵兩方舉行，選出執監各委後，卽於十二月二十二日在南京舉行第一次中央全體會議，依照上海和平會議議決，則一中全會應處理寧、粵兩方四全大會一切提案，及修改國府組織法，並改組國民政府。而國府主席蔣中正則已先於十二月十五日向中常臨時會議辭本兼各職。㈡並經中常臨時會推定林森代理國府主席，陳銘樞代理行政院長，以俟一中全會之改

註一　先是二十年六月中央五中全會決定於二十年十月十日舉行四全大會；後經一六一次常會議決展期至十一月十二日舉行。而廣州非常會議亦決定於是日另行召集四全大會及和平會議開，爲遷就事實起見，乃擴大中央執監委員額數，定爲一百六十人。凡曾經任一、二、三屆中央執監委員及候補委員，除共產黨外，一律當選，計共有一百十二人。其餘四十八人由寧、粵兩方四全大會各選半數，彼此互相承認。至十一月，寧方如期開會，到代表三百餘人，遵照和平會議決議案，選出執行委員十八人，監察委員六人。並通過關於團結禦侮、黨務、政治、教育等案多起，至二十三日閉幕。粵四全大會於十一月十八日在廣州開會，到地各代表五百餘人。大會期間，因一部分代表反對上海和會所議各項，退席者二百餘人，相率赴滬，經汪兆銘調停，與各代表商定，按照人數比例，於十二月三日在滬開會，選出曹生輝等十人爲中央執監委員。但粵四全大會不以代表退席而中止，仍繼續開會，遵照和平會議決議案，於十二月四日，選出中央執監委員二十四人，五日閉會。其後第四屆第一次中央委員全體會議於十二月二十二日開會於南京，首先通過『增加候補中央委員十八人』一案；蓋爲解決粵方四全大會退席代表在滬所選之委員也。故第四屆中央執行委員有七十二人，候補執委六十人，中央監察委員二十四人，候補監委二十二人，共計一百七十八人之多，較諸二、三屆已增至兩倍以上，較諸第一屆且三倍以上矣。

因和平會議有蔣主席下野及粵政府取消之議。

組。㊀迨一中全會開會後，即將中央政制改革案及修正國民政府組織法案，先後通過；並選林森為國府主席。蔣中正等三十三人為委員。孫科為行政院長。張繼為立法院長。伍朝樞為司法院長。戴傳賢為考試院長。于右任為監察院長。並聲明各院部會長及現役軍人，不得兼國府委員。又推舉蔣中正、汪兆銘、胡漢民三人為中央政治會議常務委員。㊁一中全會於二十九日閉會後，中央政治會議隨即開會，對於各部會長官，亦多更調。㊂新任主席及各院部會長，均於二十一年一月一日宣誓就職，而廣東所組之政府亦於一月五日自動通電撤銷焉。

修正國民政府組織法經一中全會通過之後，即於二十年十二月三十日交由國民政府公布。全文九章，凡五十四條。其異於六月十五日所公布之修正國民政府組織法者，約有下列數端。

（一）國府主席及委員各院院長及副院長，一律由中國國民黨中央執行委員會選任之。（見第十條）而六月

註一　蔣中正辭職前，即以行政院國務會議議決改組蘇、浙、贛三省政府，以顧祝同、魯滌平、熊式輝為蘇、浙、贛各省主席。

註二　俱見二十年十二月第四屆一中全會會議紀錄四六——四七頁。

註三　該會議決任李元範長內政，陳友仁長外交，何應欽長軍政，陳紹寬長海軍，陳銘樞以行政院副院長兼長交通，朱家驊長教育，羅文幹長司法行政，陳公博長實業，葉恭綽長鐵道，黃漢樑署理財政，石青陽為蒙藏委員會委員長，朱培德為參謀部長，李濟琛為訓練總監，唐生智為軍事參議院院長。

之組織法，則規定五院院長及副院長，以國府主席之提請由國民政府任免。至國府主席及委員，則依照約法規定由中央執行委員會選任，而組織法中並無明文規定。

(二)國府主席『不負實際政治責任，』不得兼職，任期二年，僅得連任一次。(第十一條至第十三條) 而舊組織法，則無主席不負責任之條。且規定必須兼任陸海空軍總司令。蔣中正任主席時，更兼任行政院院長，教育部部長等職。主席任期亦無定限。事實上蔣中正之任主席已及五年。

(三)五院各自獨立行使治權。(第八條) 在憲法未頒布以前，『各自對中國國民黨中央執行委員會負責。』(第十五條) 舊法無此項條文。

(四)國府委員設二十四人至三十六人，較前加多。而五院院長及副院長，無當然委員之規定。(舊法規定院長等為當然委員) 且第四屆一中全會有各院部會長不得兼任國民政府委員之特別聲明，(註一)是院長已不能為國府委員，當然不必參加國府委員會會議矣。

(五)行政院會議，前此稱為『國務會議，』茲則仍改稱為『行政院會議。』而前此之『國民政府會議，』則改稱為『國民政府委員會會議。』

(六)舊法原有『國家之歲入歲出由國府編定預算公布之』及『主席因事故不能執行職務時，由

註一　由主席團聲明，見一中全會會議紀錄。

五院院長依次代理之』兩條，全删。

（七）立法院委員及監察院委員之半數，『應由法定人民團體選舉。』（第三十條第四十八條）舊法無此規定。

惟關於上述民選委員兩條，至二十一年十二月二十六日第四屆中央執行委員會第三次全體會議議決修正；仍將委員全數由各該院院長提請國府主席依法任免之。

總上述數項觀之，新組織法已將國府主席之權，較前大加減削。且明白規定其『不負實際政治責任』，五院院長及副院長，不由主席提請，直接由中央執行委員會選任；且各自對中央執行委員會負責。其地位可謂與主席同等，而實權則尚在其上焉。而國府委員會議，各院院長已可不必參加，則除例行公事之外，實無重要職務之可言。各部會長雖曰由院長提請國府主席依法任免，（第二十一條）然主席已不負政治責任，則對於院長所提請事實上止有畫諾而已，不能有斟酌可否之餘地。主席任期已受限制，且不得兼職。已無總司令職權，（註一）亦不得兼持任何院部會職務，以視前此之國府主席，同時為全國陸海空軍總司令，且兼長數部會者，實權之大小，相去天淵。蓋此次國府組織法之修改，實根據於寧、粵兩方上海和平會議決定之原則；一部分黨員已深以年來中央政治之日趨獨裁為病，故此次主張提高五院責任，限制主席權力，以期政治之

註一　二十一年一月中央政治會議議決，以蔣中正、張學良等為軍事委員，組織軍事委員會。旋復推蔣為該會委員長。舉凡國防、綏靖之統率，軍事教育方針之決定，軍費之支配，高級軍官任免之審核等，俱歸焉。該會原已於十七年冬取消，至是恢復。

更新，又由元首獨裁制而漸成寡頭制，或變象之委員制矣。查訓政約法規定國府主席，有提請國民政府任免各院院長之權；約法第七十四條而主席自身及國府委員，則由中央執行委員會選任。約法第七十二條今新組織法將主席之『提請任免』權取消，並將各院院長，與國府主席及委員同一手續選任，是亦與約法規定不符者也。㊀

註一　又新組織法第三十七條，原爲『司法院院長兼任最高法院院長，副院長兼任公務員懲戒委員會委員長。』至二十一年三月五日，在洛舉行之二中全會議決修正爲『最高法院院長得由司法院院長兼任，公務員懲戒委員會委員長得由副院長兼任。』

第十五章　憲政之預備及憲法草案之完成

第一節　制憲運動之復起

當上海和平會議之初召集也，中委孫科等已有速開黨禁，實行民治之主張。迨第四次全國代表大會之後，寧、粵合作。孫氏入長行政院，以陳友仁主持外交。未幾，以政策不行，相繼辭職。旋暴日又犯淞滬，所謂『一二八』之變驟作。國難益趨嚴重。(一)中央及國府遷駐洛陽。三月一日，在洛舉行第四屆二中全會。商議外交軍事大計，並決定依照四全大會及一中全會議決，在洛召集國難會議。(二)四月七日，國難會議開幕。計開會七日，會員由政府延攬共四百一十三人，到會者僅一百四十餘人。討論範圍，原定以禦侮、救災、綏靖三事為限；(三)然開會後，通過議案甚多，且有超出原定範圍以外之政治提案多種。最要者為促政府如期結束

註一　淞滬戰爭自二十一年一月二十八日起，迄五月五日，中日雙方以英使藍浦生之斡旋，簽訂局部停戰協定而告結束。然日軍轉肆力以擾東北，故不久山海關、長城要隘、熱河全省，又相繼淪於敵手矣。

註二　見中央執行委員會祕書處編印第四屆二中全會會議紀錄。

註三　見第四屆一中全會會議紀錄。

訓政，（民黨初有訓政六年之議）召集國民大會，制定憲法，及在國民大會未召集前設立中央民意機關等等。同時孫科亦發表『救國綱領，』主張『促進憲政，建立眞正民主政治。』㊀惟當時民黨元老，如汪兆銘、于右任等則深以『無黨則無國，』放棄訓政，危及黨國爲憂。㊁反覆辯難者久之。然自東北事變發生以來，政府對日，始終徘徊於和戰之間，一籌莫展，寇且日深，人民憤慨之餘，橫議叢生，漸誹及於黨治。於是『結束訓政，實行憲政，』黨外之呼聲愈高，黨內之同情亦漸表現。二十一年十二月中第四屆三中全會開會於南京，討論『集中民族力量抵抗外患挽救危亡』之大計。除通過收復失地，抗日、聯俄、諸要案外，並決定於『最近期間，積極遵行建國大綱所規定之地方自治工作，以繼續進行憲政開始之籌備。』又決定於民國二十四年三月，開國民大會，議決憲法。並『飭立法院，從速起草憲法草案發表，以備國民之研討。』同時通過在國民大會開會之前，召集國民參政會，並規定其組織要點，以樹民治之始基。㊂閉會宣言，重申『民黨責任爲訓政完成以後實現憲政，以歸政權於全民。』㊃是則結束訓政實行憲政，已經民黨最高機關之正式確定辦法與

註一　見孫氏四月十五日在各報發表抗日救國綱領。

註二　見于、汪二氏五月三、五、六各日在各報發表談話。

註三　該案共分四點：一，該會於民國二十二年內召集。二，該會代表之產生用選舉及延聘兩方法。三，該會職權以訓政約法爲基礎，並參酌政治會議國難會議所舉各點定之。四，該會法規由中常會於四個月內製定頒布。

註四　見中央執行委員會祕書處編印第四屆第三次全體會議紀錄。

期限也。

第二節　憲法草案委員會之組織

初孫科辭行政院長職，張繼亦旋辭立法院長職。中央政治會議乃改選任孫氏爲立法院院長。久未到任。㊀迨三中全會決定召集國民大會日期，並速立法院起草憲法，大致均徇孫氏主張。故二十二年一月，孫氏蒞京視事。同時增加第三屆立法委員名額至九十人。（前屆僅六十餘人）即組織憲法草案委員會。委員長由孫自兼。並派定立法委員張知本等四十人爲草案委員會委員。同時擬定該會組織條例，呈由國府於二月十八日公布。一方面呈請國府『分別函飭各省市黨政機關，會同組織憲法草案研究會，俾廣徵集，以資編纂』；一方面登報向民衆徵求意見，及函電國內名流學者，發表主張，以期集思廣益，『完成眞正民意之憲法』。㊁又聘定戴傳賢、伍朝樞、王世杰等爲顧問，隨時列席，陳述意見。該會規定每週開全體會議一次，由委員長主席，並隨時指定委員分組研究。該會會議必有全體委員過半數之出席，方得開會，出席委員過半數之同意，方得議決。會內復設兩科，由祕書二人分掌。第一科，掌理徵集、審查、編纂事宜。第二科，掌理文書、議事、紀錄事

註一　司法院長伍朝樞亦於同年五月辭職，以居正繼任。

註二　立法院公報，第四十五、六兩期。

宜。此外復設專員若干，以爲搜集材料，起草條文之助焉。(一)

第三節　草案委員會之初步工作

憲法草案委員會於二月九日開第一次會議。嗣後每週開會一次至四月二十日凡十二週，計開會十二次。首先決定憲法草案起草程序，以爲研究初稿、再稿、及公開討論各時期之定限。(二)次通過憲法草案研究程序表，將憲法草案中應有之先決問題，撮要列舉，分組研究。研究結果，報告全體會議。由全體會議決定原則後，彙交初稿主稿委員根據起稿。茲將憲法草案委員會所決定原則，擇要述之如左：

關於總綱者；

一、中華民國爲三民主義共和國。主權屬於國民全體。

二、領土採概括式。又領土非經國民大會議決不得變更。

三、中華民國國民有依法行使選舉、罷免、創制、複決之權。

關於人民權利義務者；

註一　起草委員會組織條例第三、四、五、七各條。

註二　起草程序經數度變更最後始決定以二十三年二月爲完成初稿公開討論時期。

四、國民無男女種族宗教階級職業之區別，在法律上一律平等。

五、人民身體、遷徙、居住、言論、著作、信仰、結社、集會等自由權利之保障。

六、人民有納稅，服兵役，服公務之義務。

關於國民大會者；

七、國民大會由每縣或其同等區域選出一代表組織之，其代表之選舉，應以普通、平等、直接之方法行之。

凡國民年滿二十歲者有選舉權。滿二十五歲者有被選舉權。

八、國民大會每三年開會一次，會期一個月。必要時，召集臨時會議。

九、國民大會之職權為選舉及罷免中央重要官員，複決及創制法律，修改憲法。

關於中央與地方之均權者；

十、中央事權取列舉式，地方事權取概括式。

關於中央政府之組織者；

十一、設總統及副總統，由國民大會選出。軍人非退職後，不得當選總統。

十二、總統為國家元首，不直接負行政責任。

十三、行政院長由總統經立法院同意任免。立法委員、及監察委員、考試院長、司法院長，由國民大會選舉。立法院長，及監察院長由各該院委員互選。

十四、總統任期六年，不得連任。考試院長，司法院長，立法委員，監察委員，任期均三年。立委名額，不得過二百。監委不得過五十。

關於省制者；

十五、省無須製定省憲。採省長制。省長民選。但在縣未完成自治之前，省長暫由中央任命。

十六、省設參議會。省政府、省民代表會、及省參議會之組織，以法律定之。

十七、關於縣制問題，總理遺教，規定綦詳，足資依據。不另擬原則。[一]

至於土地、教育、及國民生計諸問題，初以有提前召集國民大會之議，擬以二十二年九月間完成憲法草案，爲時甚促，故尚未議及，即交初稿人起稿，由初稿人斟酌加入，俟稿成再提出討論也。又上述各種原則，雖經委員會大體通過，然其中亦多有經劇烈之爭辯，始終未能獲全體之同意者。如關於領土之條，一部分人主張採用列舉式者；關於國民大會代表之選舉，有主張以人口爲比例者；對於均權問題，有主張地方事權應取列舉主義，而中央事權反取概括主義者；對於副總統之設置，有主張取消者；對於總統不得連任原則，有謂限制太嚴，缺乏彈性，且無甚意義，不如改爲得聯任一次或二次者；對於總統由國民大會選舉原則，

註一　參閱立法院公報第四十六、七、八三期。

有謂根據總理遺教，應由人民直接選舉者；有主張限制軍人當選總統，應取極嚴格主義，以免武夫干政之弊者；有主張監察委員應爲終身職，不受政治影響，俾其專心力於督察糾舉者。此外關於院長之任免委員之名額，及省制縣制等等，亦多各種不同之意見發表，未能一一縷述。然各委員均以初稿提出之後仍儘有斟酌討論之機會，故亦不欲徒以空洞之原則相持，俟初稿殺青，再根據條文切實研究也。

第四節　憲法之編制問題

在憲法草案委員會討論原則時期，爭辯至烈，而未得結果者，厥爲憲法之編制問題。初稿人等，主張按照總理之三民主義章次分篇。（即民族民權民生三章）以『民族之維護培養』歸民族篇；以人民權利，政府組織，均權方法等歸民權篇；以國民生計，及教育等歸民生篇。如此，則五權憲法，以三民主義爲骨幹，國家之根本大法，可以同總理遺教，永垂不朽。此種見解，少數人持之甚力。然大多數似均認爲過於勉強。討論至久，未付表決。蓋將俟審查初稿時再作深詳之研究也。著者忝居起草委員之列，對於此種分編方法，亦期期以爲未可。蓋三民主義，與五權憲法，原爲中山先生覃思精慮之作。兩者條理固屬一貫，體用則不必相同，範圍之廣狹亦異。如強將五權憲法之內容，包舉三民主義之全部，必難免於『刻舟求劍』及『張冠李戴』之病。如三民主義中之民權，乃指人民全體直接監督政府之權；即中山先生所謂選舉、創製、複決、罷免四權之權；絕非個人自由權利（如身體居住言論出版諸自由權利）之權；更非中央總統，五院，或各級政府職權上應有之權。中山先生於民權主義第一二講中且極力反對個人自由權利，認爲『自由權利用到個人就成一片散沙，……要用到國家上去。』又謂，『我們革命黨，向來以三民主義去革命，不以革命去爭自由』則所謂個人自由權利者，不獨非中山先生所主張之民權，抑且爲中山先生之民權所不容者也。然外瞻大勢內審輿情此種權利之規定，有非可完全忽置者。故其加入憲法，亦自有相當之必要。但若謂卽爲中山之民權，則直指鹿爲馬矣！且民權主義第五六講中，中山先生嘗痛論現代民權衰落之眞因，而歸納於『權』『能』之分爲唯一之救濟方法。『權』在人民，『能』在政府。譬諸汽車，政府猶馭車之僕，撥動機關，因地疾徐，自有其『能』。人民猶乘車之主，東西往返，決定目的地點，自有其『權』。各可獨斷，兩不相妨者也。選舉、創制、複決、罷免四者，三民主義之所謂民權，卽『權』也，亦『政權』也。行政、立法、司法、考試、監察五者，五權憲法之所謂五權，卽『能』也，亦『治權』也。四權與五權，界限嚴明，不容混亂。故其言曰，『我們在政權一方面主張四權，在治權一方面主張五權。這四權和五權，各有各的作用，各有各的系統，要分別清楚，不可紊亂。』㊀於此，益見中山先生主張五權憲法之權，爲純粹的政府權，而非民權。憲法由民權而產生，非民權受自憲法也。政府受民權之監督，非治權可作民權之一部分也。若以政府權力五院組織等歸諸民權之篇，是直認政府權卽民權，混治權政

註一　見中山全書民權主義第六講。

權爲一矣。至於民族主義爲中山先生建立『國族』基礎，推翻吾國人民宗族及家族觀念之主義。其目的則爲發揚中華民族固有之道德，恢復中華民族團結之精神，而臻世界民族平等之地位。此救國匡時之論，固不必盡入諸五權憲法，而後得彰其用者。强爲牽入，徒見支離。若夫民生主義，爲中山先生之理想主義，故其言曰，『民生主義，又名共產主義，即是大同主義。』大同世界，固非可驟期；而中山先生之共產主張，亦是『共將來不共現在。』（註一）現在之所能設法推行者，僅爲『平均地權，節制資本，』及求人民衣食住行之利而已。此在五權憲法中，固應酌取其原理，以作政府調劑資勞，注重國民生計之南針。然亦僅取民生主義之過渡辦法，而非取民生主義之理想辦法。代表民生主義之一小部分，而不能代表民生主義之全部分者也。且此憲政時期之憲法，中山先生已大書特書爲『五權憲法，』則其必以五種治權爲憲法之綱領可知。藉曰五權之說，容有未善，必改弦而更張之，則見仁見智，猶可謂主張之不同，立場之各異。今已以中山遺教爲製憲之鐵案，又何必東拉西扯，鎚撻三民主義以入五權憲法，徒令人笑其捉襟見肘之勢，非驢非馬之形耶。（註二）

第五節　憲法初稿之訂擬及審查經過

註一　見中山全書民生生義第二講。

註二　詳見著者對於憲法初稿分編評議一文，載在六月二十二日上海時事新報及天津大公報等。

憲法草案起草委員會，已將草案之原則決定，乃由孫院長科指定吳委員經熊，依照該原則起草。吳氏費時一月，稿成，以私人名義向外發表，希望國人批評。當時毀譽均有，惟吳稿過於冗長拉雜，編制亦欠明晰。經小組審查會廿餘次之討論，其最重要之修正約有下列各點：（一）不用三民主義名稱分章。（吳稿以民族民權民生分章）（二）删去原稿「關於民族之維護」及「民族之培養」各條。（三）關於領土改採列舉主義。（四）取銷原稿國務會議之規定，而在國民大會閉會時增設國民委員會。（五）總統選舉另以法律規定。（六）行政院長改由國民大會選舉。（七）確定省為中央之行政區，取銷省民代表會制。（八）「憲法之保障」一章全删。經此小組審查之後，吳氏原稿條文已大加減少，體制亦復變更。至二十二年十一月三十日，憲法起草委員會乃召開第十四次全體會議，將起草人經修正之初稿分章逐條討論，計開會十次，至廿三年二月廿三日始全部竣事。於三月一日刊布，徵求各方意見，再行提送立法院會審議，而憲法草案起草委員會亦以初稿完成，遂告結束。

自初稿刊布徵求國人意見之後，立法院於廿三年三月廿二日令派委員傅秉常等三十六人，為憲法草案初稿審查委員，由傅秉常召集會議。將各方對於初稿意見分別整理，纂成憲法草案初稿意見書摘要彙編一册，並開全體審查會議九次，將初稿全部條文、章次，加以斟酌整理。是為「初稿審查修正案」，內容共分十二章，都百八十八條。第一章為「總綱」，確定國體及領土主權。第二章為「人民之權利義務」，第三章爲「國民大會」行使選擧、罷免、創制、複決四權。並規定閉會期間，設國民委員會代行職權。第四章爲「中央政府。」在此章內修正案將初稿之國民政府一節全删。將總統兼爲行政首領，規定行政院院長由總統任免。（第六十三條）並對總統負責。與初稿規定行政院院長須由總統提經國民大會或國民委員會之同意任免者逈異。又初稿所定立法院對行政院長提出不信任案，或監察院提出彈劾案經國民委員會決議接受時，行政院院長應卽去職各條，亦經删去。是則由內閣制之精神，一變爲總統制之精神，至可注意者也。第五章爲「省，」確定省爲國家行政區域。第六章爲「縣，」確定縣爲地方自治單位。第七章爲「市。」第八章爲「國民經濟，」聲明經濟制度以民生主義爲基礎。第九章爲「敎育。」第十章爲「財政。」第十一章爲「軍事。」第十二章「附則。」此初稿修正案於同年九月間正式提出立法院院會討論。

第六節　對於初稿修正案之批評

吾人對於初稿修正案所應第一注意者，卽爲該案係完全採取行政集權制之一點。而其行政集權制，則在下列兩處充分表現：（一）總統爲行政首領，行政院院長及政務委員各部部長均由總統任免，對總統負責。（第六十三條至第六十六條）而行政會議，亦以總統爲主席。（第六十七條）故事實上行政院院長無異總統之幕僚長。其地位及實權，至多不過如美國之國務卿（secretary of state）最高之行政權全歸總統行使。欲不謂其爲總統制而不可得。其與議會制度，或內閣制度完全不同之點亦在此。雖審委員如傅秉常等認定該案規定國民大會可以罷免總統，（第三十八條及第五十二條）及行政院得向立法院提出議案（第七十六條）兩點，與普通總統制不同，「乃斟酌國情獨出心裁而創設之新制度。絕不可以總統制比擬者。」（註一）然國民大會係人民代身，總統對國民大會負責，卽係對人民負責。此卽爲總統制之明徵。蓋所謂總統制者，政治責任不在內閣，而在元首。如美之總統，卽對人民負責者也。至若行政院得向立法院提出議案，亦爲總統制國家常有之事。如美之行政各部，事實上隨時可以準備提案送國會議員代爲提出。故傅氏所述兩點，不能證明其爲非總統制。且足加强其爲總統制之證佐者也。（二）省爲中央行政區域，非自治區域。省長由中央政府任免，不由省民選舉。（第一百十八條至一百十九條）是省之行政權，集於中央，自治單位，乃在於縣。大類秦皇之郡縣制度，中央集權之傾向至爲明顯。與中山先生主張省長民選，地方自治以縣爲起點者，似有未能吻合之處。

至於該案國民大會一章，尤爲有待研究。蓋國民大會，爲全國國民政權代表機關，而非統馭治權之最高機關。其職責在於監督治權，而非行使治權。苟政權之重心移入治權機關之範圍，則政府之五權無從獨立運用，而政府亦將不成其爲政府。年來所謂黨與政府連鎖機關之中央政治會議，初爲中央執行委員會

註一　見憲法草案初稿審查委員會傅秉常之報告。

之代表機關，繼則成爲統馭治權機構。一切內政、外交、百司陟黜問題，均取決於是。致令中央政府，爲不負政治責任之空衙門。一遇困難，互相推諉，權責不明，組織紊亂，弊等於無政府，可爲前車之鑒。今修正稿中之國民大會，每二年開會一次，爲期一月。對於創制、複決、罷免諸權，自不能得隨時行使之便。爲救此弊，乃又於國大之下設「國民委員會」以濟之。然查該案第三十八條規定國民委員會之職權，如複決立法院之預算、條約、宣戰、媾和、戒嚴、大赦諸案，及受理監察院對總統及各院院長之彈劾案（初稿尚有受理立法院對行政院所提之不信任案一項，經該審查會删去）等，俱屬大成問題。蓋彈劾爲對於官吏犯罪行爲之糾舉，屬監察、司法問題，性質純爲治權。與罷免之爲人民撤回官吏之權者，迴然不同。至於預算、條約諸權，俱屬治權範圍以內之事。今舉而授諸國民大會及大會中之國民委員會，豈非以政權機構侵入治權？其不造成無能而不負責之政府者幾希矣。至總統與立法委員，均由國民大會選舉，一層亦殊有問題。以少數人之機關，操縱大選，利誘威脅，勢所難免。如袁世凱之刼持國會，曹錕之賄買議員者，必疊現於今後之政治舞台。將見賄賂公行，大盜移國，首都一隅，永爲全國政客之戰場。三年一月之國民大會，爲大政客之選舉交易所，更何暇顧及創制、複決等事。此種惡劣現狀，其影響於政治紀綱及社會安寧者何如？不較諸地方普選之舞弊尤甚萬萬乎？兩害相權則取其輕，此中山先生所以主張總統及立法委員之必由民選也。[一] 夫此次憲法之骨幹

註一　見孫文中國革命史第二節。

與精神，全寄於國民大會之一章。而吾人之所謂國民大會者，已與蘇聯之全俄代表大會異其趣，亦與美國之所謂國民憲法會議有所不同。環顧世界，初無先例可循，惟有根據中山先生之說，推闡而應用之耳。中山先生之政治理論固不能强學者以盡同。然修政案立異之處，是否可以補其偏弊，蒙竊疑焉。他如五院之上，仍設虛君式之國民政府。憲法解釋權之歸國民大會及國民委員會之設置等等，均爲該案應重加考慮之問題。個人意見，當詳下章。

第七節　初稿在立法院院會之審議及其通過

立法院於二十三年九月廿一日，開院會討論憲法草案。（卽初稿修正案）對總綱及人民權利兩章，雖稍有修改，均不甚重要。至第二次大會討論至國民大會章時，爭辯至爲激烈。而對於「國民委員會」[1]之存廢問題，尤爲爭論焦點。贊成此制者所持惟一理由，則爲開會較易，可以時常監督政府。而余對於此種機構之設置，始終不敢苟同。蓋所謂國民委員會者，自條文之精神觀之，儼然代國民大會，行使一部政權之機構。政權屬於全民，因人民之不能直接行使，乃授其權於國民大會。今國民大會復轉而授此權於國民委員會。是國民大會爲人民之代表，而國民委員會又爲代表之代表也。根據代表權不能轉讓之理由，所謂國

註一　國民委員會名稱旋又改爲「國民大會委員會」，其實相同。

民委員會之職權，已既發生問題。即就運用上而言，修正案所規定亦有二大弊：（一）權責不明，機關重複。依中山先生之五權憲法，政府所以行使治權，國民大會所以代表國民行使政權。今所謂國民委員會者，治權機關耶？抑政權機關耶？抑介居二者兩不相屬或互相聯鎖之機關耶？謂爲政權機關，則受理彈劾決定預算條約等案，固屬治權範圍以內之事。（按各國例，預算、條約、宣戰、媾和等事通常屬諸政府。倘有極嚴重問題發生，則人民可以要求複決耳，非必須複決之事也。）若謂爲治權之一部，則總統及五院明明爲治權之最高負責者，今又以國民委員會冠其上，是一權而非五權矣。若謂爲介居之機關，則更非驢非馬，一國三公，無所可取。（二）政權治權兩失其效：國民委員會依據第三十八條第三第五兩項之規定，已足侵入治權之大部。而第四項所謂「受理總統及立法、司法、考試、監察各院提請解決之事項」者，尤爲泛濫橫溢，可擴大至任何程度。政府大員之荏弱者，可事事叩門請示，藉以減輕自己責任。若遇權限之爭，更不惜盡諉之國民委員會。焉夫政府各院之衝突，當自設法疏解調劑。若歸其權於國民委員會，則治權獨立之精神完全喪失。且國民大會每二年僅得一月之集會，而國民委員會則繼續存在之機關。國大代表人數衆多，而委員會僅爲六七十人所組成。委員會與政府之關係密，國大與政府之關係疏。委員會之行使權力易，國大之行使職權難。結果國民大會之權將盡爲國民委員會所奪。國大將且不能施其監督，何況更隔一層之國民乎。如是直屬人民之政權，輾轉侵削，以至於無，寡頭之勢力造成，民主之精神掃地矣。至謂國民大會職責繁重，而代表衆多，又勢不能時常開會，則應删繁就簡以行之。中山先生所謂人民之四權，乃以人民臨機握樞，必要時而用之，以伸其意志，非謂人民必旦旦從事於茲，而民權乃得伸張也。如對中央官吏之選舉權，僅施行於最要之代表或行政負責人，而罷免則遇必要時一行使之，非謂一切官吏均須經選舉及罷免手續也。對中央法律之創制、複決權，亦僅施行於最關重要之事件，如制定憲法，或修改憲法等，非謂凡法律之較重要者，均須交人民複決，或逕由人民創制也。即如預算、宣戰、媾和、條約、諸案，政府固可根據政策及需要而行。政府如有失職或違反民意之事，則改選可也，罷免可也，臨時要求複決可也，又何必於憲法上爲繁瑣之列舉，將政府權力以內之事，屢瀆民聽，而自忘其職責耶？至於受理彈劾，更非人民之事。以受理彈劾權歸諸國民大會，實至不可通者。今之所謂民治，非謂人民對於政府必事事躬親以治，操其總挈，握其樞機，必要時而一用之，以防政府之軼出正軌。總挈爲何？即選舉、罷免、創制、複決四政權是。是故彈劾權（包括審判彈劾）應歸監察、司法兩院。預算、宣戰、媾和、條約、戒嚴、大赦、諸權，應歸立法、行政兩院。國民大會遇必要時可以要求複決，否則政府可持已定之政策以行，不受任何牽制。庶中山先生之負責「萬能之政府」可以實現。「國民委員會」何爲者耶？㊀ 嗣後王寵惠氏亦以顧問資格陳述意見，謂：「機關不宜過於複雜，以免政府不能盡量行使治權。」並謂「原草案中國民大會之複決權過於廣大，總理之民權係取美國憲法之精神，而美憲將預算、宣戰、媾和、

註一　詳拙著：國民大會之國民委員會問題，載時代公論一三二號二十三年九月十五。

條約等治權交行政與立法兩方面，並非付予人民」。故主張將原案第卅二條第三款改為「複決法律」，將預算、宣戰、媾和、條約等字刪去。又主張取消國民大會中之國民委員會，以免重複。原案三十六條至四十條全刪。及取消原案國民大會受理總統及各院提請解決事項之規定，而代以「總統對於各院間關係事項得召集五院院長會議決定之」之一條。又原案國民委員會受理監察院對總統及各院院長之彈劾案一權，因國民委員會之取銷，改屬於立法、監察兩院聯席會議。即將原案第一〇八條修正為「彈劾案應向公務員懲戒委員會提出之。在國民大會閉會期內對於總統及各院院長（行政院長除外）之彈劾案由立法、監察兩院聯席會議經全體委員四分三以上之出席及出席委員三分二以上之議決，召集臨時國民大會為罷免與否之決議」[一]。如是則國民大會事實上僅行使罷免權，而無受理彈劾或審判彈劾之權，較原案合理多矣。又關於司法、考試、監察三院院長之產生方法，原案均由國民大會選舉，而王氏主張應「由總統提請立法院同意任命之，但三院院長不對總統負責」[一]。王氏認為選舉弊端根據世界之經驗常較委任者為多。故三院院長以改用任命制為善。惟罷免則仍由國民大會行之。又原案第一一八條王氏主張修正為「省設省政府，執行中央法令及監督地方自治」。而將「省為國家行政區域」等字刪去。又第一一七條第二款亦擬修正為「一、議決省政府提出於中央之預算」。與原案「審議省長提出之預算事項」之規定其

註一　見立法院九月廿八日第六十九次會議中孫院長報告王氏所擬「新草案」。

職權之分際更爲明顯。又原案一八六條關於憲法之解釋權，王氏主張歸司法院，不必提請國民大會決定。蓋解釋法律須付專家，決非民衆會議所能辦理，適當也。總之王氏所建議之修正，對於近世憲法學理，及中山先生政治思想，均能兼顧，就實用上而言，亦較原案爲簡單明了。惟對原案整個「行政集權制」之精神，則未有所更動。

此後立法院院會，將修正案逐章討論時，對於王氏之建議，大都採納通過。惟未接納者有下列三項：（一）監察院院長多數委員以其「職司彈劾，如亦由總統提請任命，則於彈劾總統時將受影響，故決定仍由國民大會選出」。㊀（二）王擬增加「總統對於各院關係事項，得召集五院院長會議決定」之一條，二讀時未獲通過，故五院如發生爭執，祇能靠總統運用其個人地位調處。（三）對於總統及各院院長之彈劾案，則決定「須有監察委員十人以上提議，全體監委二分一以上之審查決定，始得提出」㊁。並「應向國民大會提出之，在國民大會閉會期間，應請國民代表依法召集臨時大會，爲罷免與否之決議。」（正式草案第一百條）與王氏所建議由立監兩院聯席議決召集國大者不同。作者始終不贊成將彈劾案提送國民大會爲罷免與否之決議。蓋彈劾爲政府糾舉官吏之治權，罷免爲人民監督官吏之政權，彈劾案必

註一　見立法院第七十次會議紀錄廿三年九月二十九日

註二　見十月十六日院會通過之中華民國憲法草案第九十八條

屬犯罪行爲。罷免案則爲信任問題。彈劾案爲法律性。罷免案屬政治性。苟以法律犯罪問題之彈劾案交國民大會議決。是請國民大會審判彈劾案也。人民代表不必精嫻法律，付數千代表以審判彈劾案之責，如何能得良好結果。故今日民主國家，莫不特組法庭以處理之。（如美以大理院院長及上議院議員合組，德則設特別法庭，比利時則交最高法院辦理。）余極贊成仿效美德之制。反覆申述，惜大多數同人總以爲由政府發動彈劾由人民決定免職，亦似順理成章。對於「免職」(remove)及「罷免」(recall)不易分辨清楚。故卒如此通過。然依所通過條文，將彈劾案在國民大會提出「在國民大會閉會期間，應請國民代表依法召集臨時大會，爲罷免與否之決議。」其手續之繁重，較諸王氏所建議，更爲難行。吾懼今後倘依此方式以彈劾總統，及各院院長，甚難發生實效也。

復次，院會審議草案時，對於總統選舉方法，爭辯至爲激烈。主張維持原案者，如林彬、程中行等謂：「各國總統，有由國會選舉者，有由人民直接選舉者。我國制度，立法之外，尚有國民大會。此與各國祇有國會者不同。按照憲草，總統係與立法院處對等地位。其產生方法，亦應相同。庶免彼方壓倒此方之弊。如總統由人民直接選舉，則立法委員亦應由人民直接選舉。苟如此，則全國人民於選舉代表之後，又須選舉總統，及立法委員。將終年忙於選舉。値茲訓政工作尚未完成之際，此種辦法，是否可行，應加考慮。故本人意見，總統不如由國民大會選舉之便。」—作者則主張總統與立法委員均應直接由人民選舉。即不然，至少亦須有直接民選之總統。「人民直接選舉總統，與國民大會選舉總統，其利弊爲相對的，非絕對的。故討論本問題，祇能作比較的研究。就事實論，民國以來，曾兩度由國會選舉總統。一爲袁世凱用武力之强迫選舉，一爲曹錕以金錢賄買選舉。此兩次選舉結果，均造成國內極大之混亂。此歷史上所給予吾人之經驗教訓，極爲昭著，不容忽視。現在由國民大會選舉總統，是否能不蹈昔年國會選舉之覆轍，吾人心所謂危。國民大會每二年召集一次，每次會期僅一二月。在此短促期中，如欲選舉總統，則代表等終日忙於選舉活動，何暇行使其他職權。而國民大會，將成爲總統選舉之交易所矣。其弊恐較昔年之國會選舉爲尤甚。如由人民直接選舉，則雖因人民知識不夠，難免發生弊端。但相較之下，總屬此勝於彼。蓋將來縱有野心家，欲效袁世凱用武力强迫選舉，但武力能强迫國民代表者，決不易强迫全國人民。縱有人欲效曹錕以金錢賄買選舉，但金錢能賄買國民代表者，決不能賄買全國人民。綜上所言，本人雖不絕對反對國民大會選舉總統，但權其輕重，衡其得失，直接選舉較勝一等。」㊀史維煥附和此議，並謂「使人民參與此最重要之選舉，亦可使人民對政治之運用，提高其興趣與知識。……吾人如從大處着眼，直接選舉實更有意義。」㊀爭論甚久，後付表決，卒以贊成修改者未獲多數，而維持原案。總之，審議修正案，立法院開院會凡八次，其對原案最重要之變更，約有下列數點可舉：

註一　見二十三年十月二日立法院第七十次會議速紀錄

一、取消國民大會中之國民大會委員會（卽初稿稱爲國民委員會者）

二、宣戰、媾和、預算、條約、大赦、戒嚴、法律諸案無須送國民大會複決。

三、考試、司法兩院院長改由總統提經立法院通過任命。

四、解釋憲法權完全歸司法院。

此項變更實可謂爲憲草大體上形式上顯著之進步。蓋一則政權與治權界限較爲嚴明，二則事權與機構均較原案爲簡單化與合理化。是則不能不歸功於王寵惠先生有力之建議者也。十月十六日立法院舉行第七十四次會議，將憲法草案三讀通過。計自憲法草案委員會成立之日始至正式草案完成三讀，爲時已一年又六月，不可謂不久。全案共分十二章，都一百七十八條。此憲法草案卽由立法院備文呈報國民政府，轉送中央黨部審核。

第八節　憲法草案之兩度修正至「五五憲草」之完成

憲法草案經立法院呈報國府轉送中央後，二十三年十二月十四日中央第四屆五中全會，將該憲法草案提出討論，經決議「中華民國憲法草案應遵奉總理之三民主義，以期建立民有、民治、民享之國家。同時應審察中華民族目前所處之環境及其危險，斟酌實際政治經驗，以造成運用靈敏能集中國力之制度。

本草案應交常會，依此原則，鄭重核議。」意似猶嫌草案牽掣太多，權力未能集中，故運用必難靈敏者。至二十四年十月十七日中央第一九二次常會，始將該草案遵照審查完畢。並決定下列五點原則：「一、爲尊重革命之歷史基礎，應以三民主義建國大綱及訓政時期約法之精神，爲憲法草案之所本。二、政府之組織，應斟酌政治實際經驗，以造成運用靈敏能集中國力之制度。行政權行使之限制，不宜有剛性之規定。三、中央政府及地方制度在憲法草案內應於職權上爲大體規定，其組織以法律定之。四、憲法草案中有必須規定之條文，而事實上有不能卽時施行，或不能同時施行於全國者，其實施程序，應以法律定之。五、憲法條款，不宜繁多，文字務求簡明。」㊀ 立法院奉到是項原則後，當經院長指派吳經熊、傅秉常等七人，照該項原則將憲法草案審查，逐項修正，擬定全部八章，一百四十九條。於同年十月二十四五兩日立法院第四屆第三十四及三十五兩次會議，提出討論，對審查人所提出稍加修改，卽行通過，是爲憲法草案第一次之修正。計本案對原草案不同之點，可分兩類：

(甲)刪去或歸併者：㊁

一、原案第四章「中央政府」第四十七條「軍人非解職後不得當選總統」全刪。

二、原第五章「省」，第六章「縣」，第七章「市」三章合爲「地方制度」一章，分省、縣、市三節，並

註一　見立法院第四屆第三十四次會議關係文書

將「省參議會職權」「縣自治事項」及「縣議會職權」各條所列各款項全删改爲「以法律定之」

三、原第十章「財政」删去將該章内第一五九及一六〇兩條，併入「國民經濟」章内。

四、原第十一章「軍事」全删。

（乙）修改及增加者：㊁

一、原案司法考試兩院院長係由總統「提經立法院任命」，改爲「由總統任命」，即將「提經立法院同意」字樣删去。

二、原第七十一條第二項「立法院對於總統提交復議之案經出席委員三分二以上之決議維持原案時總統應即公布或執行之」將本項最後一句「應即公布或執行之」八字，改爲總統「得留交下屆國民大會複決之」

三、在「附則」章中加入一條其文爲「憲法規定事項有另定實施程序之必要者，以法律定之」

綜上所述，如省、縣、市各章之歸併，財政、軍事兩章之删去，去繁就簡，允稱妥善。至於司法考試兩院院長（行政院院長亦同）改由總統單獨任命，無須得立法院之同意，旨在增加總統大權而立法院對總統提交復

註二　立法院第三十五次會議速記錄

議之案，經三分二之決議維持原案時，總統不必公布執行，仍得「留交下屆國民大會複決。」此種規定，事實上無異授總統一人以取消立法院任何決議案之權，故修正案之集權傾向，較原案爲尤甚也。

立法院將議訂之第二次憲法草案，（卽憲草第一次之修正案）於十月底呈送中央，同年十一月間卽由中常會送請第四屆六中全會轉向五全大會提出。「在五全大會中對憲法草案方面之提案，計有七件。其中以周佛海、潘公展兩人所提議者較爲重要。惟周潘兩案與原草案內容極不一致，故當時審查甚感困難。最後大會議決，乃一面接受立法院起草之憲法草案。一面又將與該憲法草案絕不相容之提案，應於修正時積極採用。嗣交第五屆一中全會討論，又決議於廿五年五月五日宣布憲法草案。同年十一月十二日召開國民大會。並設憲法草案審議委員會。派葉楚傖張知本王世杰等十九人爲委員。該委員會乃根據立法院草案，與五全大會所交付關於憲法草案之提案加以研究歸納。並廣徵各領袖意見，編爲審議報告書。提經中常會通過，發交立法院審議。」[1]同時該委員會草擬國民大會組織法，及代表選舉法原則，呈由中常會交立法院議決公布。（至四月三十日國民大會組織法卽在立法院三讀通過。五月二日國民大會代表選舉法亦告完成。）發交立法院之憲草審議書，其意見可摘錄如左：

一、原草案內不能卽時實施之條文，應另定過渡條款，列入「憲法之施行」一章內。

註一　見二十五年五月一日立法院第四屆第五十九次會議紀錄，傅秉常氏向大會之報告。

二、國民代表任期改爲六年（原定四年）國民大會改爲每三年召集一次由總統召集之（原定二年無總統召集字樣）

三、加「總統得召集臨時國民大會，」及「國民大會開會地點必須在中央政府所在地」二項。（原案無此規定）並將原定「四分一」以上代表可自行集會一項改爲「五分之二」

四、總統及副總統任期改爲六年。（原定四年）

五、五院各設副院長一人，（原案無）除行政院外各院院長及副院長及立法監察兩院委員任期均改爲三年。（原案均定爲四年行政院長則隨時由總統任免之。）

六、原第三十八條「總統依法統率全國海陸空軍，」將「依法」兩字應删。

七、增加「總統有發布緊急命令及爲緊急處分之權，」及「總統得召集五院院長會議解决關於兩院以上事項及總統交議事項」兩條。（原案無）

八、删去「總統總攬行政權」一條。（原第四十四條）行政院行政會議，改由院長主持總統不參加。（原案規定行政院之行政會議，由總統及行政院長等組織以總統爲主席。）

九、立法委員之產生，應以半數選舉半數由立法院院長呈請總統任命爲過渡辦法。（原定全部由國大選舉，惟立法院長，得提出專門人員爲候選人。其名額不得超過總額三分之一。）

十、監察委員之產生與立委同。（原定全部由國大選出）

十一、原一〇五條「縣自治事項以法律定之，」應修正爲「凡事務有因地制宜之性質者屬地方自治。地方自治事項以法律定之。」

十二、未完成自治之縣，其縣長由中央任命。市亦同。（原案無）

十三、違憲問題，祇能由監察院提出。並應有時間之限制。（原案無）

十四、第一屆國民大會職權，應由制定憲法之國民大會行使。（原案無）

上列各點，經立法院將原草案一一依照修正。於五月一日一次院會全部通過。是爲憲法草案第二次之修正。此案較諸二十四年十月間所通過者，章數仍爲八章，僅將「附則」章改爲「憲法之施行與修改」。條文新增者七。删去者九。縮減者二。都爲一百四十八條。立法院當即將通過憲法草案，呈送國府。國府特於五月五日正式向國人宣布。是爲「五五憲章」成立之經過情形。㊀

總核本案修正各點，對於國大代表及總統任期，均有增加。而各院院長及立監兩委之任期，則略予減短。總統因不參加行政院會議，地位益見超然。而其召集五院院長會議，解決各院間爭端之規定，更使總統成爲五院之重心。至其統率陸海空軍之權，不受法律之限制。且必要時可發布緊急命令，及執行緊急處分。

註一　參觀孫科立法院議訂憲法草案經過概略載二十五年五月五日中央日報

雖有終年不閉會之立法院，亦無須事先徵取同意。在過渡時期，又有任命半數立法委員及半數監察委員之權。政府大權可謂已盡量集中。其集權趨勢，實超過現代任何行總統制之民主國家。且與最初立法院通過之草案，亦已大不相同。然當時外有暴日之憑凌，內有共黨之肆擾。或者當局爲「運用靈敏」起見，故有此種迫切要求，不能以普通法理相繩者也。

（附註）民國二十六年四月廿二日，中央常會決議，將憲法草案第一百四十六條刪除。該條規定「第一屆國民大會之職權，由制定憲法之國民大會行之」。立法院於四月三十日完成手續，將該條删去，故原案全文改爲一百四十七條。

第十六章　抗戰期中之憲政運動及各方對於憲草之意見

第一節　國民大會之延期及其組織法與選舉法之改定

中華民國憲法草案既於廿五年五月五日公布，專待國民大會之召集，將該草案審議通過，以完成民國之制憲大業。中央原定於廿五年十一月十二日召開國民大會。故國民大會代表選舉法及國民大會組織法，相繼於五月間公布。七月一日又將國民大會代表選舉法施行細則發表。選舉總事務所，各地選舉事務所，亦自七月中旬後陸續成立。惟因事實上之困難，能如期完成初選者，僅有蘇、浙等十七省市。（即照選舉法第十一條各縣之鄉鎮長聯合推選該區應出代表名額十倍之候選人）因此十月十五日，中常會乃有延期召開國民大會之決議。俟各省代表選出後，再定開會日期。是時中日關係日趨緊張。「安西事變」之後，各方感於國家統一基礎之動搖，多認爲從速召開國民大會，制定憲法，實行憲政，「足以維繫全國的向心力」●及「表示國民黨更開明的走向民主之路，在一個比較民主政治局面下，可望團結全國力量，以

註一　見胡適在大公報發表之新年的幾個期望，廿六年一月三日

担當建國的責任」●故至廿六年二月十五日國民黨第五屆三中全會決定於是年十一月十二日召開國民大會制定憲法，並授權常務委員會將國大組織法、及代表選舉法酌予修改。依照中常會決定原則，立法院於同年四月底着手修改是項法規，並將憲法草案第一四六條「第一屆國民大會之職權由制定憲法之國民大會行使之」刪除。至國民大會組織法修正後之內容可略述如下：

一、國民大會制定憲法，並決定施行日期。（原有「及行使憲法所賦予職權」句删。）

二、國民黨中央委員及其候補者均爲國大當然代表國府委員及各院部會長官得列席大會。（原規定僅以中央委員爲當然代表）

三、國民大會由國民政府召集並在國府所在地開會。（原案同）

四、由代表推定三十一人爲主席團。該團互推一人爲主席並設各種委員會。

五、會期定爲十日至二十日。但得延長。

六、過半數之出席始得開議。出席人過半數之同意，始得議決惟憲法之通過，應有三分二以上之出席，經出席人三分二以上之同意爲之。

七、代表在會議時所爲言論及表決，對外不負責任。會期中除現行犯，不得逮捕。

註二　見王芸生公開一封信在國聞週報第十四卷第四期

國民大會代表選舉法修正後之內容略述如下：

一、代表總額除當然代表外爲一千四百四十名。依區域選出者六百六十五名。依職業選出者三百八十名。依特種選舉方法選出者（卽邊區華僑等）一百五十五名。由國民政府指定者二百四十名。（原規定總額一千二百名亦無國府指派之名額）

二、年滿廿歲而無叛國通緝或褫奪公權或精神病或吸食鴉片者有選舉權。

三、一人僅有一選舉權不能參加兩種團體選舉。

四、選舉用無記名單記法行之。選舉票載候選人全體姓名，由選舉人就中圈選一人。（原規定無最後兩句）

五、候選人以得票比較多數者當選。票數相同以抽籤定之。

六、區域代表由各省市分區選舉。名額及分區方法另表定之。各區由區內各縣之鄉鎭長聯合推定十倍該區代表名額之候選人，參加競選。候選人須年滿廿五歲，並爲該區公民。（原規定候選人須經省府呈報國府並由國府圈定三倍名額之候選人各條删去）

七、職業代表各省市各有規定總額。在其總額中由農、工、商三會平均分配。惟自由職業團體爲全國性，不分區。（計有律師會計師醫藥師新聞記者工程師教育會大學等）職業代表之候選人由各該團體機關職員推出其人數等於該團體應出代表之三倍。（原呈送中央圈定條删）候選人應具從事該業三年以上之資格且必爲會員。

八、特種選舉遼、吉、黑、熱四省不分區域及職業。（每省選代表九人多者十四人）其候選由國府指定。蒙古分爲盟、圖、旗、部、選舉共二十四名西藏十六名。候選人產生方法比照區域選舉。但由中央圈定三倍之人數亦間有照遼、吉、黑、熱之規定者。海外僑民候選產生方法，比照職業選舉之規定。凡特種選舉如無法舉行時，其代表由政府指定。

九、軍隊選舉代表三十名由陸海空軍及軍事敎育機關各提候選人，送呈國府圈定九十名爲候選人。但須曾在國民革命軍服務五年以上者。

十、中央設選舉總事務所總持全國選務。組織以命令定之。各省設選舉總監督，以民政廳長充任。各區設選舉監督以該區行政長官充任。市監督以市長充任。遼、吉、黑、熱四省及自由職業之選舉，以內政部長爲總監督。蒙藏選舉以蒙藏委員會委員長爲總監督。華僑選舉以僑務委員會委員長爲總監督。軍隊選舉以軍事委員會委員長爲總監督。

十一、選舉日期及場所由選舉監督定之。代表當選證書由選舉監督發給。

此兩種國大法規之修正，主要原因，亦是政治問題。而非法律問題。在立法院僅依照中央所頒修正要點，將兩法作文字上之修改僅負技術上之責任而已。然其將制憲之國民大會與第一屆國民大會之職權劃淸。及將代表選舉之圈定權取消而增加指定權俾專家賢達得參與制憲事業論者亦多予以贊許焉。

第二節 抗戰與憲政

溯自民國二十年九月日本侵略東三省及熱河以戰爭爲恫喝用浪人爲爪牙勢且囊括我華北五省。我政府雖一再容忍不欲引起戰事實行先安內而後攘外之政策以圖憲政之早日施行惟至二十六年七月七日蘆溝橋事變發生日本帝國主義者已不顧一切决心破壞和平欲以武力併吞中國蔣委員長中正乃宣告全國抗戰救國軍興之後政府西遷選舉事務亦告停頓原定是年十一月十二日召集國民大會之計劃又不能不因之而作罷至二十七年三月國民黨召開臨時全國代表大會於武昌制定抗戰建國綱領。决定組織國民參政機關以集中全國之力量與思慮以利國策之决定而推行並實行以縣爲自治單位健全民衆自衛之組織故同年國民參政會及各省縣臨時參議會均相繼成立此種民意機關雖屬臨時組織而其目的在於統一全國意志增加抗戰力量用意未嘗不善。

國民參政會於二十七年七月召集第一屆第一次會議於武昌其名額爲二百人（後至二十九年十月增至二百四十人三十六年三月又增至三百六十二人）其產生方法初則均爲中央遴選或由地方推

註一 參觀廿六年四月廿七日立法院院會紀錄傅秉常報告審查國大兩法規之經過

薦。如張伯苓、王雲五、張君勱、周恩來、董必武、左舜生、李璜、錢端升、黃炎培、傅斯年、薩孟武等，或為各黨領袖，或為名流專家。事實上都係政府延聘而來。其後省市臨時參議會相繼成立，始漸有由臨時參議會選出之參議員加入。●國民參政會之職權，按其組織條例初有三項，（一）政府重要施政方針，於實施前應提交該會議決，惟政府得為緊急便宜之措施，不受限制。（二）該會得提建議案於政府。（三）聽取政府報告並向政府提出詢問案。至三十三年又增加一項，即初步審議國家總預算之權。參政員任期為一年，每半年集會一次。在首次集會武昌時，初以汪精衛為議長，張伯苓為副議長。除通過擁護「抗戰建國綱領」外，尚有「擬設省縣參議會以推進行政完成自治」一案之建議。此即為現在各省縣臨時參議會成立之根據。同年十月於重慶舉行第二次大會通過擁護蔣委員長中正所宣示之「全面抗戰及持久抗戰」方針。二十八年二月由蔣中正兼為議長。第三次大會有「確立民主制度」「加速完成地方自治條件」「加强敵後工作」等案之通過。同年九月九日開第四次大會時，通過「請政府明令定期召集國民大會制定憲法，實施憲政。並由議長指定參議員若干人，組織國民參政會憲政期成會協助政府促成憲政案」當經蔣議

註一　按照三十一年修正之國民參政會組織條例：參議員選出方法可大別為二。其一由中央執行委員會遴選者七十六人。（曾在文化經濟團體服務三年信望久著者）其二由省市臨時參議會選出者一百六十四人。（曾在機關團體服務三年而著有信望者）參議會未成立之省市，則由該省市政府及黨部會同提出加倍之候選人，送請中央執行委員會選定之。

長中正指定張君勱、周炳琳、章士釗、褚輔成、黃炎培、左舜生、周覽、傅斯年等十九人為期成會委員。期成會成立後，對憲草多加研討，並提有修正各案。

國民參政會雖事實上不過政府之諮詢及建議機關，而參政員亦非民選，強半由政府指派，故不能與各國之議會相比。惟其時戰事方殷，政府亟謀團結，故集國內一般名流學者及各黨派之領袖人物，藉以博訪周諏，共商大計。遷渝之後，該會議長，又改由蔣委員長中正兼任，因而凡所建議，頗為朝野所重視。故自廿八年秋，該會建議中央即以明令定期召集國民大會，制定憲法，實行憲政。一時「憲政運動」又復甚囂塵上。同年十一月國民黨六中全會乃復議定於二十九年十一月十二日召開國民大會。夫於抗戰最緊張之時期而談憲政，實覺距事實太遠，識者多以為不然，余嘗為「告今之談憲政問題者」一文以砭之，爰摘錄之以見一斑。（參政會初用議長制，至二十九年改為主席團制，選五人任之）

「惟憲法之為百年大法，故為國家永久之法，而非臨時之法，處常之法，而非應變之法。今日寇憑凌，連年抗戰，將士浴血，萬民流離，國家值此非常之變，而岌岌然責政府以推行處常之大法，是何異羨狐腋之輕暖，而遽欲披重裘於炎夏，竊以為過矣。議者之言曰：憲法者所以確定政府之組織，保障人民之自由者也。無憲法則人民之自由失所憑藉，政府之組織難期完善。斯固然矣。然所謂人民自由，按諸近代民治國家之憲章，即在平時已非漫無限制，若遇戰時，更可全部停止。例如人民言論出版之自由，憲所應有之規定也。戰時則凡洩漏機密，影響軍事，搖動人心之言論，絕不能任其發表。政府必施以取締，用期劃一視聽，集中精神，以發揮軍事之效能。……又如人民選舉權之定期行使，亦憲法所應有之規定也。戰時則往往以民不安業，居無定所，種種環境之困難，而不能不暫停選舉之舉行，或延長在任者之任期。……蓋時有緩急，則事有先後。勢所必然，卽理所當然。如是而已耳。若夫政府之組織與事權之分配，尤爲憲法之主要部分。然遇國家對外作戰之際，平時龐大分工之政治機構，往往難於應付。遂不能不酌爲改變，設最高最簡之組織，以期集中權責，駕一馭萬。如英之「戰時內閣」，卽其明例。他如糧食之統制，生產之管理，物資之征收，臨時捐稅之增加，出進口貨物之禁令，在平時皆當視爲法外之舉，苛刻之政者，在戰時則政府均可爲必要之措施，斷然行之，而無所瞻顧。總之，戰爭爲非常時期，在非常時期，固不能硜硜以論百年之常法者也。吾國今日中央之政治機構，複雜散漫，在所難免。以之應付當前事變，誠有不能盡符期望之處。然改善之道，仍當以軍事爲中心，以爭取勝利爲目的。刪其駢枝，去其冗濫，專其責任，一其事權，奬其有功，懲其奸邪，以求增進政治效能，輔助軍事之成功。獻可替否，雖無妨博訪羣言，而明察果行，尤有賴於最高當局之乾剛獨斷。此又與制憲事業風馬牛之不相及者。世無民主制度之軍隊，更未聞有戰時之憲法。故今日卽言改善政治機構，亦非可與推行憲政，相提並論者。抑議者之言推行憲政也，先之以召集國民大會，繼之以制定憲法，畢之以選舉總統，改組政府，「實行議會政治。」少數名流之主張胸有成竹，條理井然。然試問吾人今日據半壁之山河，爭死生於俄頃，全國交通路綫破壞者十之七八。全國人民轉徙流離者居其大半。國民大會如何召集？大會代表如何選出？戶口如何調查？地區如何劃分？卽令代表千餘得以一堂濟濟，而當此滿地戎衣漫天烽火之日，前方則戰報疊傳，後方則敵機肆擾，奔命扶傷之不暇，又安能雍容安坐，咀嚼條文，馳辯法理。議會政治之在現代已成滄海漏舟，哲人方憂其補救之乏術，而公等尙寤寐以求，認爲民治唯一津梁，毋乃太昧事實。政黨公開競爭，以求取得政權，英美諸邦莫不有之。然一旦對外作戰，則莫不化除畛域，暫息政爭，而聽命於政府者。國家危難之秋，分者猶力求其合，奈何合者尙欲其分。將謂一齊衆楚，可以統一國民意志，增加抗戰力量乎？則誠非吾之所能知已！嗚乎！諸公其善念之哉。法所以齊民，亦可以亂國。自淸季迄今，三十餘年，屈指而數，已公布之憲法若干，制定之憲法若干，草擬之憲法又若干。鼓人民之狂熱，嘔專家之心血，而其結果，或爲政客搗亂之工具，或爲軍閥竊柄之護符，以致循環相斫，內亂無已。民之受賜，亦已多矣！徒法不能自行，中山先生懲前毖後，斟酌國情，分建國程序爲軍政、訓政、憲政三大時期，每期均有其主要工作之列舉，爲結束條件。北伐告成之後，方從事訓政，而大功未竟，外患又來。皮之不存，毛將安附？今日之急端在救國，萬衆一心，摧此頑敵，復我失土，還我故都，則中華復興之年，卽憲政實施之日耳。」●

當時之「憲政抗戰」論者，雖盛極一時，然其見解之偏蔽，亦至爲明顯。謂抗戰時期須整頓吏治，肅淸

註一　文載二十八年十一月時事月報及中山月刊等。

貪污，加强組織，可謂抗戰時期宜訓練人民政治常識，於大後方推進地方自治，爲軍事結束後實施憲政之準備，亦未嘗不可。顧必在此期間，召集國民大會，制定憲法，推行憲政。謂此即「爲全國人民一致之要求」竊有以見其不然者。當日封豕長蛇，荐食中土，河山破碎，禹域陸沉，吾全國人民受敵人之屠戮蹂躪，農棄田工廢業，士失學，商喪貲，鰥寡孤獨，流飄萬里，轉徙溝壑者，方不知幾千萬。所望政府能掃盪頑寇，反我田園廬墓，使得養老撫孤，安居樂業，是全國最高之公意，亦政府最大之職責。涸轍鮒魚，無取於西江之水，則「憲法憲政」，果爲當時人民一致之要求，抑爲少數政論家閉門造車之議論，不難一目瞭然矣。

第三節　結束黨治問題

與「憲政抗戰」論同時興起者，爲「結束黨治」問題。[註一] 主張者之言曰：「制定憲法，實行憲政，乃今日全國人民之所期望，而結束黨治，還政於民，又民黨與政府之所自願，且曾以此許諸國人者也。今吾輩代表人民，要求政府履行宿諾，民黨苟示民以信，必踐息壤在彼之盟，以饜普天雲霓之望。時至今日，豈容再緩？」振振有詞，至爲動聽。然竊嘗加以深思，以爲還政於民，實爲訓政完成、施行憲政之目的，中山先生於建國大綱中固已詳爲說明。二十三年立法院之制定憲草，二十五年國民政府之公布憲章，並定期召開國民大會，

註一　二十八年九月參政員左舜生、張君勱、章伯鈞等三十六人向參政院提「請結束黨治立施憲政以安人心發揚民力而利抗戰案」，經通過，建議政府。

作種種實行憲政之準備。則民黨公天下之意，亦可謂眞切。乃不旋踵而中日戰事爆發，戰雲自東北而瀰漫中南。燎原之火，瞬及全國。是豈國人始料所及。當此之時，無論召集國民大會，從容制憲，爲事勢所不許。卽勉强而行，舉國家軍政大事於急雨漏舟中原鼎沸之日，盡以委諸國民。在民黨固可減輕其自身之責任，在國家將何以支撑危局。臨難苟免之譏，民黨又將何以自免於悠悠之口。不幸而竟至全局瓦解，民黨又豈能以亡國之責任，諉諸他人。自抗日軍興，經年苦戰。賴政府之負責，得全民之擁戴，所恃以東向與敵爭最後勝利者，端在一點精神之團結，力量之集中。人非木石，更有何心作處士之橫議。大唱還政於民，結束黨治之說，以搖動此戰時政府之基礎。且所謂「結束黨治」者，其意亦殊費解。將謂實施憲政，民黨卽當交出政權，退居且野，而由非國民黨人代組政府歟？抑謂政黨之可自由組織競爭，以人民大多數所擁護者以統治國家歟？由前之說，是以國家政權爲臠肉，枵腹者有權攘奪以求一飽，夫豈復能成理？由後之說，則又明明黨治矣。議者之言曰：「結束黨治實指取消民黨一黨專政之治而言。蓋一黨專政，則他黨無問政之機會，苟得自由組織，公開競爭，如英美之政黨政治者，則第二第三政黨將應時而起，國家政權正未知鹿得誰手。此乃民主國家必備之條件。」然嘗攷政黨政治國家，大黨在朝，小黨在野，而大黨之所以能成爲大黨，非僅以能揭出主張，標明政綱，奔走宣傳爲已足。必有悠久之歷史，資人民之存念。偉烈之事功，資人民之景仰。德望優隆之領袖，資人民之信賴。然後可以得大多數之同情，而取獲政權。美之民主、共和兩黨，其歷史與北美聯邦同其久長皆有首倡獨立締造新邦之功。其組黨領袖，又咸為開國元勳，故能循環代起，遞握政權，垂百五十年而不變。所謂第三黨者，雖有組織，終莫之先。英之自由保守兩黨歷史之悠久更世界無匹。保守黨挾皇族高僧千年之積基。自由黨有爭取民權不朽之偉績。迭興遞盛於政治舞台者亘三百年，而異軍崛起之第三黨，（即工黨）五十年來雖迎合新潮，進步甚速。然成立後廿五年，蟄居在野。歐戰之後，得自由黨之全力支持，始獲初度組閣，綜是而觀，大政黨之創基立本，艱難如此。偉大事業之成功，果可無因而自致。鑑諸英、美，環視國中，果有名實相稱之大政黨乎有之，亦唯國民黨而已。國民黨有五十餘年流血革命之歷史。有孫中山先生偉大人格之領袖。有光復中華創造民國之豐功。飽受艱難挫折，然後漸獲國民之信仰與認識，而有今日之政治地位。則國民黨之所以能成其為大黨者，自有其先天之力量在。自有其慘黯經營之基礎在。非偶然也。然則所謂「結束黨治」之必然結果，亦大可知矣。政黨儘可自由組織。政治儘可自由競爭。第二第三乃至無數政黨，儘可接踵而出。國民黨仍不能失其為掌握政權之大黨。憲政實行之前如是。憲政開始之後恐亦復如是。百年之演變難知。較近之將來可測。民國不亡，則創造民國之國民黨萬無毀滅之理。而其地位亦非他人之所能爭取。方今中央政權早已開放，登賢任能。不限黨籍，請纓已非無路。問政亦自多方。國勢之危急如此。願談政黨政治者慎勿取快一時，橫議誤國也。[一]

註一　節錄本人所著「實行憲政與取銷黨治」載二十八年十二月時事月報

中央雖依照國民參政會之建議，決定於民國二十九年十一月召開國民大會，制定憲法。並責成選舉總事務所從速補辦選舉未完事宜。然當時在淪陷各區補辦選舉，是絕不可能之事。卽已選出之代表，其匿跡淪陷區者，亦無法入川赴會。事務所更無法調查統計其業經選出之人數。若用非常之方式指派代表，湊足人數。又恐發生合法與否之問題。苟國民大會代表本身已不合法。則由代表所制定之憲法是否合法，亦將成爲問題。凡此種種困難情形。在當時抗戰環境之下，實人人所能洞悉。而政府必曲循參政會少數人力持之意見。勉强試辦。使選舉總事務所苦幹一年。卒之因困難重重，毫無結果。乃於二十九年九月第五屆第一五七次中常會討論召集國民大會問題。僉謂「各地交通因受戰事影響，頗多不便。如依原案召集，不無重大困難。而國民參政會參政員亦多數要求展期至戰事結束後再行召集。經本會詳加考慮，認爲國民大會之召集日期，應俟另行決定」●至是國民大會之召集暫爲無定期之延期。須視戰事之久暫爲斷矣。而年餘之紛爭擾攘，亦遂告一段落。

第四節　研究憲章運動

三十二年第十一中全會議決「國民政府於戰爭結束後一年內召集國民大會，制定憲法而頒布之」而第三屆第三次國民參政會，又有設立「促進憲政實施」機構之動議，經大會一致通過，乃由國防

註一　見二十九年九月十九日中央日報

最高委員會決議設立憲政實施協進會，於同年十一月成立。各黨派代表，一律參加。以孫科、王世杰、黃炎培爲召集人。其主要任務爲「發動全國人民研究中華民國憲草，以利憲政實施」。其辦法則爲（一）由該會組織憲草委員會担任研究工作。（二）發起全國研討憲草運動，邀請全國民意機關及學校與論界職業團體一律參加研討工作，並提出具體意見。（三）此項研究暫以半年爲限。（後又展限至三十三年十月十日）而中央宣傳部（屬民黨的組織）亦頒發「憲政研究運動綱領」。中央秘書處則代電「發動人民研討憲草辦法」。於是廣播、講演、論文、座談無不高談憲草，在抗戰期中可謂極一時之盛。㊀立法院亦曾於二十九年設置憲法草案宣傳委員會派員分赴各地宣傳及解釋憲法之涵義編成憲法草案說明書一卷以爲研究之助

憲政實施協進會自發動全國人民研討憲法之後，至三十三年十月，綜計收到各方對於五五憲草意見，凡二百六十九件。先由該會秘書處加以整理，製成「意見彙編」，然後召集會員開會討論，作原則上之決定。計先後開會五次。最後決定研討意見三十二項，連同各方意見，並該會會員發言記錄，一併送請政府採擇。㊁綜觀研討結果，大多維持五五憲草原案。「間有不合現時情勢，或規定過於硬性及瑣碎者，則酌加修改或删去。……計删去七條，增加一條一節，修改十七條，應重訂者一節」。玆將主要各點摘錄如下：

註一　參閱吳人初著，中國憲政運動史綱第六章。

註二　見憲政實施協進會所擬「五五憲草意見整理經過及研討結果報告書」，載在孔繁霖編五五憲草之評議二一五頁以下。

一、領土之規定，依抗戰勝利後之情勢，以採概括式爲宜。（憲草則列舉）

二、國都地點不規定於憲法。（憲草以南京爲國都）

三、國民代表之產生，應兼採職業代表制。（憲草無此）

四、副總統無設置必要（憲草有副總統）總統因故不能視事，可由行政及各院院長依次代理。（故憲草第五十一、五十二、五十三各條均須修改）

五、監察院職掌應加「糾舉」及「考核」二權。懲戒權應移入司法院。

六、省長應改爲民選，故憲草「省」一節須重訂。（憲草省長由中央任命）

七、原第一四〇條應改爲「憲法之解釋，由司法院依法組織憲法解釋委員會爲之」。（原案係由監察提請司法院解釋。）

先是廿九年三月，國民參政會憲政期成會亦通過一種「草擬中華民國憲法草案修正案」，對於五五憲草最重大之改變，則爲增設「國民大會議政會」一種機構。其組織與職權大致如下：（一）國民大會閉會期間設國民大會議政會，以由國民大會互選之議政員一百五十人至二百人組織之。（修正案第三十七條）（二）議政會在國民大會閉會期間有下列各權：（1）議決戒嚴、大赦、宣戰、媾和、條約各案。（2）複決立法院所議決之預算、決算案。（3）創制立法原則，並複決立法院法律案。（4）受理監察院之彈劾案。（5）對行政院院長各部部長各委員會委員長得提出不信任案。該院院長及部會長經議政會通過不信任案時，應即去職。（6）對總統及各院部會長得提出質詢，並聽取報告。（7）接受人民請願等。（5）（6）（7）各項職權不限於國大閉會期間）其說明書中所述理由則以國民大會機構龐大，運用不靈。又不能會期太多。故須置一常設機關行使上列職權。可使國民大會會少事簡而複決立法院之決議一權「可使該院成爲技術上之專門機關。立法有能，議政會有權，與中山先生五權分立之遺敎相合。至通過不信任案一權議政會僅對行政院行使，仍不能彈劾總統，此爲在總統制國家人民對行政有限度之監督制裁。如此總統用人必能選賢舉能。政府有能，人民有權之精神，必能發揮云云。」又謂「按議政會所行使之權，如和戰大計，如質詢方針，均帶有政治性。故自其職權言之，與各國之國會相似。惟究竟相似與否，當視吾國政治上之發展而定。就現修正草案言之，似爲輔助行政當局而略加以限制之機關。其與英法之議會政治迥乎不同。」又謂「總統如不以議政會之所爲爲然，可召集臨時國民大會，爲最後之決定。如國民大會不贊成議政會，則總統可解散議政會。」㊀然遍查修正案並無總統可以解散議政會之規定。大約起草者之意以爲事實上總統可如此行也。查該案所提之國民大會議政會，與立法院憲法草案初稿中所擬之國民大會委員會（或國民委員會）性質相同。惟權力之大則遠過之。其理論之謬誤與事

註一　見參政會憲政期成會提出憲法草案修正草案說明書

實之不可行，已於上章第七節詳論之矣。茲不贅述。惟對行政院提不信任案之權，亦可由此種機關行使，自是別開生面之作。且議政會已有提不信任案之權，而在總統方面又無解散議政會之權以為對待。而仍謂此種畸形之制，合乎總統制之習慣，及中山先生權能分離之政治理論，誠不知從何說起。日後政治協商會議，基此而演變，又將議政會職權移歸立法院。方式雖殊，而其目的似均在於監督行政，防止其權力之過大。夫監督行政，直採用內閣制足矣。五權制度之下，總統制可用，內閣制亦未嘗不可用。顧必陽諱其名，陰效其實。作騎墻式之議論，支離牽強，捉襟見肘，殊為可嘆耳。

第五節　政治協商會議之主張

政治協商會議之召集，係基於三十四年十月（日本投降後）政府與中國共產黨代表之「團結會談」紀錄。雙方一致認為對於避免內戰，和平建設，必須共同努力。同時美國駐華特使馬歇爾將軍（George C. Marshall）居中斡旋。至三十五年一月十日，國民政府遂有政治協商會議之召集，聚各黨派代表，及社會賢達三十八人●，共同商討。主要議程分政治、軍事、國民大會及憲法四類，舉行大會九次，作廣泛討

註一　計國民黨代表有孫科、邵力子、張厲生、陳布雷、陳立夫、吳鐵城、王世杰、張羣等八人。共產黨代表有周恩來、董必武、葉劍英、鄧穎超、王若飛等七人。青年黨有陳啓天、余家菊、曾琦等五人。民主同盟有張君勱、張東蓀、張瀾、羅隆基等九人。社會賢達有莫德惠、胡霖、王雲五、繆雲台等九人。

論後，乃復分政府組織、施政綱領、軍事、憲草、國大五組繼續討論。至一月三十一日，成立五項協議。茲舉其大要如左：

（一）關於政府組織者：在國民大會召集前，應修改國民政府組織法，擴充國民政府委員會職權。委員名額四十人，由國府主席選任。惟國民黨員不得超過半數。國府委員會有決定立法原則、施政方針、軍政、財政預算等事，及各部會長官之任免，立法監察各委員之任用等。國府主席對國府委員會決議得交複議。但如有五分之三仍持原議，主席應予執行。

（二）關於施政綱領者：以三民主義為建國原則，擁護蔣主席，用政治方法解決糾紛，確保人民自由權利，保證婦女平等，增進行政效能，建立文官制度，確保司法獨立，厲行監察制度，積極推行地方自治等。他如外交、財政、教育、文化，均有列舉。茲從略。

（三）關於軍事問題者：軍隊屬於國家，其教育須永遠超出黨派系及個人關係以外。實行軍黨分立，禁止黨派在軍隊內活動。任何黨派不得利用軍隊為政爭之工具。現役軍人不得兼任行政官吏。嚴禁軍隊干涉政治。實行以政治軍。設立國防部，實行整編辦法。（整編方案已經馬歇爾將軍會合國共兩方洽定原則，並派出小組執行。然無大效果。）

（四）關於國民大會者：

一、民國三十五年五月五日召開國民大會。(一)
二、第一屆國民大會之職權為制定憲法。(卽憲法賦予國大之各種職權，應由下屆國大行使。)
三、憲法之通過，須經出席代表四分之三之同意為之。
四、台灣及東北等新增各區域代表及其職業代表共一百五十名。
五、增加黨派，及社會賢達代表七百名。其分配法另定之。國民黨原有之當然代表二百四十人自動放棄
六、合原有規定之區域及職業代表一千二百名，總計國大代表為二千零五十名。
七、憲法頒布後六個月內，應召集依照憲法所選舉之國民大會。

(五)關於憲法草案者：

一、國民大會全國選民行使四權，名之曰國民大會。(卽無須成立全國性之國民大會機構之意)
在未實行總統普選以前，總統由中央及省縣各級議會合組選舉機關選舉之。
總統之罷免以選舉總統之同樣方法行使之。
創制複決兩權之行使，另以法律規定之。

註一　三十四年五月國民黨第六次全國代表大會，因戰事將告結束，決定於同年十一月十二日召開國民大會，並在重慶趕建國大會堂。嗣以政治協商會議舉行，關於國大開會期日亦另有協定。國府乃明令公布國大會期改為三十五年五月五日。

二、立法院：立法院爲國家最高立法機關，由選民直接選舉，職權等於各民主國家之議會。

三、監察院：監察院爲國家最高監察機關，由各省級議會及各民族自治區議會選舉之，其職權爲行使同意，彈劾及監察權。（同意權指司法院院長副院長大法官及考試院院長副院長委員等由總統提名監察院同意任命）

四、司法院：司法院即爲國家最高法院，不兼管司法行政，由大法官若干人組織之。大法官由總統提名，經監察院同意任命之。各級法官須超出於黨派之外。

五、考試院：考試院用委員制，其委員由總統提名，經監察院之同意任命之。其職權着重於公務人員及專業人員之考試。考試院委員應超出黨派。

六、行政院：行政院爲國家最高行政機關。行政院長由總統提名，經立法院同意任命之。行政院對立法院負責。如立法院對行政院全體不信任時，行政院或辭職，或提請總統解散立法院。但同一行政院長，不得兩次提請解散立法院。

七、總統：總統經行政院決議，得依法發布緊急命令。但須於一個月內報告立法院。總統召集各院院長會商，不必明文規定。

八、地方制度：地方制度確定省爲地方自治之最高單位。省長民選。省得制定省憲。但不得與國憲抵觸。依照均權主義劃分權限。

九、人民之權利義務應享有凡民主國家人民一切之權利及自由法律規定應出之於保障精神，不以限制爲目的。

十、選舉應列專章。被選年齡，改爲二十三歲。

十一、基本國策應包括國防、外交、國民經濟、文化教育各項。

十二、憲法之修改應由立法、監察兩院聯席會議提出，交選舉總統之機關複決。㊀

惟此項協議發表後，國民黨二中全會於同年三月十六日又通過對修改憲草原則之決議如下：「一、制定憲法，應以建國大綱爲最基本之依據。二、國民大會應爲有形之組織，用集中開會之方式行使建國大綱所規定之職權，其召集之次數應酌予增加。三、立法院對行政院不應有同意權及不信任權，行政院亦不應有提請解散立法院之權。四、監察院不應有同意權。五、省無須制定省憲」等。是時孫科乃將民黨意見與各黨派代表在憲草審議會繼續協商，至三月中旬對於修正憲草原則終得新協議，結果如下：

一、國民大會爲有形組織，行使四權。

二、取消政治協商會議「修改憲草原則」第六項。（卽立法院之不信任權及行政院之解散權等。）

三、取消省憲，改爲「省得制定省自治法。」

註一　政治協商會議之經過及詳細內容，可參閱李旭所著政治協商會議之檢討一書。

至於立法院對於總統任命行政院長之同意權，及監察院對總統任用高級法官及考官之同意權，尚未獲得協議。●孫氏將協商情形報告大會後，民黨元老吳敬恆即發表意見略謂：「制憲之權，屬諸國民大會。無論何人，不能限制國大代表之法定職權。應將五五憲草及協商會議協議事項，二中全會之決議，及各黨各派提出之意見，一併送請國民大會參攷制定憲法，何等鄭重。必須按照合法手續，方不致貽笑中外。」此言可謂「一語破的」。蓋是時政協會諸人，大都以爲一切最高原則，由協商決定，交國民大會遵照辦理，便爲了事。實已忘卻國民大會之尊嚴及政協會本身之地位矣。蔣中正主席於同年四月一日在國民參政會開會時報告關於憲草及政府組織之協商結果，亦曾作剴切之說明。詞中有云：「政治協商會議在本質上，不是制憲會議。其關於政府組織的協議案，更不能夠代替約法。結束訓政的步驟，只有召集國民大會。只有國民大會所制定之憲法，纔能替代約法。所以國民政府在政治協商會議開會時再三宣示此點。擴充政府的組織是在現有的基礎上，要求各黨各派及社會賢達共同參加來擴大政府的範圍。決不是推翻現在國民政府的基礎，另外來組織一個政府。……而擴大政府組織的目的，在於匯合各方共商建國方策，準備國民大會的召集，樹立憲政實施的基礎。……倘若憲法未頒行，而約法先廢止，則政府窮六個月之力，所得到的結果，乃不是和平，而是混亂。不是統一，而是分裂。不是人人共循的合法道路，而是人人造亂的非法禍胎。……」

註一　見孫科向二中全會報告。載三十五年三月十七八日中央日報。

於此可見當時國民政府所持之立場及其召集政協會之用意矣。

政協會對於修正憲草所決定之十二項原則。（已見上文）除因國民黨方面之爭執而修改三項外。（卽國大改爲有形之組織不信任權與解散立法院權取消及省憲改稱爲省自治法三點）其餘各項青年、民社各黨持之甚力不願再有讓步故對於憲草之協商可謂就此告一段落至其主張修正各項之理由可於張君勱所發表之「對五五憲草修改原則疑難之解答」一文得其梗概茲錄之如左：

（一）中山先生主張主權屬於國民全體。某次講詞中有語云主權屬於國民全體云云一項，是我負責的其鄭重說出之意昭然若揭所以主張選舉罷免創制複决四權者，乃以之補救議會政治其意義卽在於此。世人但見其縣政方面直接民權之規定因而推定中央方面必爲間接民權。要知主張直接民權之人，歸宿必爲中央政治之直接民權，决不能以間接民權爲滿意。

照五五憲草所規定之國民大會人數雖多至一千五百名，而在全體選民中仍佔絕對少數。舉總統各院長立法監察兩院委員之權，悉畀予少數代表此與代議政治何異。不容其借間接民權四字以掩飾自己的上下其手。國民大會三年開會一次會期僅一月是兩年又十一閱月之時間，皆閒散之歲月名爲有形，實等虛設。揭穿言之，不過一選舉機關耳。其去中山先生主權屬於國民全體之意義，不啻一萬八千里。

我們現將有形國民大會，改爲無形國民大會，合全國之縣、市、省各級議會及中央議會以選舉總統及副總統，將選舉權普及於全國之議會是爲第一步。將來人民能力增高，必須行直接選舉制，是爲第二步。政協會决議案立法院委員由選民直接選舉。監察院委員由各省參議會選舉。亦所以擴大選舉權於國人，與中山先生主權在民之意，正相符合。

註一　見三十五年四月二日中央日報

照五五憲草規定，國民大會三年開會一次，現黨內人士亦知三年一次之時間太長，乃有改爲一年之說。要知國民大會原非議會，其職權不及於立法預算與討論政策，雖改爲一年，其爲無用則一。昔年參政會曾有議政會，即常駐委員會之說，然同一國民監督權，竟有國民大會常駐委員會與立法院之三種機關，必至成爲疊床架屋之制，將來三機關互相爭執，互相搗亂，成何政體。故吾之愚意，選舉，罷免，創制，複決四權應從直接民權之方式着想，不可與普通立法發生關係。若以創制等事委之於二三千人之國民大會，對於立法院爲上級機關，是爲直接民權之彎曲使用。在代議政治尙不能圓合運用之日，更於其上加上二三千人之創制，複決於理如何能通？

政協會之決議，監察院委員由各省參議會選舉。就其所司之監察職權，名之曰監察院可。就所畀予之同意權，名之曰上議院亦可。立法院委員由選民直接選舉。在其與政府分工合作時，名之曰治權機關可，在其代表民意，監督政府時，名之曰政權機關亦可。政權與治權在名詞上可以分開，在本源上言之只有一源，是爲民意。若中間橫以鴻溝則扞格而不可通矣。照吾人現在所安排之立法院，可謂司治權之功能，通政權之聲氣。所以能通政權之聲氣者，即在由選民直接選舉，而隨時可與其選舉區之民意相通也。就其所司之職權，彷若英國之下院。

直接民權與議院二者，如此安排，庶幾分道揚鑣，相成相濟，各收其用，而使中山先生之學說在憲法上之地位可以永久不拔。否則，如五五憲草之制，以四權屬於千五百人名爲尊崇中山先生，實假中山先生之名，以行專制之實，吾人期期以爲不可。

（二）此次修改五五憲草之原則中有行政院對立法院負責一條。一部分國民黨人士目之爲內閣制，紛持異議，深恐將來易使政局動盪，仍堅主採用總統制。假使以政局不安爲內閣制之屬性，則英國實爲實行內閣制之始祖，世界國家政局之安定無有出其右者。英國內閣制之特徵在乎一切外交財政軍事用人大權，操之於政府。財政大臣之預算案，國會不能參加分文。國會幾等於政府之註册所。惟其政府有權，是以不能不對國會負責。有權而不負責，非專政而何？美國之總統制，爲一部分國民黨人所樂道，是但見總統有權之一面而已。若第一次大戰後，威爾遜總統所手簽之凡爾賽條約，遭參議院之否決，威氏束手無策。此次大戰後，財政部長提出減輕兩億租稅之預算案國會以爲不足核減爲五億財長亦束手無策不知一部分國民黨人亦注意及之否凡深悉美國政治者都知美國大政決定之權在國會而不在政府。換言之，卽採取總統制，同時必須有強大之國會，時時集會，以監督政府。此豈我三年集會一次之國大所能爲乎？此豈治權機關之立法院所能與之並駕乎？美制大權既在國會，所以政府無須對國會負責。此英美兩國制度之分歧點。

吾國今後之政府，其採英制乎，則爲大權集於內閣。其採美制乎，則行政時時受國會之干涉。於是黨內人士之心目中以爲政府之權力，宜如英制，但不要對議會負責。總統之地位，宜如美制，以防止政府動搖。試問內閣操全國之大權，而不對任何機關負責，恐按之法理人情，均說不通。望反對政協決議者，平心靜氣思之。我國自民元至今無論內閣制，總統制，或主席制，都成爲「成王有過罪在伯禽」之現象。元首高高在上，責任皆由部長院長負之，現在所行之主席制，與總統制相類，而以有名無實之參政會三言兩語之責難，部長因而去職者，亦尚有人。所以使行政院對立法院負責者，正所以使總統居於崇高地位，以成爲政樞安定之所也。現在所修改之原則，倘總統爲特出人物，可成爲院長承總統之命，處理國務，但對立法院負責。倘總統而爲中材，則院長以總統之名義，發號施令，更應獨對立法院負責。故謂爲總統有權，行政院有責之制可也。固非總統制，亦非內閣制，純爲針對國內實際狀況而設。以余觀之，中國十年之內，勢須多黨合作，以求建國工作之順利進行。絕不能有一黨上台，一黨下台之政象。尤不宜限定爲部長非兼爲議員不可，則總統之選擇閣員，自有迴旋餘地。凡此皆爲異日爲總統者着想，奈何反對政協商議者見不及此。

（三）省憲。省憲之名，與美之州憲相類，聞者爲之疑懼。然吾國省憲之名，雖與州憲類，而按其成立之先後言之，省之地位，自異於美國之州。第一，美國州先而聯邦在後，惟其州先而聯邦後，乃有主權分畫之爭。第二，既有主權分畫，乃有剩餘權屬問題。若美則剩餘權在州，若加拿大則剩餘權在中央。此三項爲各聯邦國所有之問題，而在吾國則不能成立。故吾國卽有省憲，亦不怕其因此而生分裂。況各省自制省憲，爲國民黨早年宣布之政策。今國民黨一部分人士，既不欲用此名詞，而以省自治法代之，吾人亦不願硜硜爲名詞之爭，但求各省得到自治之實。第一，省有省自身之職權。第二，省長民選，自能組織省政府，能根據自治法，自定省規則。第三，省有省的財源，誠能如此，省民的利益自能顧到，不在省憲名詞之有無。

張君所論，最足代表當日各黨派之意見。且多鞭辟入裏之處，如謂「主張四權，所以補救議會政治」及「四權應從直接民權之方式着想，不可與普通立法發生關係」及「若以創制等權委之於二三千人之國民大會……是爲直接民權之彎曲使用」等，皆最透澈之議論。又如引英國之內閣制，以證明內閣之不必動蕩；引美國之總統制，以證明總統之不必有權，亦爲確切不移之事實。但其解答不詳，或偏僅一面之處，亦有下列數點：

一、罷免、選舉、創制、複決四權已爲「補救議會政治」之窮，則似不應再將立法院之職權極端擴大，使仍蹈議會政治之覆轍。

二、「有形之國民大會」因代表過多，會期太少，行使間接民權，已感困難；若散之於全國選民，則創制、複決、罷免之行使，豈不更爲夢想，永無實現之日！

三、人民對中央行使直接民權，固爲最高至善之理論。然在土廣民衆之國家，至今政治家尙未想出實行辦法。世界民主國家人民對中央能勉强行使四權者，亦只有瑞士小國。我國卽將來「人民能力增高」，如英美民族，是否卽能倣效瑞士？

四、「五五憲草」所規定之國民大會，僅行使四種政權，以監督中央政府，並不干涉政府本身之治權。其異於代議制度下之國會者，卽在於此。張君似未注及。

五、「五五憲草」採極端之總統制。行政大權過於集中。誠多應予改善之處，使其「有權而能負責。」但即採用如政協會所提之內閣制，張君雖謂其已非總統制亦非內閣制然此乃皮相之爭非法律精神之論諱之以便協議者依目前政治之環境及政黨之情形，是否即能運用自如勝總統制多多？張君似未考慮到此。

六、英國採用內閣制，政局甚爲安定。然法國亦係採內閣制者，其內閣往往一月數更，爲政論家所詬病。理由安在？若謂法國爲多黨政治，內閣常爲混合性，故易傾倒，使政局常呈不安狀態，則政協會所主張組織之「聯合政府」者，是否即爲「混合內閣？」是否能得英內閣制之利，而免法內閣制之弊？

七、美國採用總統制，而「大政決定之權在國會而不在政府。」故「威爾遜總統所手簽之凡爾賽條約，遭參議院之否決。」誠然、誠然。但假使威爾遜易地而爲英國之內閣總理。能否以未徵同意之條約强巴里門之通過？恐早就不能在巴黎「簽定，」更無須乎「否決。」雖「一切外交、財政、軍事、用人大權操之政府，」將安用之？吾爲此言非原則上反對內閣制。更非主張極端之總統制。第以張君「採英制則大權集中內閣，採美制則行政受國會干涉」一語，總覺其尚欠分析。且不免過作抑揚，以聳一般之視聽耳。

以上所述，不過略舉數義而言。未能詳盡鄙意。要而言之，「五五憲草」爲極端之總統制，欲集行政大權於總統。能課其責任者，唯有國民大會。而政協會所擬之十二項原則則竭力倣英之內閣制，以立法院爲政治中心。國民大會等於虛設。用立法院課督行政院之責任。此其大別也。至若關於地方政制，「五五憲草」採中央集權原則，以縣爲自治單位，省爲中央之行政區。純粹之「單一制」也。而政協會所擬則採地方分權原則，省爲地方自治最高單位，自行制定自治法。且其自治之權又列舉於國家之憲法，使省與中央之權爲平行的。取師於「聯邦制」者也。此亦二者不同之要點。研究憲法人士，所不可忽視之處。

第十七章　憲法之完成及其實施

第一節　召開國大之最後波折

政治協商會議雖決定五項協議，然因關於軍隊整編及統編中共部隊爲國軍之基本方案，（係馬歇爾將軍會同國共兩方簽定者）及停止衝突，恢復交通之協議，始終無法推行。而在東北九省又有所謂「民主聯軍」「自治政權」一者出，和平統一之期望，更受打擊。政協會議所議決各項，能否有效，已成問題。制憲之國民大會，原由政協會決定於三十五年五月五日召集。各黨派又以爭論代表分配問題，名單遲未提出。（其後始決定關於第六項新增代表七百名，分配於國民黨二百二十名，共產黨一百九十名，青年黨一百名，民主同盟八十名，民社黨四十名，社會賢達七十名。）且中共、民盟堅持先改組政府，而後召集國大之議。故至四月廿四日，蔣主席復邀請各黨派代表及社會賢達商討召集國大問題時，中共、民盟均藉詞請求展緩。蔣主席只得允其所請。於是國民大會又作第五次之延期。是時國民大會代表已有一部分來京，以政府屢次延期，朝令夕更，頗感不滿，而民黨黨人，亦咸知共產黨之對於停戰統一絕無誠意，大會久延，徒損政府信用。故至同年七月三日，蔣中正主席以國民大會之不能再作無期之拖延，乃向國防最高委員會提出決定於三十五年十一月十二日召開國大。次日國民政府卽以明令公布，並於會期前一個月，通知各地代表自十一月二日起來京報到。及至開幕之日，中共、民盟仍不肯提出名單，且表示不贊成召開國大之意。中央在第三方面人士要求之下，爲予其他黨派提出代表參加國大之機會起見，乃復決定將會期展緩三日，並於原定開會之前夕下令各戰區停戰，希望共產黨人能最後回頭合作，是爲第六次之延期。㊀

三十五年十一月十五日，此十二年來難產之國民大會終於在南京正式揭幕。雖中國共產黨及民主同盟人士，到底拒絕參加。惟青年黨及民主社會黨，經政府坦白洽商，其代表名單分別於十一月十五日及廿三日提出，由國府明令公布。計青年黨參加國大者一百名，民社黨四十名。除共產黨應出席之一百九十名，及民主同盟八十名在會場仍留空位外，其餘幾全部到齊，大會遂得順利進行。

第二節　提送立法院之政協憲法草案

初政治協商會議於訂定憲草修改原則十二項之後，復決議組織憲草審議委員會，「根據協商會議擬定之修改原則，並參酌憲政期成會修正案、憲政實施協進會研討結果及各方面所提之意見，彙綜整理，

註一　參觀中央日報出版之國民大會紀念册所載國民大會召開經過一文

製成五五憲草修正案，提供國民大會採納。時間以兩個月為限。」由協商會議五方面（即民黨、中共、民盟、青年、社會賢達五方面）每方面推五人組織之。另外公推會外專家十人共同工作。以孫科為召集人，委員有邵力子、王世杰、董必武、秦邦憲、周恩來、張君勱、陳啓天、曾琦、余家菊、傅思年、王雲五、莫德惠、章伯鈞、雷震等。專家有王寵惠、史尙寬、林彬、吳尙鷹、戴修駿、吳經熊等。自二月初成立，即繼續開會十餘次，審議憲草。依照政協會原則作詳細之研究。其於審議期中加以變更而得協議者只有三點。（已見上章第五節）但因軍事方面，始終無法停止衝突。共產黨亦不肯放棄武力而言統一。政協會亦不能和緩國內緊張之局面。故國府還都之後，「和談」已不絕如縷。而憲法審議工作亦暫入停頓狀態。迨三十五年七月國府明令於同年十一月十二召集國大之後。孫科吳鐵城邵力子等盡最大努力與各黨派代表洽商，冀國民大會得以美滿開幕，以完成制憲大業。蔣中正主席，亦表示完全同意於政協會之憲草修正原則。直至同年十一月初，憲草審議委員會始依照政協原則，制成全部草案，稱為「五五憲草修正案」。旋改稱為「中華民國憲法草案修正案」。一經國防最高委員會通過之後，即由國民政府送交立法院審議。當時距國民大會開會之日僅有數天。立法院已無充分時間舉行分組審查。主席乃將修正案逕付大會討論。當時在會場中許多立法委員，以該案對五五憲草根本上之改變太多。應予詳加研究，不可倉猝從事者。主席謂即須提送國大詳細研究，

註一　見協商會議三十五年一月三十日綜合委員會聯席會議紀錄。

時間恐不許可有問該案在立法院，是否能作原則上之審議與修正者。主席答以重要原則係根據政協而來，再予修改，恐牽涉太多。故只能就其條文文字加以審議，以完立法手續。倘有原則上之意見，可用書面在國民大會討論時提出。（因立法委員有三四十人爲此次國大代表）討論至此，全體立委一致主張對該修正案不必討論或修改，並將該案送呈國府轉送國民大會，卽作完成立法手續。此政協修正案在立法院審議時之大概情形也。㊀

依照民國二十年約法及現行國民政府組織法，立法院雖爲「國民政府最高立法機關」，而事實上倘有國防最高委員會，（抗戰以前稱爲中央政治委員會者）位居黨與政府之間。一切立法原則，均須先由該會訂定，再交立法院起草條文，完成手續。如立法院對於原則發生異議時，亦可建議國防委員會請其修改。惟遇後者仍維持原議，則立法院只能照交下原則起草。故事實上無異一規模較大之法制局。卽就憲草言，雖係立法院起草而多次修改，均係依照中央所指示。故此次對政協憲草之不加審議，亦其權限使然。且立法委員，全係由院長提請國府主席任命，與其他官吏無異，與民選代表或議員性質亦不相同。㊁

第三節　憲法草案修正案評述

註一　參閱立法院三十五年十一月九日院會紀錄。

註二　依照國府組織法第三十條立法院原應有半數委員由法定人民團體選出，但始終未曾實行。

根據政治協商會議所商決原則而訂定之「中華民國憲法草案修正案」（又稱爲五五憲草修正案）經立法院以最迅速方法完成立法程序後卽由國府提送國民大會作爲討論藍本。全文共十四章，都爲百五十有一條。對於五五憲草改善之處頗多。如對人民之自由權利採用積極保護方式，取消「非依法律不受限制」原有之字句，並嚴定中央限制該項自由之立法範圍，以防濫用立法權，剝奪人民之權利。又如立法委員改由直接民選，俾地方民意與國家立法機關息息相通，所有法律俱足代表民意，立法院不致有官僚化或政府機關化之弊。省長不由中央指派而由各省人民直接選舉，俾地方人民有自擇其行政管理人之自由。省長已由省民選出，當然受選民罷免，其對省民公意自必加以尊重，期博取省民之擁戴，不敢肆意妄爲，干犯衆怒，以自毀其地位。較諸由中央任免之省長，只求敷衍中央法令，取容於頂頭上司，便可頤指氣使，不顧人民死活者，自爲進步多多。「基本國策」一章，將國家之經濟、財政、軍事、國防、教育、外交等大端歸納一處，並分別作重要方針之指示。提綱挈領，言簡意賅。較諸五五憲草之分擬專章，顧此失彼者，亦實勝一籌。他如明定司法院爲解釋憲法之機關，使司法院成爲類似美國之大理院，爲「憲法之保護人」，提高司法之地位，統一解釋之大權，免玩法者之曲解以自便，允稱至當。又如領土一章，五五憲草採用列舉式，將各省區名稱盡入憲法條文。至於今日，外蒙獨立，台灣改省，東三省變爲九省，憲草條文便須更改。至於緬甸、暹羅原屬中華版圖，將來情形如何，殊難預測。故修正案易以概括式曰「中華民國領土依其固有之疆域」，俾條文富有伸縮性，亦一進步之修正也。

至於修正案中與五五憲草不同之點，尚有研究之必要者，竊據管見，亦有數端。茲先舉其最重要者二三事，作分析比較之檢討，並推尋其法理之淵源與其制度精神之所寄託，以供留心憲法同人之省覽。若夫得失之林，則見仁見智，讀者擇焉。

（一）國民大會權力之縮小：五五憲草規定國民大會以全國各區域直接民選之代表組織之。而修正案則於區域代表之外，將中央之立法委員及監察委員全部加入。❶並將立法委員改由直接民選，監察委員則由各省市議會分選。（五五憲草規定立監兩委均由國大選出）如此則立法、監察兩院委員在治權方面則各為五院之一。在政權方面又為國民大會之代表。於國大閉會時，可代表國大監督政府，正如國大之常設機關焉。至於國民大會之職權，在五五憲草所列舉者，為選舉、罷免、創制、複決及修改憲法五項。而選舉、罷免權之所及為總統、副總統、立法院院長、副院長、監察院院長、副院長、立法委員、監察委員等。凡屬中央之法律，皆得由國大創制複決。憲法之修改自亦在創制複決權之內。因其性質較為重要，故為特列一項。修正案對於國大職權，則大加減削。選舉罷免權僅能行於總統及副總統。各院院長委員均被除外。創制複決權亦以修改憲法為限。不及於中央一切法律。必俟全國過半數縣市均能行使創制複決兩權時，國民大

註一　此項規定後經國民大會審議時刪去。

會始得行使。照此辦法，則在憲政開始後之若干時期，國民大會僅爲一選舉總統之機構。（修改憲法及罷免總統俱極不常有之事）立法院對於一切法律案之議決權，不受任何方面之牽掣或監督。除總統在某種情形之下可以請求覆議，及司法院在發現法律與憲法某條衝突時得宣告其違憲外，國民大會既不能要求複決，自亦無權過問。故國大對立法機關之管制可謂完全失效。立法院之立法權可謂高於一切。揣起草者之意，以爲立法委員與國大代表同是民選，（草案第六十二條立法院由民選委員組織）而立委又同時兼爲國大代表。一方面代表人民，一方面又可代表國大，故會院之間意見必不至兩歧。立法院所議決之法律，當然爲國民大會所同意。在此情形之下，複決權可以不必使用。此種看法，未免過於理想。蓋同爲民選代表，而意見往往絕不相容。同爲一黨議員，而內閣與國會往往勢不兩立。事實之昭示吾人者，隨處皆是。苟不予人民以表示意見之機會，誰能保證立法機關的一切決議之必盡符公意。在五權制度之下，國民大會之唯一職責，在於代表國民管制政府。立法權爲政府權之至大者。人民雖不自行立法，但人民得用複決權或創制權以管制立法。今人民對中央法律事實上已無法創制複決，對立法委員亦未能行使罷免。而代表人民之國民大會又無此權，爲之代申意見。則立法院豈不成爲天上地下，惟我獨尊之機構。萬一濫用職權，產生惡法，非俟三年改選，卽無法補救。其危險寧堪設想。世界議會政治國家，行政首長對立法機關有解散權。而其議會本身亦大都分爲上下兩院，互相監督，反覆討論，以求週詳。此其用意，卽在於防止立法專制之流弊。五五憲草規定國民大會對立法委員有罷免權，對法律案有複決權，其用意亦在此。恐覺其實有未可抹煞之處也。至於立法、監察兩院委員同時兼任國大代表，每六年集會一次選舉總統。似係脫胎法蘭西以國會上下兩院議員合組國民會議（National Assembly）選舉總統之成規。（所不同者草案中之國大代表除立、監兩委外，再加區域代表若干而已）其方法較直接民選自屬簡單，就實用方面言，亦尙無窒礙難行之處。獨是立、監兩委在國府則爲行使治權者，在國大則爲行使政權者，資格兩重，威風八面，與中山先生政權治權宜分別行使之理論，稍有出入耳。（立監兩委必兼爲國大代表一項後經國大討論時删去）

綜是觀之，修正案中之國民大會，就組織方面言，似較五五憲草所規定者爲龐大而複雜。就職權方面言，則較五五憲草之規定爲簡略而脆弱。且因創制、複決兩權之暫缺，使立法院成爲一個不受管制之機關。因選舉、罷免權之僅及總統，故對各院長官無法發生關係或施行任何指導監督。此種國民大會只能當作選舉總統之機構而已。故六年開會一次，每次集會數日，其任務卽可終了。此其與五五憲草將國民大會爲管制政府之樞紐者，地位輕重迥然不同。是則最堪注意者也。

（二）行政院對立法院負責：五五憲草規定行政院院長及各部長均由總統任免，各對總統負責。而總統則由國民大會選舉罷免，對國民大會負責。然國大三年始集會一次，爲時過久，對於行政之監督，未免鬆懈。總統總攬用人行政之大權，誠恐變爲專制。故修正案乃將行政院責任，歸諸行政院院長自負。而行政院長之任命，則由總統提名經立法院之同意行之。行政院應對立法院負責，而其負責方式，則有下列之規定：一、行政院有向立法院提出施政報名之責，立法委員有向行政院及其各部會質詢之權。二、立法院對行政院重要政策不贊同時，得以決議移請行政院變更之。行政院對立法院之決議，得經總統之核可，移請立法院覆議。覆議時如經出席立法委員三分二維持原決議，行政院院長應予接受或辭職。三、行政院對於立法院通過之法律案等如認為窒礙難行時，得經總統之核可，移請立法院覆議。覆議時如經出席立法委員三分二維持原案，行政院院長應予執行，或辭職。此種規定，與五五憲草第七十條「總統對立法院議決案得於公布前提交立法院覆議。……如立法院經出席委員三分二維持原案，總統卽應公布執行」之規定，作用大致相同。惟修正案不曰「總統卽應執行」，而曰「行政院長應予執行（或接受）或辭職」，蓋意在一方面免除總統與立法院之正面衝突，一方面保證立法院決議案之必予執行。其辦法自亦妥善。惟查五五憲草中有「立法院送請公布之議決案，總統應於三十日內公布」之一條（第七十一條），蓋防有如美國總統用不公布之方法（卽稱為 pocket veto 者是）以抵制國會之流弊。故對公布決議案之時期，特別加以限制。倘逾期不公布，卽為違憲。而違憲行為可受彈劾。是立院決議案之執行或接受，業有充分保證。行政方面之願意與否，或辭職與否，均成無足重輕之問題矣。此種安排，亦似未可厚非。至於修正案所規定立法院對行政院之「質詢」權，則因立法院已無信任投票權以倒閣，則所謂「質詢」，自僅係要求行政院解釋申述之意。非可與內閣制國會所有之「質問權」(interpellation)相比。蓋「質問權」可以倒閣。而「質詢」之效力至多等於 inquiry 而已。故修正案中所列舉之總統提交覆議權，立法院對總統任命行政院長之同意權及行政院對立法院之報告與立法院對行政院之質詢，大都爲總統制國家之慣例。充其效能，亦只可增進立法行政兩院之關係，決不能造成內閣制之責任政府。故愚意修正案第五十八條「行政院依左列規定對立法院負責」一項事實上可以删去。而將該條下列三項，併爲一條，似更順理成章也。

（三）中央與地方之分權：五五憲草以縣爲地方自治單位。縣長民選。人民直接行使四權（即選舉、罷免、創制、複決）而省則不啻爲中央之行政區域。省政府爲執行中央法令，監督地方自治之機關。省長由中央任免。省府及省參議會之組織與職權，以法律定之。至於中央及地方權界之分，則不採用逐項列舉式，僅作原則上片面之規定曰：「凡事務有因地制宜之性質者，劃爲地方自治事項。」而「地方自治事項，則以法律定之。」換言之，即地方自治之權，不列舉於憲法，而受自中央之法令。此純粹之單一制度也。英、法諸國大都如此。修政案則盡反是。將地方自治分爲省、縣二級。省長、縣長均由民選，均有民選之議會。最足注意者，則爲中央與省權嚴格之劃分。有由中央立法、中央執行者，如外交、國防、幣制等凡十三款。有由中央立法，可交省執行者，如農林、工鑛、商業、教育制度等凡十七項。有由省立法並執行或交縣執行者，如省市財政、警察、交通等凡十項均作詳細之列舉。至於各省之自治法，則不由中央頒布而由各省召集省民大會自行制定。在不抵觸國憲範圍之內，中央不得干涉。且因其省與中央之權限同列於國家憲法，故省權與中央權爲平行的。在其劃定權限之內，中央與省均不能互相侵犯。倘遇省權有調整必要時，除將國家憲法修改外，別無辦法。非立法院之法律所能處理或變更也。此種分權方法，唯聯邦國家有之。蓋邦權與中央權同列於國憲，爲聯治制度分權之鐵則。聯邦與單一之分，不在於地方自治權之大小，而在於自治權之來源。單一國家地方之權受自中央。中央之權受自憲法。聯邦國家則中央之權受自憲法。地方之權亦受自憲法。受自中央之自治權，中央得以法律變更之。受自憲法之自治權，其地位與中央權同等。非中央所得而變更也。例如美國聯邦憲法，將中央之權列舉，凡列舉以外之權一概歸諸各邦，(states)故各邦自治權範圍較廣。又如加拿大聯省憲法，將各省之權列舉，凡未列舉之權一概歸諸中央。故其省自治權之範圍較狹。此兩種分權方法，雖各不同。然因其邦省之自治權均受自憲法，故皆爲標準式的聯治制度。世界其他諸聯邦國，大都類此。故修正案之「中央與地方之權限」一章，採用聯邦分權制度者也。(又該章列舉中央與地方權限之方法，完全與民國十二年曹錕時代公布之憲法第五章相同。該憲亦採用聯治主義者也。)又修正案「省縣制度」一章，規定省自治法由各省召集省民代表大會自行制定。除應有民選省長及議會外，一切組織均可自由創制。只「不得與憲法抵觸」而已。● 故祇要不抵觸憲法，各省之「自治法」及省政府之組織法，非中央所得過問。此亦唯聯邦國家之邦憲，或省憲，（如美國各邦之邦憲，加拿大各省之省憲均非國會所得修改。）始有此特殊地位。至於單一國家，地方自治法規，莫不由國會通過頒布，自治之範圍儘可擴大，權力之來源則自中央。中央對於地方，永遠保持其監督之地位。此省自治法，與省憲法之大別也。今修正案之所謂「省自治法」者，完全由地方創制，中央不能過問，其獨立不羈之性質，與聯邦國家之邦憲相同，謂為「省自治法」，毋寧逕稱之為「省憲法」之名符其實。

要之，修正案所規定之省制與省權，（即第十及十一兩章）俱充分表現聯邦主義。照此實行，中國當成一聯省國家。故原案第一條應改為「中華民國為聯省共和國」，而第十章之「省自治法」，亦應改為「省憲法」，則更眉目清朗，不至有模糊含混之弊。抑愚於此有不能不鄭重申述者，聯邦主義絕非割據主義。世界任何聯邦國家，莫不有強有力之中央政府，總攬全國外交、軍政、國防、幣制、關稅諸大權，此種關係全國之大權，絕不許地方之干預。就此一點而論，謂聯邦為統一集權制，亦未嘗不可。吾國昔年有主張「聯省自治」之說者，提倡各省獨立，以多元主權，省國平等之理論為根據，假聯省自治之名，行封建割據之實，是皆聯邦主義之罪人。幸讀者加以分析，切勿張冠李戴。上文所論，蓋因見修正案中第十及十一兩章，顯係未明

註一　後在大會審議時，加入制定自治法須依據中央所頒之「省縣自治通則」一句，然亦僅能作組織上形式上之範圍而已，與自治權無關也。

言之聯省制。故不辭反覆爲之指出，以示其與五五憲草不同之點。至於聯省制與單一制，何者爲優，何者較適於我國，則現代政論家爭辯至多。識者深思而愼擇焉可耳。

其他比較次要之批評及關於條文上之技術問題者，則礙於篇幅，一時未遑盡及。要之憲法爲全國遵守之百年大法，字句務求簡明。條理尤應淸楚。絕不容有蒙混含糊之處。井然如棋局，昭然如皎日，使行法者如循大道，其平若砥，其直若矢。斯大法之精神得以永久不替耳。㊀

第四節　內閣制抑總統制問題

照政協會最初所擬定關於憲法草案之原則十二項中之第六項而言，則中央政制必爲內閣制無疑。惟嗣後又將立法院之提出不信任案權，及總統之解散立法院權刪去。全部精神，因之一變，已失去內閣制之本質。今政協憲草中所規定之「同意權」、「覆議權」、「副署權」等俱非建立內閣制之重要因素。例如美國爲總統制國家，其國務卿及閣員之任命，均須經國會之同意(Concurrence of the Senate)。總統對國會通過之法律案及決議，均有要求覆議之權(veto power)。倘國會三分二以上之大多數仍持原議，總統再不能反對，非執行不可。旣已執行，便爲屈服，自亦無須辭職。則同意權及覆議權，固久爲總統制之附

註一　本節所論，曾經在三十五年十一月十三日在南京中央日報發表。

屬品。至於副署權之目的在保持元首地位之超然。不因政潮而搖動。然在總統制國家，總統有法定之任期，非彈劾不能令其去職。其地位亦甚鞏固。卽現行國府制度之下，主席命令均由各院院長副署，但決不能因此而成爲內閣制。

內閣制之爲用，全在將立法機關與行政機關融成一片，故內閣總理必爲國會大多數之領袖。各部部長必同時爲國會議員。其最主要條件，厥爲信任投票權之行使。在大政方針或任何重要措施上，倘內閣不獲國會多數之信任，則立法行政兩方已呈衝突現象。此時內閣如自信其政策之必爲人民所擁護，則可用元首名義行使解散權，改選國會，以冀能得政策相同之新國會。否則當自引退，俾國會另組一能與其合作之內閣。此解散國會與信任投票制所以必同存於內閣制之下也。在內閣制國家，豈惟信任投票足以倒閣。卽否決政府之預算反對政府之提案或通過政府所反對之議案，均可使內閣改組。此其用意，決不在壓制行政，故使內閣常處搖動地位，而在於使行政與立法兩方政策永久一致，收密切合作之功。其與總統制之採取立法行政兩相衡制者，迥然不同。而內閣與總統制之區分，亦完全在此。今按政協憲草，總統無解散立法院權，立法院亦無不信任投票權，在立法行政兩方意見相反時，全恃總統制中所慣用之覆議權爲之緩衝。倘立法方面三分二之多數仍持原議，則行政院長非依照執行，卽須辭職。其辭職爲片面的行政方面絕無訴諸選民之機會。謂如此卽足以使行政院與立法融成一片，合作無間，發揮內閣制之精神，得毋與事實相距太遠。說者謂總統制則大權在總統，內閣制則大權在國會。此亦皮相之論，與實際內容未能盡符。夫內閣制之功用，在於立法、行政融成一片。而總統制之功用則在於立法、行政互相衡制。兩方權力初不必有倚重倚輕之分。解散議會之權，何等重大，內閣制國家之元首有之。而總統制國家之元首則無此權。卽就美國制度而論，一切法律案須經國會通過。故大政策之決定在於國會。總統不過負執行之責而已。絕不能反國會之法律而自立主張。且國會有監督財政，批准條約，同意任命，彈劾官吏及審判彈劾種種憲法上之特權，均足以遙制行政。於此可見總統制國家其政府大權固不必盡操總統之手。立法機關仍可有其監督作用。總統絕不能成爲專制魔王者也。

要之，內閣制與總統制各有短長，徒爲學理之爭訟，雖百世莫能決。謂內閣制可行於中國，吾決不敢目爲誑語。謂總統制之必不可行於中國，吾亦未敢苟同。世無全美之制，亦無不弊之法。適與不適，繫乎時，行與不行存乎人。五五憲草所規定之總統職權，誠然過大，必須加以改正。然此固不可卽視爲總統制之不能行於我國之證。五權政制以國民大會爲人民管制政府之機關。管制方法，則用選舉、罷免、創制、複決四種行之。

註一　張君勱稱政協草案所擬定中央政制爲「修正式的內閣制」見張氏所著憲草中一個未解決的問題在三十五年八月六七八各日上海大公報披露。

註二　關於此點參閱W. Wilson所著"Congressional Gov't of the United States" Chs I-II

選擧可以進賢，罷免可以退不肖，創制可以產良法，複決可以去惡法。國有良吏，政無惡法，人民又復何求？此管制政府之四權，卽中山先生之所謂「政權」，亦卽歐美政論家之所謂人民主權者也。（Sovereign power）至於通過預算、批准條約、同意任命、通過法律等，皆政府所有之權。卽中山先生之所謂「治權」，亦卽歐美政論家之所謂「政府權」（governmental power）者也。當政府擧措失當時（如對條約案法律案等）人民固可要求複決以資糾正。然在此場合，人民是行使其管制權，非侵入政府權爲之代庖。此中分野，不可不辨。德國一九一九年之韋瑪憲法，規定人民對中央法律有創制權、複決權（德憲第七十三條）對總統有選擧權及罷免權。（德憲第四十三條）與中山先生所主張國民大會行使之四權，若合符節。可見四權之爲民權，乃天下之公論。而立法、預算、訂約、任命、宣戰、媾和、諸端之爲政府權，則更久爲政治學者之所公認。故政權與治權之分，換言之，卽人民主權與政府權之分。吾人苟承認人民主權不能與政府權相混之理論，卽不能不接受中山先生政權與治權劃分之理論。蓋二說實同出一源。歐美國家政府權分爲立法、行政、司法、三種。而中山先生則別之爲五。於三者之外，再加監察、考試、二權。在英美各國監察權多附屬立法，考試權則歸諸行政。監察與立法，考試與行政，性質上本來有別，抉而出之，各使獨爲一權。亦是政府權分類之科學化。此中山先生在政治學上一種貢獻。亦卽五權憲法理論之所基。故中山先生「權能分立」及「五院平衡發展」之論，在學理上固有其一貫之條理。卽揆諸國情，亦不能謂爲不適。我國立國五千年，幾無日不在專制政體之下。若以習慣爲國情，則何必再談民主？若謂政治須順世界潮流，力求進步，則當急起直追，毋狃於成見。竊謂選舉、罷免、創制、複決四種民權，苟能善爲運用，已足以盡發揚民治管制政府之能事。而二年一次之大會，加以臨時集議，亦不慮政權之中斷。至於治權方面，則五院分立，雖各有專司，而行使職權之際，仍不失分工合作之用。重大問題，如宣戰、媾和、條約、預算等等，則由行政、立法兩院共同行使之。求考慮之周詳，免獨斷之流弊。行政院長由總統任命，對總統負責。總統與立法院同爲民選，或由國民大會選出，對國民大會負責。在立法、行政兩方發生重大衝突，總統無法調解時，則可向國民大會提出求政權者之處斷。處斷方式，則以選舉、罷免、創制、複決四種行之。此種制度就其行政與立法之關係言，固非英之內閣制，亦非美之總統制。蓋吾今國民大會之體制，實爲英、美諸國之所無。國民大會可以平衡五院，可以解決五院爭端。五院職權雖各有獨立範圍，國民大會仍有其統一管制之功能。此種制度，雖不敢必爲完美，然揆之法理，推其運用，亦似未有捍格不通之處。若照政協會所提之憲草修正案所規定，吾人加以研究，必得下列結論：

一、要行政對立法負責，行政與立法不是互相衡制的，故非總統制。

二、總統無解散立法院之權，立法院對行政院亦無不信任投票權，行政與立法，不是融成一體的，故非內閣制。

三、國民大會等同虛設，無權管制政府，人民亦不能直接監督，故非五權制。

四、立法院是獨院，所立法律人民不能複決，國民大會亦不能複決，且可用三分二之多數，強制總統執行。總統不能解散，又無上議院爲之作第二度之考慮，稍加緩衝，故其權孤立獨大，高於一切，如此制度只能說是「立法獨裁制」而已，與內閣制或總統制均風馬牛不相及者。

對於本案補救方法，愚曾在國大會議時提出「最低限度之修正」，其大要如左：

一、恢復國大之創制、及複決權，以監督立法。

二、行政與立法有重大爭執時，總統可提請國大決定之。

三、憲法修改權，應完全屬諸國大。

四、將原案「行政院依左列規定對立法院負責」一句刪，其餘仍舊。

此種提案，雖得極多代表之同情及贊助，然到綜合審查會中，終一概放棄，蓋各黨派代表，以不達到維持政協原案目的，則當全體退席也。

第五節　國民大會審議及通過憲草情形

國民大會於三十五年十一月十五日在南京國民大會堂開幕。是日出席代表，有一千三百五十五人，

（報到者一千七百餘人）由最年高之代表吳敬恆氏擔任主席。全體宣誓就職。國府蔣主府親臨致詞。勗以理想事實雙方兼顧，俾憲法完善可行。從十八日至二十二日為預備會議階段，決定主席團選舉辦法，並選出蔣中正、于右任、孫科、曾琦、王雲五、胡適、陳果夫、陳啓天、左舜生、鄒魯、吳敬恆、吳鐵城、梁寒操等四十六人為主席團主席。又推定洪蘭友為大會秘書長，陳啓天、雷震為副秘書長。從十一月二十五日至十二月五日連續舉行正式大會九次。通過議事規則及各審查委員會組織通則，而中華民國憲法草案正本（即政協會擬定之憲法草案修正案）亦即於第三次大會時由國府蔣主席親自提交大會主席。（是日主席人為胡適）此後大會便開始廣泛交換憲草意見。代表發言者至為踴躍。送請求發言條者，多至百七十餘人。雖每人以五分鐘為限，交換意見繼續四天之久，尚多無機會發言者。即幸得登台發言，亦多因時限大促，不能畢詞而退。惟此時各抒所見，充分表現自由批評之精神，亦至為可喜。統計各代表意見對於憲草之批評，大都集中下列各點：（一）為國大之組織與權力問題。（二）為五院制度及立法與行政之關係問題。（三）為地方制度問題。（四）建都地點問題。（五）本屆大會職權是否兼及行憲問題。（六）婦女及職業團體代表問題等。至十二月六日停止廣泛討論，決設憲草審查會分八組同時進行。總計各代表提案有四百二十餘件，分發各組審查。在各審查會中，各代表發言亦極熱烈。指摘憲草者，更為激昂。當時情景，大有將草案基本原則一一推翻之勢。於是青年、民社兩黨代表，以政協原則不可變更，否則此次參加大會毫無意義，情願退出為詞。而民黨領袖，對共黨員代表，亦屢加勸導，以顧全大局，完成憲法爲第一要義。任何缺點，有可俟將來依法修改者，不必在此時力爭。自此之後辯論之熱度少遏。然八組審查會結果，對於原案仍多重要之修改。如國民大會職權之加以擴充，將五五憲草所規定之四權及修改憲法權，完全恢復，並定每二年召集一次。立、監兩委改由國大選舉及罷免。憲法之解釋改「由國大代表互推十五人，立法、司法、監察三院各推五人合組憲法解釋委員會爲之」等等。㊀ 各黨派代表尚感不滿。至十二月十四日，憲法草案綜合審查委員會組織成立。以孫科、胡適、孔庚、王寵惠、王世杰、徐傅霖、吳經熊、張厲生、陳啓天九人爲主席團，並由各組推定代表共二百人爲委員。將八組初步審查結果，總匯核議。開會五日，各方領袖均多方商洽，煞費苦心，始將國民大會之職權回復採用政協原草案之規定。（惟原案「憲法修改之創議」一句，改爲「修改憲法」。）其他憲法之解釋、總統及立、監兩委之選舉罷免等等，亦仍照政協原草文字提出大會。㊁ 在此綜合審查會中，「一切獲了解決，政協憲草的精神並未遭到改變。國民黨的黨員們在會中曾表現了民主與紀律同樣尊重的傳統」。㊂ 自十二月十八日至二十日，三次大會均聽取綜合審查委員會之審查報告。廿一日大會（卽第十

註一　見中華民國憲法草案審查報告書　國民大會祕書處印。

註二　見國大十二次會議議事日程中草案綜合審查委員會報告書。

註三　見國民大會紀念册國大制憲經過一文　中央日報出版。

三及第十四兩次會議）完成一讀程序，即開始二讀。至廿四日第十八次會議二讀告完。隨即三讀，至廿五日上午大會三讀完畢。全體出席代表一千四百五十八人一致起立表決通過。國民大會亦於是日午後閉幕。而中華民國之憲法，遂告完成。

在二讀期中，各代表對於國大與政府之組織及職權等絕少發言。其曾引起爭辯者，僅爲國都問題，及婦女代表名額應否規定於憲法問題等等。（對於婦女問題女代表伍智梅、劉蘅靜等有不少之提案及發言）但辯論雖頗熱烈，情形並不嚴重。後經蔣中正以代表主席團資格發表意見：（一）國都所在地點問題不必入憲。（二）婦女代表名額不必在憲法作硬性之規定，可在選舉法中詳細分配。此項意見得全體贊同，亦遂解決。此外尚有一引起數度激辯之問題，即爲「現任官吏能否當選代表問題。」最初反對官吏爲代表者極佔優勢，發言者亦慷慨淋漓，甚爲痛切。故遂通過「現任官吏不得當選代表」之條文。但會後一部分代表覺得此項規定，是剝奪官吏被選舉權，官吏爲國家人民服務，而其自身反不能參加代表國民之國大選舉，於理亦有所未合。故在二讀終了以前，大會接受胡適代表等之臨時提案，將第二十八條第三項覆議修正爲「現任官吏不得於任所所在地之選舉區當選爲國民大會代表。」其餘各條大都照綜合審查意見迅速順利通過。

第六節　正式憲法與政協草案不同各點

此次國民大會通過之憲法，與政治協商會議所提出之草案，兩相比較。原則上可謂絲毫未改。卽次要之修正或條文文字之整理，亦不甚多。茲將憲法對原草案修正各條，表列如左：

政協草案中（卽提出國民大會之中華民國憲法草案）	憲法原文中
第七條　中華民國國都定於南京	刪去
第十六條　人民財產權應予保障	第十六條　加「生存權工作權」數字
第二十六條　國民大會以各縣及同等區域華僑選出之代表及中央立監兩院委員組織之（原條文大意如此）	第廿六條之前國民大會章加「國民大會依本法之規定代表國民行使政權」一條（第二十五條） 第廿六條　全國縣市及同等區域各選代表一人人口過五十萬者每滿五十萬增選一人蒙古每盟四人每特別旗一人西藏邊疆民族華僑婦女職業各代表以法律定之
第二十七條　關於國大職權者「三、憲法修改之	第二十七條　改爲「三、修改憲法」

創議」	
第二十八條　國大代表六年改選一次	第二十八條　加「現任官吏不得於其任所所在地之選舉區當選代表」一項
第三十條　關於召開國大臨時會議僅列依監察院之決議……及依立法院之決議……兩項	第三十條　加入「依本憲法第四十九條應補總統時」及「國大代表五分之二以上請求召集時」兩項
第三十一條　規定由立法院院長召集之國民大會	照原條意修正文字改爲一項附第三十條後
第五十九條　規定法律預算各案須提行政會議議決	第五十八條　加「行政院設行政會議由行政院院長各部會首長及政務委員組織之以院長爲主席」一項作爲第一項原案列爲第二項 加「行政院於會計年度結束後四個月內應提出決算於監察院」一條作爲第六十條
第六十四條　「立法院得接受人民請願」	刪

第六十五案　關於立法委員名額之分配

第六十八條　係規定立法院得開秘密會議者

第七十四條　行政院向立法院提出決算

第七十五條　規定立法院得選審計長者

第八十二條　最後一句「憲法之解釋」

第八十九條　「考試院設考試委員若干人由總統提名經監察院同意任命之考試院設院長一人由考試委員互選之」

第九十六條　規定監委之選舉及分配

第一百零三條　「三人以上之提議」

第六十四條　加邊疆民族及職業婦女團體之選舉各項其餘照原案

刪

第六十條　行政院應向監察院提出決算

第一〇四條　監察院設審計長由總統提名立法院同意任命之

第七十七條　改為「公務員之懲戒」餘照原案

加「司法院解釋憲法並有統一解釋法律及命令之權」一條作為第七十八條

第八十四條　「考試院設院長副院長各一人考試委員若干人由總統提名經監察院同意任命之」

第九十一條　加華僑八人

第九十八條　改為「一人以上之提議」

第一百零五條　規定「對總統彈劾案須有監察委員十人以上之提議」者

第一百十一條　列舉中央立法中央執行或交由省縣執行事項共十八款

第一百十四條　規定省自制定自治法

第十二章　「選舉」

第一百條　改爲「須有全體監委四分之一以上之提議」

第一〇八條　加入「省縣自治通則」「行政區劃」及「合作事業」各款

第一一〇條　增加縣立法並執行事項之規定共列十一款

第一一二條　加入「依據省縣自治通則」一句

第十二章　「選舉罷免創制複決」

增加四條卽第一三三至一三六條

一　被選舉人得由原選舉區罷免

二　各種選舉應規定婦女名額辦法以法律定之

三　內地生活習慣特殊之國民代表名額及選舉以法律定之

第十三章　基本國策共十三條未分節

第一五〇條　規定修改憲法手續

「乙　出席委員三分二之決議」

第一五一條　規定憲法實施程序以法律定之

（附註）本草案與送立法院審議之政協原草案略有出入，如第四十五、九十九、一〇四各條，係國防會所增加。

四　創制複決兩權之行使以法律定之

第十三章　基本國策內分國防外交國民經濟社會安全教育文化邊疆地區五節共二十六條其中社會安全及邊疆地區兩節全係審查時增加經大會通過

第一七四條

「二　出席委員四分之三之決議」並增加「此項憲法修正案應於國大開會前半年公告」

第一七五條　增加「本法施行之準備程序由制定憲法之國民大會議定之」一項列爲第二項

據右表所列觀之，吾人可見政協憲草之在國民大會，雖經八日之廣泛討論，十二日之分組及綜合審查，並未變更毫末。就大體而言，只有條文次序及表面字句之修飾。其稍費斟酌而說得上修改者，亦止有（一）考試院長、副院長改由總統提名監察院同意任命。（原由考試委員互選）（二）國大代表及立法委員名額酌量分配給職業團體、婦女團體及邊疆民族。（原案所無）（三）各省制定自治法時，須依照中央所定之「省縣自治通則」。（原案無此限制）及（四）於基本國策章內，增加數條空洞原則之數端而已。故實質上直謂爲未嘗修改可也。雖然，世無全美盡善之憲法。且政治家與法律家往往因觀點不同，主張自難一致。吾人對於今次之憲法，亦何敢過於苛求。所望實施之後，再本其經驗之教訓以逐漸改進耳。

至於著者個人對於憲法之意見，具見政協草案評述中。茲不贅言。

第七節　憲法實施之程序及國民政府之改組

國民大會於第十九次大會中決定將通過之憲法，由國民政府於三十六年一月一日公布。並通過準備實施程序十項如左：

（一）自憲法公布之日起，現行法令之與憲法抵觸者，國民政府應迅速分別修改或廢止。並應於依照本憲法所產生之國民大會集會之前完成此項工作。

（二）憲法公布後國民政府應依照憲法之規定於三個月內制定並公布左列法律：

1.關於國民大會之組織及國民大會代表之選舉罷免。2.關於總統副總統之選舉罷免。3.關於立法委員之選舉罷免。4.關於監察委員之選舉罷免。5.關於五院之組織。凡五種法規。

（三）依照憲法應由各省市議會選出之首屆監察委員在各省市議會未正式成立以前得由各省市現有之參議會選舉之其任期以各省市正式議會選出監察委員之日為止。

（四）依照本憲法產生之國民大會代表及首屆立法委員與監察委員之選舉，應於各有關選舉法公布後六個月內完成之。

（五）依憲法產生之國民大會，由國民政府主席召集之。

（六）依憲法產生之首屆立法院，於國民大會閉幕後之第七日自行集會。

（七）依憲法產生之首屆監察院，於國民大會閉幕後由總統召集之。

（八）依憲法產生之國民大會代表，立法委員及監察委員，在第五條規定期限屆滿已選出各達總額三分之二時，得為合法之集會及召集。

（九）制定憲法之國民大會代表，有促成憲法施行之責。其任期至依照憲法選出之國民大會代表集會之日爲止。

（十）憲法通過後，由制定憲法之國民大會代表組織憲政實施促進委員會。其辦法由國民政府定之。●

右列十項，一部分爲施行憲法之程序。一部分爲憲法實施前之過渡辦法。（過渡辦法有附入憲法者如一九一九年德國憲法是）皆憲法初行時期必有之準備與步驟。亦國民大會最重要決議之一也。與此項決議有密切聯帶之關係者，則爲三十六年三月中旬國民黨第六屆中央執行委員會第三次全會會議通過之憲政實施準備案。其內容大致如下：（一）自憲法公布後至下屆國民大會召集日，應以從速擴大政府基礎準備實施憲法爲政治施設之中心。（二）國民政府擴大基礎後，民黨應予完全之支持。（三）民黨與國內和平合法之政黨，應切實合作。（四）現行法令有與人民自由抵觸者，應由政府修正或廢止之。（五）國民政府應依據憲法實施程序，迅速製頒各種有關法規。（六）實行選舉時民黨應與其他和平合法之政黨互相提挈，並協助其競選，以樹民主楷模。（七）依憲法規定對於中央與地方權限應作重新劃分之準備，並逐步予以實施。（八）依憲法規定擬訂省縣自治通則，加速推行地方自治，實行縣長民選。（九）加緊辦理清查戶口及戶籍登記。此案與國民大會所通過之準備程序大致相同，惟補充宣示民

註一　全案見國大會第十九次會議議事日程討論附件中

黨實行政協會所商定改組中央政府之辦法及與各黨派合作共施憲政之決心。

憲政實施之準備程序經國民大會通過及國民政府於三十六年元旦附同憲法一併公布後，立法院即開始草擬各種行憲法規，於同年三月中先後完成國民大會組織法，國民大會代表選舉罷免法，總統副總統選舉罷免法，立法院立法委員選舉罷免法，監察院監察委員選舉罷免法，及行政、立法、司法、考試、監察五院各院組織法，共凡十種，均於三十六年三月三十一日由國民政府明令公布。嗣後立法院以各方對國大代表及立委名額之分配方法，紛紛提出要求，如僑務委員會對於華僑立委選舉區之劃分及名額，提出意見。職業及婦女團體請求增加國大及立委名額。各省立法委員對於各本省選舉區之劃分，亦多修正意見。乃由立法院憲法法規委員會彙合一切意見審查擬具修正方案，於該院六月二十一日第三百二十八次會議，至七月四日第三百三十二次會議，五次大會中分別提出討論，通過修正案㊀同時制定各種選舉施行細則，鄉鎮組織暫行條例，及市組織法之有關行憲部分，亦經修正（如取消公民宣誓規定等）先後送由國民政府公布。以上種種法規，均為備三十六年大選之用者也。選舉法公布後中央即組織選舉總事務所於南京並督促各省區分設選舉事務所七月十日選舉總事務所決議於卅六年十月二十一日至廿三日舉行國大代表選舉投票十二月廿一日至廿三日舉行立法委員選舉投票

在憲法頒布至憲政開始之一年間，國民政府為取得各方之合作，樹立民治之先聲起見，乃依照三中

註一　各種行憲法規全文及其修正各點詳見三十六年七月立法院所出版之行憲法規

全會之決議致力於擴大政府基礎，使各黨各派及社會賢達共同參加組織，以作還政於民之第一步實踐。青年黨及民主社會黨均表示同意，雖其間經過不少波折，但由於政府之不斷努力，改組工作，終得成功。各黨派及社會賢達均參加國民政府委員會（國務會議）、行政院、立法院、國民參政會及憲政協進會。（國民大會代表所組織）至同年四月二十三日，新國府委員正式就職，而國民政府之改組亦告完成。

第八節　五院之組織

五院組織法已於卅六年三月經立法院制定通過，呈由國民政府於同年同月卅一日公布。依照憲法總統及五院，即為中央政府。五院之上，再無任何組織如今之國民政府者。除因院與院間之爭執，總統得召集有關各院院長會商解決外，（憲法第四十四條）亦無國務會議如卅六年四月改組後之國民政府委員所組織者。故就組織之精神言，五院平等獨立，各有其「最高」之職權。就組織之運用言，行政院院長不啻為總統之國務卿，而「行政院會議」則同於國務會議或內閣會議。院長及副院長，均由總統提名，經立法院同意任命。其各部會首長及不管部會之政務委員（五人至七人），則由院長提請總統任命。行政院設內政、外交、國防、財政、教育、司法行政、農林、工商、交通、郵電、勞働、水利、地政、衛生十四部，及資源、蒙藏、僑務三委員會，其組織較在國民政府下之行政院為大。㊀原屬司法院之司法行政部，亦改隸行政院。倣照美國之將司法部(Dep't of Justice)屬諸行政部門而不屬諸法院(Judiciary Dep't)者也。至其機關之增設或裁併，則須經行政院會議，及立法院之議決行之。行政院院長及副院長均無任期之規定，蓋進退之權在總統，隨時可去，故不能有固定之任期。

立法院由民選之立法委員組織，其院長及副院長均由委員互選而出。（憲法第六十六條）委員任期為三年，惟院長及副院長則無任期之規定。依照新組織法，院中設置內政、外交、國防、經濟、財政、預算、教育文化、農林、交通、社會、地政、邊政、僑務、民法、刑法、商法、法制十七委員會。各委員會委員由立法委員分任，並各互選一人為主席。㊁院會須有全體委員三分之一出席始得開議。出席委員過半數之同意始得議決。（憲法特有規定者不在此例）以院長為主席，可否同數則取決於主席。設秘書處掌理議程及紀錄。設編纂處掌理法案之草擬，及法規之編譯等事。惟均不得以立法委員兼任。照此新組織法，則將來之立法院，遠較現在之立法院為龐大。

註一　行政院組織法第三條，及第四條。

註二　立法院組織法第三條，第四條，第五條。

司法院依照憲法設院長副院長各一人，及大法官若干人，均由總統提名，經監察院之同意任命。（憲法第七十九條）掌理各種訴訟之審判，及公務員之懲戒，並有解釋憲法，及統一解釋法律及命令之權。（憲法第七十七條及第七十八條）其司法行政部門，則經改歸行政院。新組織法規定大法官為九人，合組「大法官會議」以行使其解釋憲法及法律命令之權。以院長為主席㊀。法官為終身職，但院長是否亦為法官，則無明文規定；其任期如何，亦無規定。將來恐須費一番解釋。該院分設民事、刑事、行政裁判三庭，及公務員懲誡委員會。故事實上司法院即為一最高法院，如美國之大理院焉。

考試院院長副院長及考試委員之任命方法，與司法院同。新組織法規定考試委員為十一人，其任期為六年。至於院長及副院長之任期，憲法及組織法均無規定。該院職務為「掌理考試、任用、銓敘、考績、級俸、陞遷、保障、褒獎、撫卹、退休、養老等事項」（憲法第八十三條）院長副院長及考試委員十一人合組考試院會議，（此與司法院之大法官會議之組織稍有不同）以院長為主席「統籌有關考試事項」㊁。復設銓敘部及考選處，分掌登記、考核及辦理考選事項。

監察院設監察委員，由各省市議會，蒙藏地方議會及華僑團體分別選出。其名額之分配，亦經憲法規定。（憲法第九十一條）職掌為「行使同意、彈劾、糾舉、及審計權。」（憲法第九十條）院長及副院長均由監察委員互選，方式與立法院相同。委員任期六年。惟院長及副院長則無規定。監察院會議「由院長副院長及監察委員組織之，以

註一　司法院組織法第三條。

註二　考試院組織法第三及第四條。

院長爲主席。」[一]監察委員得「分赴各地，巡迴監察，行使彈劾、糾舉之職權。」（組織法第八條）至關於彈劾及糾舉權之行使方法憲法上有大致之規定。（參閱憲法自九十五條至一百條）茲不贅述。又該院設審計總處以監督預算之執行，核定政府收支命令審核政府之計算及決算等以審計長綜理其事。而審計長則由總統提名，經立法院同意任命。（憲法第一〇四條）方式與行政院院長之任命同。亦所以表示鄭重其事之意也。

根據憲法及五院組織法所規定，吾人可得下列應注意之各點：

一、五院之上已無國民政府，或類似國民政府之總機構。

二、各院在法律上均不對總統負責。（總統對行政司法考試三院院長及副院長雖有提請任命權但無免職或提請免職權）

三、五院院長及副院長雖其產生方法各有不同，[二]惟均無任期之規定。

四、總統與行政院關係較爲密切。

五、立法、監察兩院院長及委員，是由選舉而來，故其地位較爲獨立。

六、司法、考試兩院其職權及地位與在國民政府制度下無大變更，仍是脆弱。

註一　監察院組織法第七條。

註二　照憲法規定，行政院院長由總統提名，立法院同意任命。考試司法兩院院長由總統提名監察院同意任命。立法監察兩院院長則由各該院委員互選。副院長同。

七、各院院長及副院長之產生方法與在國民政府制度下完全不同

八、立法院如有委員全數六分之一又一人之同意可能否決總統所提行政院院長之人選。至監察院之同意權如何行使憲法及組織法均無規定將由該院自定之會議規則中規定 有全數四分之一之同意卽可强制一切決議之執行，或使行政院院長辭職。㊀

第九節　憲政實施時之立法院

立法權之本身原來就具有一種優越性，爲其他各種政府權所不可及者。蓋立法權除憲法特予規定或限制外，實爲一切政府權之泉源。必先有法律而後始有法律之執行、解釋或監察之種種需要與機構之設置。必先有法律而後機關之組織，事權之分配，人事之考核、刑賞陟黜之施行，及政府對內對外政策之表示或決定有所根據。故就此點言謂立法權高於一切亦未嘗不可。唯其如此，故先進民主國家對於立法權之行使往往施以種種限度或衡制。如美國總統有否決國會法律案之權，卽在國會以三分二多數推翻總統之否決時，(overriding a veto) 總統仍得不予公布。故有所謂 pocket veto 者，此一例也。又如英之內閣原爲國會推選而出，然苟遇行政立法兩方政策上有抵觸時，國會固可投票倒閉，而內閣亦可以元

註一　參看立法院組織法第八及第十兩條。憲法第五十七條。

首名義解散國會，舉行大選，以覘民意。此又一例也。再如瑞士之國會，對於行政有完全操縱之權。（瑞士行政係採用委員制，由國會選舉。英儒戴色（A. V. Dicey）嘗謂瑞士之行政委員會爲國會中委員會而已，此論極切事實。）然其人民有直接複決權及創制權。國會所通過一切法律，公布之後，以三個月爲「試行時期」（probationary period）。經過此種時期，如人民不要求複決，（至瑞士憲法之修改，則非經複決不可。）法律始能完全生效。此又一例也。綜是而言，近代國家不論其採用內閣制，或總統制，或委員制，對於立法機構，大都需要一種衡制作用，或保留一種人民直接之監制權，是所以防代議制之流弊，用意深遠，不可忽視者也。

依照吾國三十六年一月公布之憲法，立法院爲直接民選機關，行政院須對立法院負責，而行政院院長由總統提名，經立法院之同意任命。(一) 看來頗類責任內閣制。然行政院不肯執行立法院之決議或法律案時，「總統可移請立法院覆議。」此項規定，又近似總統制。惟「如覆議時經出席委員三分之二維持原案，行政院院長應卽接受，或辭職。」(二) 此則與總統及內閣制均有不符之處。蓋按內閣制根本無須覆議。按總統制則在此場合，行政負責人無須辭職。今立法院已有改組行政院之權，而行政方面却無解散立法院之權。此種片面性的政治力量，不惟總統制國家所無，卽內閣制國家亦所未見也。就此一端，吾人可推想立

註一　憲法第五十條及

註二　憲法第五十七條

法院權力之大。

再就同意權而論，美國國會之上議院(Senate)亦有此權。然美憲係以三權鼎立爲基本原則，行政、立法、司法各有範圍，不得互相侵犯。故總統對閣員之提名，上議院大都循例通過，極少爲難。事實上總統有絕對選擇之自由。若在吾國之立法院，則情形不能盡同。行政應對立法負責，已經憲法明白規定，則行政院院長之能否負責，立法院不惟有權判斷，並且必加多方考慮。而總統之是否信賴其人，反爲無足輕重之問題。如是則總統朝提一人，立法院可以否決，暮提一人，立法院再可以否決。結果非由立法院自舉一人送交總統作形式上之提出，則行政院院長不易產生。是任命行政院院長之權，無異完全操諸立法院。苟遇總統爲中庸之材，勢必無法行使其選擇行政院院長之權，靜坐畫諾而已。

復次，依照立法院組織法之規定，立法院院會以委員總數三分之一爲開會法定人數。以出席委員過半數之同意，可以通過法律、預算、宣戰、媾和、條約、大赦、戒嚴各案，可以決議「移請行政院變更重要政策」，可以行使對行政院院長人選之同意權。出席委員三分二之同意，更可隨時改組行政院，或强其執行任何法律或決議。在此種情形之下，立法院是否能發揮民主精神，不爲少數人所壟斷，亦殊成疑問。吾國今日政黨組織尚未健全，黨員多缺乏政治修養，無論朝黨野黨，在過去均未能充分表現其政治力量與政治作風。將來在手握重權之立法院中，欲求獲取如英美政黨政治之宏效，夫豈易言？誠恐人選複雜，精神渙散，狡點者乘隙而入，有力者負之而趨。則動盪紛擾，政治局面，永難安定。要之行憲後之立法院，總統不能解散，國民大會不能監督。其所通過之法律，或決議，人民不能複決國民大會無權複決，行政方面無法衡制。而其委員之罷免，僅能由各選舉區個別行使。苟非直接影響該區之利害，選民決不涉想至於罷免該區所選之立法委員。故立法院已爲不可解散之議會，立法委員亦將爲至難罷免之議員。必俟三年任滿之後，人民乃得總計其功罪，而定其去留。居不可動搖之地位，行最高至大之權能。苟人選方面，再不愼擇，使非其人而當其任。則前途危險，寧堪設想。必使立法院爲全國一等人才之總匯機關，然後可希望此最高至大之權能不至於濫用。成敗關鍵，在此而已。

第十節　結論

吾國之憲法運動，自淸季迄今四十餘年。民黨執政之後，致力於憲政工作者，亦已十五六年。雖中經八載之抗戰，而朝野傾向民主之精神，迄未少衰。至三十六年一月，此舉國矚望之百年大法，始獲完成公布。爲時之久，用力之多，可謂衝破世界制憲之紀錄。得之甚艱，其護之也必周，其行之也必力。此吾對於吾國憲政之前途，所以於漫漫長夜之餘，而喜其曙光一線之將臨也。然吾聞「徒法不能自行，」於民主國家爲尤然。憲法之能否實行，及其實行之程度如何，固有賴於國民之愛護與遵從。而尤須朝野賢能之領袖爲之竭力倡導，身體力行。必使憲法之尊嚴得以維持，然後憲法之效用乃能彰著。否則告朔餼羊，以憲法爲政治工具。得魚忘筌，視同糞壤。循環迭更，亂無止期。欲納斯民於法治之正軌，是走向反民主之絕路。其結果非吾所敢知矣。吾曩論憲法，嘗引黃黎洲先生之言曰：「夫非法之法，前人不勝其利慾之私以創之。後人或不勝其利慾之私以壞之。壞之者固足以亂天下。其創之者亦未始非害天下者也。」每讀斯言，感喟無極。今之視昔，史實如斯。後之視今，成敗功罪，則有待吾人之自造。爰重錄黃氏之言，以警惕國人，並藉以結束我之憲法史論。

附錄

一 中華民國臨時約法 元年三月十一日公布

第一章 總綱

第一條 中華民國，由中華人民組織之。

第二條 中華民國之主權屬於國民全體。

第三條 中華民國領土爲二十二行省內外蒙古、西藏、青海。

第四條 中華民國，以參議院臨時大總統國務員法院行使其統治權。

第二章 人民

第五條 中華民國人民一律平等，無種族，階級，宗教之區別。

第六條 人民得享有左列各項之自由權：

一 人民之身體，非依法律，不得逮捕，拘禁審問處罰。

二 人民之家宅，非依法律不得侵入或搜索。

三 人民有保有財產及營業之自由。

四　人民有言論，著作，刊行，及集會，結社之自由。

五　人民有書信秘密之自由。

六　人民有居住遷徙之自由。

七　人民有信教之自由。

第七條　人民有請願於議會之權。

第八條　人民有陳訴於行政官署之權。

第九條　人民有訴訟於法院，受其審判之權。

第一〇條　人民對於官吏違法損害權利之行爲，有陳訴於平政院之權。

第一一條　人民有應任官考試之權。

第一二條　人民有選舉及被選舉之權。

第一三條　人民依法律有納稅之義務。

第一四條　人民依法律有服兵之義務。

第一五條　本章所載人民之利權，有認爲增進公益維持治安或非常緊急必要時，得依法律限制之。

第三章　參議院

第一六條　中華民國之立法權，以參議院行之。

第一七條　參議院以第十八條所定各地方所選派之參議員組織之。

第一八條　參議員每行省，內蒙古，外蒙古，西藏各選派五人，青海選派一人；其選派方法，由各地方自定之。參議院會議時，每參議員有一表決權。

第一九條　參議院之職權如左：

一　議決一切法律案。

二　議決臨時政府之預算決算。

三　議決全國之稅法，幣制及度量衡之準則。

四　議決公債之募集，及國庫有負擔之契約。

五　承諾第三十四條、三十五條、四十條事件。

六　答覆臨時政府諮詢事件。

七　受理人民之請願。

八　得以關於法律及其他事件之意見，建議於政府。

九　得提出質問書於國務員，並要求其出席答復。

十　得咨請臨時政府查辦官吏納賄違法事件。

十一　參議院對於臨時大總統，認為有謀叛行為時，得以總員五分四以上之出席，出席員四分三以上之可決彈劾之。

十二　參議院對於國務員，認為失職或違法時，得以總員四分三以上之出席，出席員三分二以上之可決彈劾之。

第二〇條　參議院得自行集會開會閉會。

第二一條　參議院之會議，須公開之；但有國務員之要求，或出席參議員過半數之可決者，得秘密之。

第二二條　參議院議決事件，咨由臨時大總統公布施行。

第二三條　臨時大總統對於參議院議決事件，有否認時，得於咨達後十日內聲明理由，咨院覆議。但參議院對於覆議事件，如有到會參議員三分二以上，仍執前議時，仍照第二十二條辦理。

第二四條　參議院議長由參議員用記名投票法互選之，以得票滿投票總數之半者爲當選。

第二五條　參議院參議員於院內之言論及表決，對於院外不負責任。

第二六條　參議院議員除現行犯，及關於內亂外患之犯罪外，會期中非得本院許可，不得逮捕。

第二七條　參議院法，由參議院自定之。

第二八條　參議院以國會成立之日解散，其職權由國會行之。

第四章　臨時大總統副總統

第二九條　臨時大總統、副總統，由參議院選舉之；以總員四分三以上之出席，得票滿投票總數三分二以上者爲當選。

第三〇條　臨時大總統代表臨時政府，總攬政務，公布法律。

第三一條　臨時大總統爲執行法律，或基於法律之委任，得發布命令；並得使發布之。

第三二條　臨時大總統統帥全國海陸軍隊。

第三三條　臨時大總統，得制定官制官規但須提交參議院議決。
第三四條　臨時大總統任免文武職員但任命國務員、及外交大使公使，須得參議院之同意。
第三五條　臨時大總統，經參議院之同意，得宣戰、媾和及締結條約。
第三六條　臨時大總統，得依法律宣告戒嚴。
第三七條　臨時大總統，代表全國，接受外國之大使公使。
第三八條　臨時大總統，得提出法律案於參議院。
第三九條　臨時大總統，得頒給勳章並其他榮典。
第四〇條　臨時大總統，得宣告大赦特赦減刑復權；但大赦須經參議院之同意。
第四一條　臨時大總統受參議院彈劾後，由最高法院全院審判官互選九人，組織特別法庭審判之。
第四二條　臨時副總統，於臨時大總統因故去職，或不能視事時，得代行其職權。

第五章　國務員

第四三條　國務總理及各總長，均稱爲國務員。
第四四條　國務員輔佐臨時大總統，負其責任。
第四五條　國務員於臨時大總統提出法律案，公布法律，及發布命令時，須副署之。
第四六條　國務員及其委員，得於參議院出席及發言。
第四七條　國務員受參議院彈劾後，大總統應免其職；但得交參議院覆議一次。

第六章　法院

第四八條　法院以臨時大總統，及司法總長，分別任命之法官組織之。

法院之編制，及法官之資格，以法律定之。

第四九條　法院依法律審判民事訴訟，及刑事訴訟。

但關於行政訴訟，及其他特別訴訟，別以法律定之。

第五〇條　法院之審判，須公開之；但有認爲妨害安寧秩序者，得秘密之。

第五一條　法官獨立審判，不受上級官廳之干涉。

第五二條　法官在任中，不得減俸或轉職，非依法律受刑罰宣告，或應免職之懲戒處分，不得解職；懲戒條規，以法律定之。

第七章　附則

第五三條　本約法施行後，限十個月內，由臨時大總統召集國會。其國會之組織及選舉法，由參議院定之。

第五四條　中華民國之憲法，由國會制定；憲法未施行以前，本約法之效力與憲法等。

第五五條　本約法由參議院議員三分二以上，或臨時大總統之提議，經議員五分四以上之出席，出席員四分三之可決，得增修之。

第五六條　本約法自公布之日施行；臨時政府組織大綱，於本約法施行之日廢止。

二　中華民國約法　本法於三年五月一日公布至五年八月廿九日廢止

第一章　國家

第一條　中華民國由中華人民組織之。

第二條　中華民國之主權本於國民之全體。

第三條　中華民國之領土依從前帝國所有之疆域。

第二章　人民

第四條　中華民國人民，無種族，階級，宗教之區別法律上均爲平等。

第五條　人民享有左列各款之自由權：

一　人民之身體，非依法律，不得逮捕、拘禁、審問、處罰。

二　人民之家宅，非依法律不得侵入，或搜索。

三　人民於法律範圍內，有保有財產及營業之自由。

四　人民於法律範圍內，有言論著作、刊行、及集會、結社之自由。

五　人民於法律範圍內，有書信秘密之自由。

六　人民於法律範圍內，有居住遷徙之自由。

七　人民於法律範圍內，有信教之自由。

第六條　人民依法律所定，有請願於立法院之權。
第七條　人民依法律所定，有訴訟於法院之權。
第八條　人民依法律所定，有請願於行政官署，及陳訴於平政院之權。
第九條　人民依法律所定，有應任官考試從事公務之權。
第一〇條　人民依法律所定，有選舉及被選舉之權。
第一一條　人民依法律所定，有納稅之義務。
第一二條　人民依法律所定，有服兵役之義務。
第一三條　本章之規定，與陸海軍法令及紀律不相抵觸者，軍人適用之。

第三章　大總統

第一四條　大總統爲國之元首，總攬統治權。
第一五條　大總統代表中華民國。
第一六條　大總統對國民之全體負責任。
第一七條　大總統召集立法院，宣告開會、停會、閉會。大總統與參政院之同意，解散立法院；但須自解散之日起，六個月以內，選舉新議員，幷召集之。
第一八條　大總統提出法律案，及預算案於立法院。
第一九條　大總統爲增進公益，或執行法律，或基於法律委任發布命令，幷得使發布之；但不得以命令變更法律。

第二〇條　大總統爲維持公安，或防禦非常災害，事機緊急，不能召集立法院時，經參政院之同意，得發布與法律有同等效力之敎令；但須於次期立法院開會之始，請求追認。

前項敎令立法院否認時，嗣後即失其效力。

第二一條　大總統制定官制、官規。　大總統任免文武職官。

第二二條　大總統宣告開戰、媾和。

第二三條　大總統爲陸海軍大元帥，統率全國陸海軍。　大總統爲陸海軍之編制，及兵額。

第二四條　大總統接受外國大使公使。

第二五條　大總統締結條約但變更領土或增加人民負擔之條欵，須經立法院之同意。

第二六條　大總統依法律宣告戒嚴。

第二七條　大總統頒給爵位勳章，并其他榮典。

第二八條　大總統宣告大赦減刑復權，但大赦須經立法院之同意。

第二九條　大總統因故去職，或不能視事時，副總統代行其職權。

第四章　立法

第三〇條　立法以人民選舉之議員組織立法院行之。立法院之組織，及議員選舉方法，由約法會議議決之。

第三一條　立法院之職權如左：

一　議決法律。

二　議決預算。

三、議決或承諾關於公債募集，及國庫負擔之條件。

四　答覆大總統諮詢事件。

五　收受人民請願事件。

六　提出法律案。

七　提出關於法律，及其他事件之意見建議於大總統。

八　提出關於政治上之疑義，要求大總統答覆；但大總統認爲須秘密者，得不答覆之。

九　對於大總統有謀叛行爲時，總議員五分四以上之出席議員四分三以上之可決，提起彈劾之訴訟於大理院。

前項第一條至第八欵，及第二十條，第二十五條，第二十八條，第五十五條，第五十七條事件，其表決以出席議員過半數之同意行之。

第三二條　立法院每年召集之會期，以四個月，得於閉會期內召集臨時會。

第三三條　立法院之會議，須公開；但經大總統之要求，或出席議員過半數之可決時，得秘密之。

第三四條　立法院議決之法律案，由大總統公布施行。

立法院議決之法律案，由大總統否認時，聲明理由，交院覆議；如立法院出席議員三分以上仍執前議，而大總統認爲於內治外交有重大危害，或執行有重大障礙時，經參政院之同意，得不公布之。

第三五條　立法院議長副議長由議員互選之以得票過投票總數之半者爲當選。

第三六條　立法院議員於院內之言論及表決對於院外不負責任。

第三七條　立法院議員除現行犯及關於內亂外患之犯罪外會期中非經立法院許可，不得逮捕。

第三八條　立法院法，由立法院自定之。

第五章　行政

第三九條　行政以大總統爲首長置國務卿一人贊襄之。

第四〇條　行政事務置外交、內務、財政、陸軍、海軍、司法、教育、農商、交通、各部分掌之。

第四一條　各部總長依法律命令，執行主管行政事務。

第四二條　國務卿各部總長及特派員，代表大總統出席立法院發言。

第四三條　國務卿各部總長有違法行爲時，受肅政廳之糾彈，及平政院之審理。

第六章　司法

第四四條　司法以大總統任命之法官組織法院行之。

法院之編制，及法官之資格以法律定之。

第四五條　法院依法律獨立審判民事訴訟但關於行政訴訟，及其他特別訴訟，各依其本法之規定行之。

第四六條　大理院對於第三十一條第九款之彈劾事件，其審判程序別以法律定之。

第四七條　法院之審判須公開之但認爲有妨害安寧秩序，或善良風俗者，得秘密之。

第四八條　法官在任中不得減俸或轉職；非依法律受刑罰之宣告，或應免職之懲戒處分，不得解職。懲戒條規以法律定之。

第七章　參政院

第四九條　參政院應大總統之諮詢，審議重要政務。參政院之組織，由約法會議議決之。

第八章　會計

第五〇條　新課租稅，及變更稅率，以法律定之。現行租稅未經法律變更者，仍舊徵收。

第五一條　國家歲出歲入，每年度依立法院所議之預算行之。

第五二條　因特別事件，得於預算案內預定年限設繼續費。

第五三條　爲備預算不足，或於預算以外之支出，須於預算內設預算費。

第五四條　左列各款之支出，非經大總統之同意，不得廢除，或裁減之：

一　法律上屬於國家之義務者。

二　法律之規定所必需者。

三　履行條約所必需者。

四　陸海軍編制所必需者。

第五五條　爲國際戰爭或戡定內亂，及其他非常事變，不能召集立法院時，大總統經參政院之同意，得爲財政緊急處分；但須於次期立法院開會之始請求追認。

第五六條　預算不成立時，執行前年度預算；會計年度既開始，預算尚未議定之時同。

第五七條　國家歲出歲入之決算，每年經審計院審定後由大總統提出報告書於立法院請求承諾。

第五八條　審計院之編制，由約法會議議決之。

第九章　制定憲法程序

第五九條　中華民國憲法案由憲法起草委員會起草。憲法起草委員會，以參政院所推舉之委員組織之，其人數以十名爲限。

第六〇條　中華民國憲法案由參政院審定之。

第六一條　中華民國憲法案經參政院審定後，由大總統提出於國民會議決定之。國民會議之組織，由約法會議議決之。

第六二條　國民會議由大總統召集並解散之。

第六三條　中華民國憲法，由大總統公布之。

第十章　附則

第六四條　中華民國憲法未施行以前，本約法之效力與憲法等。約法施行前之現行法令，與本約法不相抵觸者，得有其效力。

第六五條　中華民國元年二月十二日所宣布之大清皇帝辭位後優待條件，淸皇族待遇條件，滿、蒙、回、藏各族待遇條件，永不變更其效力。

其與待遇條件有關係之蒙古待遇條例，仍繼續保有其效力，非依法律，不得變更之。

第六六條　本約法由立法院議員三分二以上，或大總統提議增修，經立法院議員五分四以上之出席，出席議員四分三以上之可決時，由大總統召集約法會議增修之。

第六七條　立法院未成立以前，以參政院代行其職權。

第六八條　本約法自公布之日施行，民國元年三月十一日公布之臨時約法，於本約法施行之日廢止。

三　中華民國軍政府組織大綱　六年八月三十一日國會非常會議通過公布

第一條　中華民國為戡定叛亂，恢復臨時約法，特組織中華民國軍政府。

第二條　軍政府設大元帥一人，元帥三人，由國會非常會議分次選舉之，以得票過投票總數之半者為當選。

第三條　臨時約法之效力未完全恢復以前，中華民國之行政權由大元帥行之。

第四條　大元帥對外代表中華民國。

第五條　大元帥有事故不能視事時，由首次選出之元帥代行其職權。

第六條　元帥協助大元帥籌商政務，元帥得兼任其他職務。

第七條　軍政府設立各部如左：

一　外交部。

二　內政部。

三　財政部。

四　陸軍部。

五　海軍部。

六　交通部。

第八條　各部設總長一人，由國會非常會議分別選出，咨請大元帥特任之；前項選舉，以得票過投票總數之半者爲當選，但遇總長缺位，未經選舉以前，大元帥得爲署理之任命。

第九條　各部總長，輔助大元帥執行職務。

第一〇條　元帥府，及各部之組織，以條例定之。

第一一條　軍政府設都督若干員，以各省督軍贊助軍政府者任之；凡有舉全省兵力宣布與非法政府斷絕關係者，依前條之規定。

第一二條　本大綱至臨時約法之效力完全恢復，國會及大總統之職權完全行使時廢止。

第一三條　本大綱自宣布之日施行。

四　中華民國十二年憲法　民國十二年十月十日頒布

中華民國憲法會議爲發揚國光，鞏固國圉，增進社會福利，擁護人道尊嚴，制兹憲法，宣告全國，永矢咸遵，垂之無極。

第一章　國體

第一條　中華民國為永遠統一民主國。

第二章　主權

第二條　中華民國主權，屬於國民全體。

第三章　國土

第三條　中華民國國土，依其固有之疆域。

國土及其區劃，非以法律，不得變更之。

第四章　國民

第四條　凡依法律所定屬中華民國國籍者，為中華民國人民。

第五條　中華民國人民，於法律上無種族階級宗教之別，均為平等。

第六條　中華民國人民，非依法律不受逮捕監禁審問，或處罰。

人民被羈押時，得依法律以保護狀請求法院提至法庭，審查其理由。

第七條　中華民國人民之住居，非依法律，不受侵入或搜索。

第八條　中華民國人民通信之秘密，非依法律不受侵犯。

第九條　中華民國人民，有選擇住居及職業之自由，非依法律，不受制限。

第一〇條　中華民國人民，有集會結社之自由，非依法律，不受制限。

第一一條　中華民國人民，有言論著作及刊行之自由，非依法律，不受制限。

第一二條　中華民國人民，有尊崇孔子及信仰宗教之自由，非依法律，不受制限。

第一三條　中華民國人民之財產所有權，不受侵犯。但公益上必要之處分，依法律之所定。

第一四條　中華民國人民之自由權，除本章規定外，凡無背於憲政原則者，皆承認之。

第一五條　中華民國人民依法律有訴訟於法院之權。

第一六條　中華民國人民，依法律有請願及陳訴之權。

第一七條　中華民國人民，依法律有選舉及被選舉權。

第一八條　中華民國人民，依法律有從事公職之權。

第一九條　中華民國人民，依法律有納租稅之義務。

第二〇條　中華民國人民，依法律有服兵役之義務。

第二一條　中華民國人民依法律有受初等教育之義務。

第五章　國權

第二二條　中華民國之國權，屬於國家事項，依本憲法之規定行使之；屬於地方事項，依本憲法及各省自治之規定行使之。

第二三條　左列事項，由國家立法並執行之。

一　外交。

二　國防。

三　國籍法。

四　刑事、民事、及商事之法律。

五　監獄制度。

六　度量衡。

七　幣制及國立銀行。

八　關稅、鹽稅、印花稅、煙酒稅、其他消費稅，及全國稅率應行劃一之租稅。

九　郵政、電報、及航空。

十　國有鐵道及國道。

十一　國有財產。

十二　國債。

十三　專賣及特許。

十四　國家文武官吏之銓試、任用、糾察、及保障。

十五　其他依本憲法所定屬於國家之事項。

第二四條　左列事項由國家立法並執行，或令地方執行之。

一　農工礦業及森林。

二　學制。

三　銀行及交易所制度。
四　航政及沿海漁業。
五　兩省以上之水利及河道。
六　市制通則。
七　公用徵收。
八　全國戶口調查及統計。
九　移民及墾植。
十　警察制度。
十一　公共衛生。
十二　救卹及遊民管理。
十三　有關文化之古籍、古物、及古蹟之保存。
上列各欵，省於不抵觸國家法律範圍內，得制定單行法。本條所列第一、第四、第十、第十一、第十二、第十三各欵，在國家未立法以前，省得行使其立法權。

第二五條　左列事項，由省立法並執行，或令縣執行之。
一　省教育，實業及交通。
二　省財產之經營處分。

三　省市政。
四　省水利及工程。
五　田賦、契稅及其他省稅。
六　省債。
七　省銀行。
八　省警察及保安事項。
九　省慈善及公益事項。
十　下級自治。
十一　其他依國家法律賦予事項。
前項所定各款有涉及二省以上者，除法律別有規定外得共同辦理。其經費不足時，經國會議決由國庫補助之。
第二六條　除第二十三條第二十四條第二十五條列舉事項外，如有未列舉事項發生時，其性質關係國家者屬之國家；關係各省者屬之各省。遇有爭議，由最高法院裁決之。
第二七條　國家對於各省課稅之種類及其徵收方法，為免左列諸弊或因維持公共利益之必要時，得以法律限制之。
一　妨害國家收入或通商。
二　二重課稅。

三　對於公共道路或其他交通設施之利用，課以過重或妨礙交通之規費。

四　各省及各地方間因保護其產物，對於輸入商品為不利益之課稅。

五　各省及各地方間物品通過之課稅。

第二八條　省法律與國家法律抵觸者無效。

省法律與國家法律發生抵觸之疑義時，由最高法院解釋之。

前項解釋之規定，於省自治法抵觸國家法律時得適用之。

第二九條　國家預算不敷或因財政緊急處分經國會議決，得比較各省歲收額數，用累進率分配其負擔。

第三〇條　財力不足或遇非常災變之地方，經國會議決，得由國庫補助之。

第三一條　省與省爭議事件，由參議院裁決之。

第三二條　國軍之組織，以義務民兵制為基礎。各省除執行兵役法所規定之事項外，平時不負其他軍事上之義務

義務民役，依全國徵募區分期召集訓練之。但常備軍之駐在地，以國防地帶為限。

國家軍備費，不得逾歲出四分之一。但對外戰爭時，不在此限。

國軍之數額，由國會議定之。

第三三條　省不得締結有關政治之盟約。

省不得有妨害他省或其他地方利益之行為。

第三四條　省不得自置常備軍，並不得設立軍官學校及軍械製造廠。

第三五條　省因不履行國法上之義務，經政府告誡仍不服從者，得以國家權力强制之。
前項之處置，經國會否認時，應中止之。
第三六條　省有以武力相侵犯者，政府得依前條之規定制止之。
第三七條　國體發生變動或憲法上根本組織被破壞時，省應聯合維持憲法上規定之組織，至原狀回復爲止。
第三八條　本章關於省之規定，未設省已設縣之地方均適用之。

第六章　國會

第三九條　中華民國之立法權，由國會行之。
第四〇條　國會以參議院衆議院構成之。
第四一條　參議院以法定最高級地方議會及其他選舉團體選出之議員組織之。
第四二條　衆議院以各選舉區比列人口選出之議員組織之。
第四三條　兩院議員之選舉，以法律定之。
第四四條　無論何人，不得同時爲兩院議員。
第四五條　兩院議員，不得兼任文武官吏。
第四六條　兩院議員之資格各院得自行審定之。
第四七條　參議院議員任期六年，每二年改選三分之一。
第四八條　衆議院議員任期三年。

第四九條　第四十七條第四十八條議員之職務，應俟次屆選舉完成依法開會之前一日解除之。

第五〇條　兩院各設議長副議長一人，由兩院議員互選之。

第五一條　國會自行集會、開會、閉會，但臨時會於有左列情事之一時行之。

一　兩院議員各有三分之一以上聯名通告。

二　大總統之牒集。

第五二條　國會常會，於每年八月一日開會。

第五三條　國會常會會期爲四個月，得延長之，但不得逾常會會期。

第五四條　國會之開會、閉會，兩院同時行之。

一院停會時，他院同時休會。

衆議員解散時，參議院同時休會。

第五五條　國會之議事，兩院各別行之。

同一議案，不得同時提出於兩院。

第五六條　兩院非各有議員總數過半數之列席，不得開議。

第五七條　兩院之議事，以列席議員過半數之同意決之，可否同數，取決於議長。

第五八條　國會之議定，以兩院之一致成之。

第五九條　兩院之議事公開之，但得以政府之請求或院議秘密之。

第六〇條　衆議院認大總統副總統有謀叛行爲時，得以議員總數三分二以上之列席，列席員三分二以上同意彈劾之。

第六一條　衆議員認國務員有違法行爲時，得以列席員三分二以上之同意彈劾之。

第六二條　衆議員對於國務員得爲不信任之決議。

第六三條　衆議院審判被彈劾之大總統、副總統，及國務員。

前項審判，非以列席員三分二以上之同意，不得判決爲有罪或違法。

判決大總統副總統有罪時，應黜其職。其罪之處刑由最高法院定之。

判決國務員違法時，應黜其職，並得奪其公權，如有餘罪，付法院審判之。

第六四條　兩院對於官吏違法或失職行爲，各得咨請政府查辦之。

第六五條　兩院各得建議於政府。

第六六條　兩院各得受理國民之請願。

第六七條　兩院議員得提出質問書於國務員，或請求其到院質問之。

第六八條　兩院議員於院內之言論及表決，對於院外不負責任。

第六九條　兩院議員在會期中除現行犯外，非得各本院許可不得逮捕或監視。

兩院議員因現行犯被捕時，政府應即將理由報告於各本院，但各本院得以院議要求於會期內暫行停止訴訟之進行，將被捕議員，交回各本院。

第七〇條　兩院議員之歲費及其他公費，以法律定之。

第七章　大總統

第七一條　中華民國之行政權由大總統以國務員之贊襄行之。

第七二條　中華民國人民完全享有公權年滿四十歲以上並居住國內滿十年以上者，得被選舉爲大總統。

第七三條　大總統由國會議員組織總統選舉會選舉之。

前項選舉，以選舉人總數三分二以上之列席，用無記名投票行之。得票滿投票人數四分三者爲當選。但兩次投票無人當選時，就第二次得票較多者二人決選之，以得票過投票人數之半者爲當選。

第七四條　總統任期五年，如再被選，得連任一次。

大總統任滿前三個月，國會議員須自行集會，組織總統選舉會，行次任大總統之選舉。

第七五條　大總統就職時，須爲左列之宣誓。

余誓以至誠，遵守憲法，執行大總統之職務。謹誓。

第七六條　大總統缺位時，由副總統繼任，至本任大總統期滿之日止。

大總統因故不能執行職務時，以副總統代理之。

副總統同時缺位，由國務員攝行其職務，同時國會議會於三個月內自行集會組織總統選舉會，行次任大總統之選舉。

第七七條　大總統應於任滿之日解職。如屆期次任大總統尚未選出，或選出後尚未就職，次任副總統亦不能代理時，由國務員攝行其職務。

第七八條　副總統之選舉、依選舉大總統之規定，與大總統之選舉同時行之。但副總統缺位時應補選之。

第七九條　大總統公布法律，並監督確保其執行。

第八〇條　大總統爲執行法律或依法律之委任，得發布命令。

第八一條　大總統任免文武官吏。但憲法及法律有特別規定者，依其規定。

第八二條　大總統爲民國陸海軍大元帥統帥，陸海軍之編制，以法律定之。

第八三條　大總統對於外國，爲民國之代表。

第八四條　大總統經國會之同意，得宣戰。但防禦外國攻擊時，得於宣戰後請求國會追認。

第八五條　大總統締結條約，但媾和及關係立法事項之條約，非經國會同意，不生效力。

第八六條　大總統依法律得宣告戒嚴，但國會認爲無戒嚴之必要時，應即爲解嚴之宣告。

第八七條　大總統經最高法庭之同意，得宣告免刑及復權，但對於彈劾事件之判決，非經參議員同意，不得爲復權之宣告。

第八八條　大總統得停止衆議員或參議員之會議，但每一會期停會，不得逾二次，每次時間不得逾十日。

第八九條　大總統於國務員受不信任之決議時，非免國務員之職，即解散衆議院。但解散衆議院須經參議院之同意。

原國務員在職中或同一會期，不得爲第二次之解散。

大總統解散衆議院時，應即令行選舉，於五個月內定期繼續開會。

第九〇條　大總統除叛逆罪外，非解職後，不受刑事上之訴究。

第九一條　大總統副總統之歲費，以法律定之。

第八章　國務院

第九二條　國務院以國務員組織之。

第九三條　國務總理及各部總長均爲國務員。

第九四條　國務總理之任命，須經衆議院之同意。

國務總理於國會閉會期內出缺時，大總統得爲署理之任命。但繼任之國務總理，須於次期國會開會後七日內提出衆議院同意。

第九五條　國務員贊襄大總統，對於衆議院負責任。

大總統所發命令及其他關係國務之文書，非經國務員之副署，不生效力。但任免國務總理，不在此限。

第九六條　國務員得於兩院列席及發言，但爲說明政府提案時，得以委員代理。

第九章　法院

第九七條　中華民國之司法權，由法院行之。

第九八條　法院之編制及法官之資格，以法律定之。

最高法院院長之任命，須經參議院之同意。

第九九條　法院依法律受理民事刑事行政及其他一切訴訟。但憲法及法律有特別規定者，不在此限。

第一〇〇條　法院之審判，公開之，但認爲妨害公安或有關風化者，得秘密之。

第一〇一條　法官獨立審判，無論何人，不得干涉之。

第一〇二條　法官在任中，非依法律，不得減俸停職或轉職。

法官在任中，非受刑法宣告或懲戒處分，不得免職。但改定法院編制及法官資格時，不在此限。

法官之懲戒處分，以法律定之。

第十章　法律

第一〇三條　兩院議員及政府，各得提出法律案。但經一院否決者，於同一會期，不得再行提出。

第一〇四條　國會議定之法律案，大總統須於送達後十五日內公布之。

第一〇五條　國會議定之法律案，大總統如有異議時，得於公布期內聲明理由，請求國會復議。如兩院仍執前議時，應即公布之。

未經請求覆議之法律案，逾公布期限即成爲法律。但公布期滿，在國會閉會或衆議院解散後者，不在此限。

第一〇六條　法律非以法律，不得變更或廢止之。

第一〇七條　國會議定之決議案交覆議時，適用法律案之規定。

第一〇八條　法律與憲法抵觸者無效。

第十一章　會計

第一〇九條　新課租稅及變更稅率，以法律定之。

第一一〇條　募集國債及締結增加國庫負擔之契約，須經國會議定。

第一一一條　凡直接有關國民負擔之財政案，衆議院有先議權。

第一一二條　國家歲出歲入每年由政府編成預算案，於國會開會後十五日內，先提出於衆議院。

參議院對於衆議院議決之預算案修正或否決時，須求衆議院之同意。如不得同意，原議決案即成爲預算。

第一一三條　政府因特別事業得於預算案內預定年限設繼續費。

第一一四條　政府爲備預算不足或預算所未及，得於預算案內設預備費。

預備費之支出，須於次會期請求衆議院承認。

第一一五條　左列各款支出，非經政府同意，國會不得廢除或削減之。

一　法律上屬於國家之義務者。

二　履行條約所必需者。

三　法律之規定所必需者。

四　繼續費。

第一一六條　國會對於預算表，不得爲歲出之增加。

第一一七條　會計年度開始預算未成立時，政府每月依前年度預算十二分之一施行。

第一一八條　爲對外防禦戰爭，或戡定內亂，救濟非常災變，時機緊急，不能牒集國會時，政府得爲財政緊急處分。但須於次期國會開會後七日內，請求衆議院追認。

第一一九條　國家歲出之支付命令，須先經審計院之核准。

第一二〇條　國家歲出歲入之決算案，每年經審計院審定，由政府報告於國會。
衆議院對於決算案或追認案否認時，國務員應負其責。

第一二一條　審計院之組織及審計員之資格，以法律定之。
審計員在任中，非依法律，不得減俸停職或轉職。
審計員之懲戒處分，以法律定之。

第一二二條　審計院院長由參議院選舉之。
審計院院長關於決算報告，得於兩院列席及發言。

第一二三條　國會議定之預算及追認案，大總統應於送達後公布之。

第十二章　地方制度

第一二四條　地方劃分爲省縣兩級。

第一二五條　省依本憲法第五章第二十二條之規定，得自制定省自治法，但不得與本憲法及國家法律相抵觸。

第一二六條　省自治法由省議會，縣議會，及全省各法定之職業團體選出之代表組織省自治法會議制定之。
前項代表，除由縣議會各選出一人外，由省議會選出者不得逾由縣議會所選出代表總額之半數。其由各法定之職業團體選出者亦同。但由省議會縣議會選出之代表，不以各該議會之議員爲限。其選舉法由省法律定之。

第一二七條　左列各規定，各省均適用之。

一　省設省議會，爲單一制之代議機關，其議員依直接選舉方法選出之。

二　省設省務院，執行省自治行政，以省民直接選舉之省務員五人至九人組織之，任期四年。在未能直接選舉以前，得適用前條之規定，組織選舉會選舉之。

但現役軍人，非解職一年後，不得被選。

三　省務院設院長一人，由省務員互選之。

四　住居省內一年以上之中華民國人民，於省之法律上一律平等，完全享有公民權利。

第一二八條　左列各規定，各縣均適用之。

一　縣設縣議會，於縣以內之自治事項，有立法權。

二　縣設縣長，由縣民直接選舉之，依縣參事會之贊襄，執行縣自治行政。但司法尚未獨立及下級自治尚未完成以前，不適用之。

三　縣於負擔省稅總額內有保留權，但不得逾總額十分之四。

四　縣有財產及自治經費，省政府不得處分之。

五　縣因天災事變或自治經費不足時，得請求省務院經省議會議決，由省庫補助之。

六　縣有奉行國家法令及省法令之義務。

第一二九條　省稅與縣稅之劃分，由省議會議決之。

第一三〇條　省不得對於一縣或數縣施行特別法律，但關係一省共同利害者，不在此限。

第一三一條　縣之自治事項，有完全執行權，除省法律規定懲戒處分外，省不得干涉之。

第一三二條　省及縣以內之國家行政，除由國家分置官吏執行外，得委任省縣自治行政機關執行之。

第一三三條　省縣自治行政機關，執行國家行政，有違背法令時，國家得依法律之規定懲戒之。

第一三四條　未設省已設縣之地方，適用本章之規定。

第一三五條　內外蒙古、西藏、青海，因地方人民之公意，得劃分為省縣兩級，適用本章各規定，但未設省縣以前其行政制度以法律定之。

第十三章　憲法之修正解釋及效力

第一三六條　國會得為修正憲法之發議。

前項發議非兩院各有列席員三分二以上之同意，不得成立。

兩院議員，非有各本院議員總額四分之一以上之連署，不得為修正憲法之提議。

第一三七條　憲法之修正，由憲法會議行之。

第一三八條　國體不得為修正之議題。

第一三九條　憲法有疑義時，由憲法會議解釋之。

第一四〇條　憲法會議，由國會議員組織之。

前項會議，非總員三分二以上之列席，不得開議；非列席員四分三以上之同意，不得議決。但關於疑義之解釋得以列席員三分二以上之同意決之。

第一四一條　憲法非依本章所規定之修正程序，無論經何種事變，永不失其效力。

五　國民政府建國大綱 十三年一月民黨總理孫中山先生擬定

一　國民政府本革命之三民主義五權憲法以建設中華民國。

二　建設之首要在民生。故對於全國人民之食、衣、住、行四大需要，政府當與人民協力共謀農業之發展，以足民食；共謀織造之發展，以裕民衣；建築大計劃之各式屋舍，以樂民居；修治道路運河，以利民行。

三　其次為民權。故對於人民之政治知識能力，政府當訓導之，以行使其選舉權，行使其罷官權，行使其創制權，行使其複決權。

四　其三為民族。故對於國內之弱小民族，政府當扶植之，使之能自決自治；對於國外之侵略強權，政府當抵禦之，並同時修改各國條約，以恢復我國際平等國家獨立。

五　建設之程序分為三期：一曰軍政時期，二曰訓政時期，三曰憲政時期。

六　在軍政時期，一切制度，悉隸於軍政之下，政府一面用兵力以掃除國內之障礙，一面宣傳主義以開化全國之人心，而促進國家之統一。

七　凡一省完全底定之日，則為訓政開始之時，而軍政停止之日。

八　在訓政時期，政府當派曾經訓練考試合格之員，到各縣協助人民籌備自治，其程度以全縣人口調查清楚，全縣土地測量完竣，全縣警衛辦理妥善，四境縱横之道路修築成功，而其人民曾受四權使用之訓練，而完畢其國民之義務，誓行革命之主義者，得選舉縣官，以執行一縣之政事，得選舉議員，以議立一縣之法律，始成爲一完全自治之縣。

九　一完全自治之縣，其國民有直接選舉官員之權，有直接罷免官員之權，有直接創制法律之權，有直接複決法律之權。

十　每縣開創自治之時，必須先規定全縣私有土地之價，其法由地主自報之，地方政府則照價徵税，並可隨時照價收買，自此次報價之後，若土地因政治之改良，社會之進步而增價者，則其利益當爲全縣人民所共享，而原主不得而私之。

十一　土地之歲收，地價之增益，公地之生產，山林川澤之息，鑛產水力之利，皆爲地方政府之所有，而用以經營地方人民之事業，及育幼、養老、濟貧、救災、醫病、與夫種種公共之需。

十二　各縣之天然富源與及大規模之工商事業，本縣之資力不能發展與興辦，而須外資乃能經營者，當由中央政府爲之協助，而所獲之純利，中央與地方政府各占其半。

十三　各縣對於中央政府之負擔，當以每縣之歲收百分之幾爲中央歲費，每年由國民代表定之，其限度不得少於百分之十，不得加於百分之五十。

十四　每縣地方自治政府成立之後，得選國民代表一員，以組織代表會，參預中央政事。

十五　凡候選及任命官員，無論中央與地方，皆須經中央考試銓定資格者乃可。

十六　凡一省全數之縣，皆達完全自治者，則爲憲政開始時期，國民代表會得選舉省長，爲本省自治之監督，至於該省內之國家行政，則省長受中央之指揮。

十七　在此時期，中央與省之權限，采均權制度，凡事務有全國一致之性質者，劃歸中央，有因地制宜之性質者，劃歸地方，不偏於中央集權或地方分權。

十八　縣爲自治之單位，省立於中央與縣之間，以收聯絡之效。

十九　在憲政開始時期，中央政府當完成設立五院，以試行五種之治，其序列如下，曰行政院、曰立法院、曰司法院、曰考試院，曰監察院。

二十　行政院暫設如下各部：一內政部、二外交部、三軍政部、四財政部、五農礦部、六工商部、七教育部、八交通部。

二十一　憲法未頒佈以前，各院長皆歸總統任免而督率之。

二十二　憲法草案當本於建國大綱及訓政憲政兩時期之成績，由立法院議訂，隨時宣傳於民衆，以備到時采擇施行。

二十三　全國有過半數省分達至憲政開始時期，即全省之地方自治完全成立時期，則開國民大會決定憲法而頒布之。

二十四　憲法頒布之後，中央統治權則歸於國民大會行使之，即國民大會對於中央政府官員有選舉權，有罷免權，對於中央法律，有創制權，有複決權。

二十五　憲法頒布之日，即爲憲政告成之時，而全國國民，則依憲法行全國大選舉，國民政府則於選舉完畢之後三個月解職，而授政於民選之政府，是建國之大功告成。

六　修正中華民國臨時政府制　十四年十二月二十六日臨時執政命令公布

第一條　中華民國臨時政府以臨時執政總攬政務，發布命令，統率陸海軍。

第二條　臨時執政對於外國爲中華民國之代表。

第三條　臨時政府由國務員贊襄臨時執政，決定政策，處理國務。

第四條　左列各員均爲國務員：

一　國務總理。

二　各部總長。

第五條　國務會議由國務員組織之，以國務總理爲主席。

第六條　臨時政府設國務院及外交、內務、財政、陸軍、海軍、司法、教育、農商、交通各部。臨時政府之命令，及凡關係國務之文書，由國務總理及各部總長全體或分別副署。

第七條　本制自公布日施行，俟正式政府成立廢止之。

七　中華民國訓政時期約法　二十年五月十二日國民會議制定二十年六月一日國民政府公布

國民政府本革命之三民主義五權憲法，以建設中華民國，既由軍政時期入於訓政時期，允宜公布約法，共同遵守，以期促成憲政，授政於民選之政府。茲謹遵創立中華民國之中國國民黨　總理遺囑，召集國民會議於首都，由國民會議制定中華民國訓政時期約法，如左。

第一章　總綱

第一條　中華民國領土爲各省及蒙古、西藏。

第二條　中華民國之主權屬於國民全體。

凡依法律享有中華民國國籍者，爲中華民國國民。

第三條　中華民國，永爲統一共和國。

第四條　中華民國國旗，定爲紅地左上角青天白日。

第五條　中華民國國都，定於南京。

第二章　人民之權利義務

第六條　中華民國國民，無男女、種族、宗教、階級之區別，在法律上一律平等。

第七條　中華民國國民依建國大綱第八條之規定，在完全自治之縣，享有建國大綱第九條所定選舉、罷免、創制、複決之權。

第八條　人民非依法律不得逮捕、拘禁、審問、處罰。

人民因犯罪嫌疑被逮捕拘禁者，其執行逮捕或拘禁之機關，至遲應於二十四小時內移送審判機關審問，本人或他人並得依法請求於二十四小時內提審。

第九條　人民除現役軍人外，非依法律不受軍事審判。

第一〇條　人民之住所，非依法律不得侵入搜索或封錮。
第一一條　人民有信仰宗教之自由。
第一二條　人民有遷徙之自由，非依法律不得停止或限制之。
第一三條　人民有通信、通電、秘密之自由，非依法律不得停止或限制之。
第一四條　人民有結社集會之自由，非依法律不得停止或限制之。
第一五條　人民有發表言論及刊行著作之自由，非依法律不得停止或限制之。
第一六條　人民之財產，非依法律不得查封或沒收。
第一七條　人民財產所有權之行使，在不妨害公共利益之範圍內，受法律之保障。
第一八條　人民財產因公共利益之必要，得依法律徵用或徵收之。
第一九條　人民依法律得享有財產繼承權。
第二〇條　人民有請願之權。
第二一條　人民依法律有訴訟於法院之權。
第二二條　人民依法律有提起訴願及行政訴訟之權。
第二三條　人民依法律有應考試之權。
第二四條　人民依法律有服公務之權。
第二五條　人民依法律有納稅之義務。

第二六條　人民依法律有服兵役及工役之義務。

第二七條　人民對於公署依法執行職權之行爲，有服從之義務。

第三章　訓政綱領

第二八條　訓政時期之政治綱領及其設施，依建國大綱之規定。

第二九條　地方自治，依建國大綱及地方自治開始實行法之規定推行之。

第三〇條　訓政時期，由中國國民黨全國代表大會代表國民大會行使中央統治權。

中國國民黨全國代表大會閉會時，其職權由中國國民黨中央執行委員會行使之。

第三一條　選舉、罷免、創制、複決四種政權之行使，由國民政府訓導之。

第三二條　行政、立法、司法、考試、監察五種治權，由國民政府行使之。

第四章　國民生計

第三三條　爲發展國民生計，國家對於人民生產事業，應予以獎勵及保護。

第三四條　爲發展農村經濟、改善農民生活、增進佃農福利，國家應積極實施左列事項。

一　墾殖全國荒地，開發農田水利。

二　設立農業金融機關，獎勵農村合作事業。

三　實施倉儲制度，預防災荒，充裕民食。

四　發展農業教育，注重科學實驗，厲行農業推廣，增加農業生產。

五　獎勵地方興築農村道路，便利物產運輸。

第三五條　國家應興辦煤、油、金、鐵鑛業，並對於民營鑛業予以獎勵及保護。

第三六條　國家應創辦國營航業，並對於民營航業予以獎勵及保護。

第三七條　人民得自由選擇職業及營業，但有妨害公共利益者，國家得以法律限制或禁止之。

第三八條　人民有締結契約之自由，在不妨害公共利益及善良風化範圍內，受法律之保障。

第三九條　人民為改良經濟生活及促進勞資互助，得依法組織職業團體。

第四〇條　勞資雙方應本協調互利原則，發展生產事業。

第四一條　為改良勞工生活狀況，國家應實施保護勞工法規。

婦女兒童從事勞動者，應按其年齡及身體狀態，施以特別之保護。

第四二條　為預防及救濟因傷病廢老而不能勞動之農民工人等，國家應施行勞動保險制度。

第四三條　為謀國民經濟之發展，國家應提倡各種合作事業。

第四四條　人民生活必需品之產銷及價格，國家得調正或限制之。

第四五條　借貸之重利及不動產使用之重租，應以法律禁止之。

第四六條　現役軍人因服務而至殘廢者，國家應施以相當之救濟。

第五章　國民教育

第四七條　三民主義為中華民國教育之根本原則。

第四八條　男女教育之機會，一律平等。

第四九條　全國公私立之教育機關，一律受國家之監督，並負推行國家所定教育政策之義務。

第五〇條　已達學齡之兒童，應一律受義務教育，其詳以法律定之。

第五一條　未受義務教育之人民，應一律受成年補習教育，其詳以法律定之。

第五二條　中央及地方應寬籌教育上必需之經費，其依法獨立之經費，並予以保障。

第五三條　私立學校成績優良者，國家應予以獎勵或補助。

第五四條　華僑教育，國家應予以獎勵及補助。

第五五條　學校教職員成績優良，久於其職者，國家應予以獎勵及保障。

第五六條　全國公私立學校，應設置免費及獎金學額，以獎進品學俱優無力升學之學生。

第五七條　學術及技術之研究與發明，國家應予以獎勵及保護。

第五八條　有關歷史文化及藝術之古蹟古物，國家應予以保護或保存。

第六章　中央與地方之權限

第五九條　中央與地方之權限，依建國大綱第十七條之規定，採均權制度。

第六〇條　各地方於其事權範圍內，得制定地方法規，但與中央法規抵觸者無效。

第六一條　中央與地方課稅之劃分，以法律定之。

第六二條　中央對於各地方之課稅，爲免除左列各欵之弊害，以法律限制之。

一　妨害社會公共利益。

二　妨害中央收入之來源。

三　複稅。

四　妨害交通。

五　爲一地方之利益，對於他地方貨物之輸入，爲不公平之課稅。

六　各地方之物品通過稅。

第六三條　工商業之專利專賣特許權，屬於中央。

第六四條　凡一省達到憲政開始時期，中央及地方權限，應依建國大綱以法律詳細規定之。

第七章　政府之組織

第一節　中央制度

第六五條　國民政府總攬中華民國之治權。

第六六條　國民政府統率陸海空軍。

第六七條　國民政府行使宣戰、媾和及締結條約之權。

第六八條　國民政府行大赦、特赦及減刑、復權。

第六九條　國民政府授與榮典。

第七〇條　國家之歲入歲出，由國民政府編定預算決算公布之。

第七一條　國民政府設行政院、立法院、司法院、考試院、監察院及各部會。

第七二條　國民政府設主席一人，委員若干人，由中國國民黨中央執行委員會選任，委員名額以法律定之。

第七三條　國民政府主席對內對外代表國民政府。

第七四條　各院院長及各部會長，以國民政府主席之提請，由國民政府依法任免之。

第七五條　公布法律、發布命令，由國民政府主席依法署名行之。

第七六條　各院部會得依法發布命令。

第七七條　國民政府及各院部會之組織，以法律定之。

第二節　地方制度

第七八條　省置省政府，受中央之指揮，綜理全省政務，其組織以法律定之。

第七九條　凡一省依建國大綱第十六條之規定，達到憲政開始時期，國民代表會得選舉省長。

第八〇條　蒙古、西藏之地方制度，得就地方情形，另以法律定之。

第八一條　縣置縣政府，受省政府之指揮，綜理全縣政務，其組織以法律定之。

第八二條　各縣組織縣自治籌備會，執行建國大綱第八條所規定之籌備事項。

縣自治籌備會之組織，以法律定之。

第八三條　工商繁盛，人口集中，或有其他特殊情形之地方，得設各種市區，其組織以法律定之。

第八章　附則

第八四條　凡法律與本約法抵觸者無效。

第八五條　本約法之解釋權，由中國國民黨執行委員會行使之。

第八六條　憲法草案，當本於建國大綱及訓政與憲政兩時期之成績，由立法院議訂。隨時宣傳於民衆，以備到時採擇施行。

第八七條　全國有過半數省分達到憲政開始時期，即全省之地方自治完全成立時期，國民政府應即開國民大會決定憲法而頒布之。

第八八條　本約法由國民會議制定，交由國民政府公布之。

第八九條　本約法自公布之日施行。

八　修正中華民國國民政府組織法

二十年十二月二十六日第四屆中央執行委員第一次全體會議通過二十年十二月三十日國民政府公布

第一章　總則

第一條　國民政府依據中華民國訓政時期約法第七十七條之規定，制定中華民國國民政府組織法。

第二章　國民政府

第二條　國民政府總攬中華民國之治權。

第三條　國民政府統率陸海空軍。

第四條　國民政府行使宣戰、媾和、及締結條約之權。

第五條　國民政府公布法律，發布命令。

第六條　國民政府行大赦特赦及減刑、復權。

第七條　國民政府授與榮典。

第八條　國民政府以左列五院獨立行使行政、立法、司法、考試、監察五權治權。

一　行政院

二　立法院

三　司法院

四　考試院

五　監察院

前項各院得依據法律發布命令。

第九條　國民政府於必要時，得設置各直隸機關，直隸於國民政府，其組織以法律定之。

第一〇條　國民政府設主席一人，委員二十四人至三十六人，各院設院長副院長各一人，由中國國民黨中央執行委員會選任之。

第一一條　國民政府主席爲中華民國元首，對內對外代表國民政府，但不負實際政治責任。

第一二條　國民政府主席不得兼其他官職。

第一三條　國民政府主席任期二年，得連任一次，但於憲法頒布時應依法改選之。

第一四條　國民政府所有命令處分，以及關於軍事動員之命令，由國民政府主席署名行之，但須經關係院院長部長副署，始生效力。

第一五條　憲法未頒布以前，行政、立法、司法、監察、考試各院，各自對中國國民黨中央執行委員會負責。

第三章　國民政府委員會

第一六條　國民政府委員會，以國民政府主席及委員組織之。

第一七條　院與院間不能解決之事項，由國民政府委員會議決之。

第一八條　國民政府委員會會議規程另訂之。

第四章　行政院

第一九條　行政院為國民政府最高行政機關。

第二〇條　行政院設各部，分掌行政之職權。關於特定之行政事宜，得設委員會掌理之。

第二一條　行政院各部設部長一人，政務次長常務次長各一人，各委員會設委員長副委員長各一人，委員若干人。

行政院各部長委員長之人選，由行政院院長提請國民政府主席依法任免之。

各部之政務次長、常務次長及各委員會之副委員長、委員，由行政院院長提請國民政府主席依法任免之。

第二二條　行政院長因事故不能執行職務時，由副院長代理之。

第二三條　行政院會議由行政院院長、副院長、各部部長、各委員會委員長組織之，會議時，以行政院院長為主席。

第二四條　左列事項應經行政院會議議決。

一　提出於立法院之法律案。
二　提出於立法院之預算案。
三　提出於立法院之大赦案。
四　提出於立法院之宣戰媾和案。
五　薦任以上行政司法官吏之任免。
六　行政院各部及各委員會間不能解決之事項。
七　其他依法律或行政院院長認爲應付行政院會議議決事項。

第二五條　行政院所有命令及處分，其關於一般行政者，須經全體部長之副署。其關於局部行政者，須經各關係部部長之副署，始生效力。

第二六條　行政院之組織，以法律定之。

第五章　立法院

第二七條　立法院爲國民政府最高立法機關。

立法院有議決法律案、預算案、大赦案、宣戰案、媾和案及其他重要國際事項之職權。

第二八條　立法院院長因事故不能執行職務時，由副院長代理之。

第二九條　立法院會議時，各院院長及行政院各部會長得列席說明。

第三〇條　立法院設立法委員五十人至一百人，由立法院院長提請國民政府主席依法任命之。

前項委員之半數由法法人民團體選舉，其選舉法另定之。

第三一條　立法院委員任期二年，但得連任。

第三二條　立法院委員不得兼其他官職。

第三三條　立法院會議以立法院院長爲主席。

第三四條　立法院之組織，以法律定之。

第六章　司法院

第三五條　司法院爲國民政府最高審判機關。

關於特赦、減刑及復權事項，由司法院院長依法提請國民政府主席署名行之。

第三六條　司法院設最高法院、行政法院及公務員懲戒委員會。

第三七條　司法院院長兼任最高法院院長。司法院副院長兼任公務員懲戒委員會委員長。

第三八條　司法院院長對於行政法院及公務員懲戒委員會之審判認爲有必要時，得出庭審理之。

第三九條　司法院院長因事故不能執行職務時，由副院長代理之。

第四〇條　司法院關於主管事項得提出議案於立法院。

第四一條　司法院之組織，以法律定之。

第七章　考試院

第四二條　考試院爲國民政府最高考試機關，依法行使考試、銓敍之職權。

第四三條　考試院院長因事故不能執行職務時，由副院長代理之。
第四四條　考試院關於主管事項，得提出議案於立法院。
第四五條　考試院之組織，以法律定之。

第八章　監察院

第四六條　監察院爲國民政府最高監察機關，依法行使彈劾、審計之職權。
第四七條　監察院院長因事故不能執行職務時，由副院長代理之。
第四八條　監察院設監察委員三十人至五十人，由監察院院長提請國民政府主席依法任命之。
前項委員之半數由法定人民團體選舉，其選舉法另定之。
第四九條　監察委員之保障，以法律定之。
第五〇條　監察院會議以監察委員組織之，監察院院長爲監察院會議之主席。
第五一條　監察委員不能兼任其他公職。
第五二條　監察院關於主管事項，得提出議案於立法院。
第五三條　監察院之組織，以法律定之。

第九章　附則

第五四條　本法自公布日施行。

九 中華民國憲法草案

二十三年十月十六日立法院會議通過

中華民國國民大會受全體國民付託，遵照創立中華民國之 孫先生之遺教，制茲憲法，頒行全國，永矢咸遵。

第一章 總綱

第一條 中華民國爲三民主義共和國。

第二條 中華民國之主權屬於國民全體。

第三條 具有中華民國之國籍者爲中華民國國民。

第四條 中華民國領土爲江蘇、浙江、安徽、江西、湖北、湖南、四川、西康、河北、山東、山西、河南、陝西、甘肅、青海、福建、廣東、廣西、雲南、貴州、遼寧、吉林、黑龍江、熱河、察哈爾、綏遠、寧夏、新疆、蒙古、西藏等固有之疆域。

中華民國領土，非經國民大會議決不得變更。

第五條 中華民國各民族均爲中華國族之構成分子，一律平等。

第六條 中華民國國旗，定爲紅地左上角青天白日。

第七條 中華民國國都，定於南京。

第二章 人民之權利義務

第八條 中華民國人民，在法律上一律平等。

第九條 人民有身體之自由，非依法律，不得逮捕、拘禁、審問或處罰。

人民因犯罪嫌疑被逮捕拘禁者，其執行機關應即將逮捕拘禁原因告知本人及其親屬，並至遲於二十四小時內移送於該管法院審問本人或他人亦得聲請該管法院於二十四小時內向執行機關提審。

法院對於前項聲請，不得拒絕。執行機關對於法院之提審亦不得拒絕。

第一〇條　人民除現役軍人外不受軍事裁判。

第一一條　人民有居住之自由其居住處所非依法律不得侵入、搜索或封錮。

第一二條　人民有遷徙之自由，非依法律不得限制之。

第一三條　人民有言論著作出版之自由，非依法律不得限制之。

第一四條　人民有秘密通訊之自由，非依法律不得限制之。

第一五條　人民有信仰宗教之自由，非依法律不得限制之。

第一六條　人民有集會結社之自由，非依法律不得限制之。

第一七條　人民之財產，非依法律不得徵用、徵收、査封或沒收。

第一八條　人民有依法律請願、訴願及訴訟之權。

第一九條　人民有依法律選舉、罷免、創制、複決之權。

第二〇條　人民有依法律應考試之權。

第二一條　人民有依法律納稅之義務。

第二二條　人民有依法律服兵役之義務。

第二三條　人民有依法律服公務之義務。

第二四條　凡人民之其他自由及權利，不妨害社會秩序、公共利益者，均受憲法之保障。

第二五條　凡限制人民自由或權利之法律，以保障國家安全避免緊急危難，維持社會秩序，或增進公共利益所必要者爲限。

第二六條　凡公務員違法侵害人民之自由或權利者，除依法律懲戒外，應負刑事及民事責任，被害人民就其所受損害並得依法律向國家請求賠償。

第三章　國民大會

第二七條　國民大會以左列國民代表組織之。

一　每縣市及其同等區域各選出代表一人，但其人口逾三十萬者每增加五十萬人增選代表一人。縣市同等區域以法律定之。

二　蒙古西藏選出代表，其名額以法律定之。

三　僑居國外之國民選出代表，其名額以法律定之。

第二八條　國民代表之選舉，以普通平等直接無記名投票之方法行之。

第二九條　中華民國國民年滿二十歲者有依法律選舉代表權，年滿二十五歲者有依法律被選舉代表權。

第三〇條　國民代表任期四年。

國民代表違法或失職時，原選舉區依法律罷免之。

第三一條　國民大會每二年召集一次會期一月，必要時得延長一月。
國民大會經四分一以上代表之同意得自行召集臨時國民大會。

第三二條　國民大會之職權如左。
一　選舉總統、副總統、立法院院長、監察院院長、立法委員、監察委員。
二　罷免總統、副總統、立法、司法、考試、監察各院院長、立法委員、監察委員。
三　創制法律。
四　複決法律。
五　修改憲法。
六　憲法賦予之其他職權。

第三三條　國民代表在會議時所爲之言論及表決，對外不負責任。

第三四條　國民代表除現行犯外，在會期中，非經國民大會許可，不得逮捕或拘禁。

第三五條　國民大會之組織及國民代表之選舉、罷免，以法律定之。

第四章　中央政府

第一節　總統

第三六條　總統爲國家元首，對外代表中華民國。

第三七條　總統依法公布法律發布命令，並須經關係院院長之副署。

第三八條 總統依法統率全國陸、海、空軍。

第三九條 總統依法行使宣戰、媾和及締結條約之權。

第四〇條 總統依法宣布戒嚴、解嚴。

第四一條 總統依法行使大赦、特赦、減刑、復權之權。

第四二條 總統依法任免文武官員。

第四三條 總統依法授與榮典。

第四四條 總統總攬行政權。

第四五條 總統對國民大會負其責任。

第四六條 中華民國國民年滿四十歲者，得被選爲總統、副總統。

第四七條 軍人非解職後不得當選爲總統、副總統。

第四八條 總統、副總統之選舉，以法律定之。

第四九條 總統、副總統之任期均爲四年，連選得連任一次。

第五〇條 總統應於就職日宣誓詞如左。

「余正心誠意向國民宣誓余必遵守憲法，盡忠職務，增進人民福利，保衛國家，無負國民付託。如違誓言，願受國法嚴厲之制裁。謹誓。」

第五一條 總統因故不能視事時，由副總統代行其職權。總統、副總統均不能視事時，由行政院院長代行其職權。

第五二條　總統於任滿之日解職。如屆期次任總統尚未選出，或選出後總統、副總統均未就職，時由行政院院長代行總統職權。

第五三條　行政院院長代行總統職權時，其期限不得逾六個月。

第五四條　總統除犯內亂或外患罪外，非經罷免或解職，不受刑事上之訴究。

第二節　行政院

第五五條　行政院爲中央政府行使行政權之最高機關。

第五六條　行政院院長一人，政務委員二十人，由總統任免之。

第五七條　行政院設各部各委員會，分掌行政職權。

第五八條　行政院各部部長，各委員會委員長，由總統於政務委員中任命之。

第五九條　行政院院長政務委員各部部長，各委員會委員長各對總統負其責任。

第六〇條　行政院設行政會議，由總統、行政院院長及政務委員組織之，以總統爲主席，總統不出席時以行政院院長爲主席。

第六一條　左列事項應經行政會議議決。

一　提出於立法院之法律案、預算案。

二　提出於立法院之戒嚴案、大赦案。

三　提出於立法院之宣戰案、媾和案、條約案及其他關於重要國際事項之議案。

四　各部各委員會間共同關係之事項。
五　總統交議之事項。
六　行政院院長、各政務委員、各部各委員會提議之事項。

第六二條　行政院之組織以法律定之。

第三節　立法院

第六三條　立法院爲中央政府行使立法權之最高機關，對國民大會負其責任。

第六四條　立法院有議決法律案、預算案、戒嚴案、大赦案、宣戰案、媾和案、條約案及其他關於重要國際事項之權。

第六五條　關於立法事項立法院得向各院、各部、各委員會提出質詢。

第六六條　立法院設院長一人，任期四年，連選得連任。

第六七條　在國民大會閉會期間，立法院院長因故去職時，由立法委員互選代理院長。

第六八條　立法委員依左列規定選舉之。

一、由各省、蒙古、西藏及僑居國外國民所選出之國民代表舉行預選，依左列名額各提出候選人名單於國民大會選舉之，其人選不以國民代表爲限。

甲　各省人口未滿五百萬者每省三人，五百萬以上未滿一千萬者每省四人，一千萬以上未滿一千五百萬者每省五人，一千五百萬以上未滿二千萬者每省六人，二千萬以上未滿二千五百萬者每省七人，二千五百萬以上未滿三千萬者每省八人，三千萬以上未滿三千五百萬者每省九人，三千五百萬以上者每省十人。

乙　蒙古、西藏各六人。

丙　僑居國外國民六人。

二　由立法院院長擇有專門學識經驗者，提出候選人名單於國民大會選舉之，其名額不得超過前款總額三分之一。

第六九條　立法委員任期四年，連選得連任。

第七〇條　行政、司法、考試、監察各院，關於其主管事項，得向立法院提出議案。

第七一條　總統對於立法院之議決案，得於公布或執行前提交復議。

立法院對於前項提交復議之案，經出席委員三分二以上之決議維持原案時，總統應即公布或執行之。

第七二條　立法院送請公布之議決案，總統應於該案到達後三十日內公布之。

第七三條　立法委員於院內之言論及表決，對外不負責任。

第七四條　立法委員除現行犯外，非經立法院許可，不得逮捕或拘禁。

第七五條　立法委員不得兼任其他公職或執行業務。

第七六條　立法委員之選舉及立法院之組織，以法律定之。

第四節　司法院

第七七條　司法院為中央政府行使司法權之最高機關，掌理民事、刑事、行政訴訟之審判，公務員懲戒及司法行政。

第七八條　司法院設院長一人，任期四年，由總統經立法院同意任命之。
司法院院長對國民大會負其責任。
第七九條　司法院設公務員懲戒委員會及司法行政部。
第八〇條　公務員懲戒委員會委員長、委員及司法行政部部長，均由司法院院長依法律提請總統任免之。
第八一條　關於特赦、減刑、復權事項，由司法院院長依法律提請總統行之。
第八二條　司法院有統一解釋法律命令之權。
第八三條　法官依法律獨立審判。
第八四條　法官非受刑罰或懲戒處分，或禁治產之宣告，不得免職，非依法律不得停職、轉任或減俸。
第八五條　司法院之組織及各級法院之組織，以法律定之。

第五節　考試院

第八六條　考試院為中央政府行使考試權之最高機關，掌理考選、銓敘。
第八七條　考試院設院長一人，任期四年，由總統經立法院同意任命之。
考試院院長對國民大會負其責任。
第八八條　考試院設銓敘部，並於舉行考試時設典試委員會。
第八九條　銓敘部部長由考試院院長依法律提請總統任免之。
典試委員會委員長、委員，由考試院院長依法律提請總統派充之。

第九〇條　左列資格應經考試院依法考選銓定之。

一　公務人員任用資格。

二　公職候選人資格。

三　專門職業及技術人員執業資格。

第九一條　考試院之組織以法律定之。

第六節　監察院

第九二條　監察院為中央政府行使監察權之最高機關，掌理彈劾、審計，對國民大會負其責任。

第九三條　監察院為行使監察權得依法向各院、各部、各委員會提出質詢。

第九四條　監察院設院長一人，任期四年，連選得連任。

第九五條　在國民大會閉會期間，監察院院長因故去職時，由監察委員互選代理院長。

第九六條　監察委員由各省、蒙古、西藏及僑居國外國民所選出之國民代表，各預選二人提請國民大會選舉之，其人選不以國民代表為限。

第九七條　監察委員任期四年，連選得連任。

第九八條　監察院對於中央及地方公務員違法或失職時，經監察員一人以上之提議，五人以上之審查決定提出彈劾案，但對於總統、副總統及行政、立法、司法、考試、監察各院院長之彈劾案，須有監察委員十人以上之提議，全體監察委員二分一以上之審查、決定，始得提出。

第九九條　彈劾案除憲法另定有受理機關外，應向公務員懲戒委員會提出之。

彈劾案經公務員懲戒委員會決定被彈劾人應受免職或其他懲戒處分時，總統或主管長官應執行之。

第一〇〇條　對於總統、副總統、立法、司法、考試、監察各院院長之彈劾案，依第九十八條規定成立後，應向國民大會提出之，在國民大會閉會期間，應請國民代表依法召集臨時國民大會爲罷免與否之決議。

第一〇一條　監察院設審計委員會，掌理審計事務。

第一〇二條　審計委員會委員長、委員由監察院院長依法律提請總統任免之。

第一〇三條　審計委員會之決算報告，經監察院會議審查後依法律公布之。

第一〇四條　監察委員於院內之言論及表決，對外不負責任。

第一〇五條　監察委員除現行犯外，非經監察院許可不得逮捕或拘禁。

第一〇六條　監察委員不得兼任其他公職或執行業務。

第一〇七條　監察委員之選舉及監察院之組織，以法律定之。

第五章　省

第一〇八條　省設省政府，執行中央法令及監督地方自治。

第一〇九條　省政府設省長一人，任期三年，由中央政府任免之。

軍人非解職三年後不得任爲省長。

第一一〇條　省設省參議會，參議員名額每縣市一人，由各縣市議會選舉之，任期三年，連選得連任。

第一一一條　省參議會每年開會一次，會期以一月爲限，遇必要時得召集臨時會議。

第一一二條　省參議會職權如左。

一　議決省政府提出於中央之預算案。

二　向立法院提請關於省之立法事項。

三　議決依法律委任之單行規章事項。

四　向行政院提請關於省政興革事項。

五　向監察院提請關於省政府公務員彈劾事項。

六　議決省長交議事項。

七　向省長建議事項。

第一一三條　省政府之組織，省參議會之組織及省參議員之選舉、罷免，以法律定之。

第一一四條　未經設省之區域，其政治制度以法律定之。

第六章　縣

第一一五條　縣爲地方自治單位。

第一一六條　縣自治事項如左。

一　縣戶口之調查登記事項。

二　縣地政事項。

三　縣財政事項。

四　縣交通水利及其他工程建設事項。

五　縣公營及合作事項。

六　縣警衛治安事項。

七　縣教育文化事項。

八　縣衛生事項。

九　縣保育救濟事項。

十　縣公有財產之保管及整理事項。

十一　縣名勝古蹟之保存事項。

十二　其他屬於縣自治之事項。

第一一七條　縣民關於縣自治事項，依法律行使創制、複決之權，對於縣長及其他縣自治人員，依法律行使選舉、罷免之權。

第一一八條　縣設縣議會，議員由縣民大會選舉之，任期三年，連選得連任。

第一一九條　縣議會每半年開會一次，會期以一月爲限，遇必要時得召集臨時會議。

第一二〇條　縣議會職權如左。

一　議決縣預算及審核縣決算事項。

二　議決縣稅及增加縣庫負擔之契約。
三　議決縣有財產之經營及處分。
四　對於縣財政之審計事項。
五　議決縣單行規章事項。
六　向縣政府建議縣政興革事項。
七　議決縣長交議事項。
八　對於縣長質問事項。

第一二一條　縣單行規章與中央法律或省規章牴觸者無效。

第一二二條　縣設縣政府，置縣長一人，由縣民大會選舉之，任期三年，連選得連任。

縣長候選人，以經中央考試或銓定合格者爲限。

第一二三條　縣長辦理縣自治，並受省長之指揮，執行中央及省之委辦事項。

第一二四條　縣議會之組織，縣議員之選舉、罷免，縣政府之組織及縣長之選舉罷免，以法律定之。

第七章　市

第一二五條　市之自治及行政，除法律另有規定外，準用關於縣之規定。

第一二六條　市設市議會，議員由市民大會選舉之，每年改選三分之一。

第一二七條　市設市政府，置市長一人，由市民大會選舉之，任期三年，連選得連任。

市長候選人，以經中央考試或銓定合格者爲限。

第一二八條　市長辦理市自治並受監督機關之指揮執行中央或省委辦事項。

第一二九條　市議會之組織市議員之選舉、罷免市政府之組織及市長之選舉、罷免，以法律定之。

第八章　國民經濟

第一三〇條　中華民國之經濟制度應以民生主義爲基礎，以謀國民生計之均足。

第一三一條　中華民國領域內之土地，屬於國民全體，其經人民依法律取得所有權者，其所有權受法律之保障及限制。國家對於人民取得所有權之土地，得按照土地所有權人申報或政府估定之地價，依法律徵稅或徵收之。土地所有權人對於其所有土地負充分使用之義務。

第一三二條　附着於土地之鑛及經濟上可供公衆利用之天然力，屬於國家所有，不因人民取得土地所有權而受影響。

第一三三條　土地價值非因施以勞力資本增加者，應以徵收土地增值稅方法收歸人民公共享受。

第一三四條　國家對於土地之分配、整理，以扶植自耕農及自行使用土地人爲原則。

第一三五條　國家對於私人之財富及私營事業，認爲有妨害國民生計之均衡發展時，得依法律節制之。

第一三六條　國家對於國民生產事業及對外貿易，應獎勵指導及保護之。

第一三七條　公用事業及其他有獨占性之企業，以國家公營爲原則，但必要得特許國民私營之。國家對於前項特許之私營事業，因國防上之緊急需要，得臨時管理之，並得依法律收歸公營，但應予以適當之補償。

第一三八條　國家爲改良勞工生活，增進其生產技能及救濟勞工失業，應實施保護勞工政策。

婦女兒童從事勞動者，應按其年齡及身體狀態，施以特別之保護。

第一三九條　勞資雙方應本協調互助原則，發展生產事業。

第一四〇條　國家爲謀農業之發展及農民之福利，應充裕農村經濟，改善農村生活，並以科學方法，提高農民耕作效能。

國家對於農產品之種類、數量及分配，得調節之。

第一四一條　人民因服兵役或公務而致殘廢或死亡者，國家應予以適當之救濟或撫卹。

第一四二條　老弱殘廢，無力生活者，國家應予以相當之救濟。

第九章　教育

第一四三條　中華民國之教育宗旨，在發揚民族精神，培養國民道德，訓練自治能力，增進生活知能，以造成健全國民。

第一四四條　中華民國人民，受教育之機會一律平等。

第一四五條　全國公私立之教育機關，一律受國家之監督，並負推行國家所定教育政策之義務。

第一四六條　六歲至十二歲之學齡兒童，一律受基本教育，免納學費，其詳以法律定之。

第一四七條　已逾學齡未受基本教育之人民，一律受補習教育，免納學費，其詳以法律定之。

第一四八條　國立大學及國立專科學校之設立，應注重地區之需要，以維持各地區人民享受高等教育之機會均等，而促進全國文化之平衡發展。

第一四九條　教育經費之最低限度，在中央爲其預算總額百分之十五，在省區及縣市爲其預算總額百分之三十，其依法律獨立之教育基金並予以保障。
貧瘠省區之教育經費由國庫補助之。
第一五〇條 私立學校成績優良者，予以獎勵或補助。
第一五一條 僑居國外國民之教育，予以獎勵或補助。
第一五二條 全國公私立學校，應設置免費及獎金學額，以獎進學行俱優無力升學之學生。
第一五三條 學校教職員成績優良久於其職者，予以獎勵及保障，其年功加薪及養老金以法律定之。
第一五四條 學術技術之研究發明，予以獎勵及保護。
第一五五條 有關歷史文化藝術之古蹟、古物，由國家保護並保存之。

第十章 財政

第一五六條 各級政府財政收支系統之劃分及其財政上之補助或協助，以法律定之。
第一五七條 各級政府之歲入、歲出均應每一會計年度編造總預算及總決算一次，其編造之範圍及程序以法律定之。
各級政府公有營業預算及決算之編造，得以單行法規定之，但其淨盈虧仍應依法律編入總預算及總決算。
各級政府對於長期之建設計劃，得依法律設定繼續經費，但其預算仍應按年編入總預算。各級政府之總預算非經法定程序不得成立。
第一五八條 預算規定之經費爲支出最高額，非依法律爲追加預算不得變更或超過。

各級政府因左列情形之一得提出非常預算。

一　國防或保衛之緊急設施。

二　重大災變。

三　緊急重大工程。

第一五九條　左列各欵事項在中央應經立法院之議決，其依法律得以省區或縣市單行規章爲之者，應經各該法定機關之議決。

一　稅賦捐費罰金罰鍰或其他有强制性收入之設定及其徵收率之變更。

二　募集公債，處分公有財產或締結增加公庫負擔之契約。

三　公營專賣、獨占或其他有營利性事業之設定或取銷。

四　專賣、獨占或其他特權之授予或取銷。

省區及縣市政府非經法律特許不得募集外債或直接利用外資。

第一六〇條　中華民國領域內，一切貨物應許自由流通，非依法律不得禁阻。

關稅爲中央稅收，應於貨物出入國境時徵收之，以一次爲限。

各級政府不得於國內徵收貨物通過稅，但因改良水陸道路而對於通過舟車徵收之使用費不在此限。

對於貨物之一切稅捐，其徵收權屬於中央政府，非依法律不得爲之。

第一六一條　凡政府機關之財務組織，其出納主計及審計各部分，應各別維持其獨立，其詳以法律定之。

第十一章　軍事

第一六二條　中華民國軍隊爲國防而設，屬於中央政府，以鞏護國權，保衛疆土，捍禦外侮，服從法令爲職責。

第一六三條　軍隊以徵兵制爲原則。

國民參加國防之義務，以法律定之。

第一六四條　陸、海、空軍之編制，以法律定之。

第一六五條　總統之統率陸、海、空軍，其命令權平時由主管部行使之，對外防禦戰爭時經立法院之同意任命總司令行使之，但戰爭終了總司令即行解職。

第一六六條　遇外國先向本國宣戰或不宣戰而以武力向本國進攻時，總統得先發動員抵禦及戒嚴之命令，並依法請求追認。

第一六七條　全國應按國防需要，劃定駐軍區域，其詳以法律定之。

軍區長官不得以省會爲常駐地。

第一六八條　軍隊應分駐國防地帶，除奉中央政府命令或因緊急事變經省區或縣市政府聲請協助外，不得調用。

前項緊急處置，應由省區或縣市政府及軍區長官立即呈報中央政府。

第一六九條　軍費由國庫支出，其數額及官兵員額於預算中確定之。

軍需獨立，由國庫依法律經理之。

第一七〇條　省區及縣市政府不得組織軍隊，設立軍事教育機關及軍械製造廠。

省區及縣市警衛事項，以法律定之。

第一七一條　現役軍人不得干預政治，並不得發表政治上之主張。

第一七二條　現役軍人不得兼任行政官。

第一七三條　軍事裁判權之行使及軍事裁判機關之組織，以法律定之。

第十二章　附則

第一七四條　憲法所稱之法律，謂經立法院通過、總統公布之法律。

第一七五條　法律與憲法牴觸者無效。

命令與憲法或法律牴觸者無效。

第一七六條　憲法之解釋由司法院爲之。

第一七七條　憲法非由國民大會全體代表四分一以上之提議，四分三以上之出席及出席代表三分二以上之決議，不得修改之。

修改憲法之提議應由提議人於國民大會開會前一年公告之。

第一七八條　本憲法自頒布之日施行。

十　五五憲法草案　民二十五年五月五日公布

中華民國國民大會受全體國民付託，遵照創立中華民國之　孫先生之遺教，制定憲法，頒行全國，永矢咸遵。

第一章　總綱

第一條　中華民國爲三民主義共和國。

第二條　中華民國之主權屬於國民全體。

第三條　具有中華民國之國籍者，爲中華民國國民。

第四條　中華民國領土，爲江蘇、浙江、安徽、江西、湖北、湖南、四川、西康、河北、山東、山西、河南、陝西、甘肅、青海、福建、廣東、廣西、雲南、貴州、遼寧、吉林、黑龍江、熱河、察哈爾、綏遠、寧夏、新疆、蒙古、西藏等，固有之疆域，中華民國領土，非經國民大會議決不得變更。

第五條　中華民國各民族，均爲中華民族之構成份子，一律平等。

第六條　中華民國國旗，定爲紅地左上角青天白日。

第七條　中華民國國都定於南京。

第二章　人民之權利義務

第八條　中華民國人民在法律上一律平等。

第九條　人民有身體之自由，非依法律，不得逮捕、拘禁、審問或處罰。人民因犯罪嫌疑被逮捕拘禁者，其執行機關，應即將逮捕拘禁原因告知本人及其親屬，並至遲於二十四小時內，移送於該管法院審問，本人或他人亦得聲請該管法院，於二十四小時內，向執行機關提審。法院對於前項聲請，不得拒絕，執行機關對於法院之提審，亦不得拒絕。

第一〇條　人民除現役軍人外，不受軍事裁判。
第一一條　人民有居住之自由，其居住處所非依法律不得侵入、搜索、封錮。
第一二條　人民有遷徙之自由，非依法律不得限制之。
第一三條　人民有言論、著作及出版之自由，非依法律不得限制之。
第一四條　人民有秘密通信之自由，非依法律不得限制之。
第一五條　人民有信仰宗教之自由，非依法律不得限制之。
第一六條　人民有集會結社之自由，非依法律不得限制之。
第一七條　人民之財產，非依法律不得徵用、徵收、查封或沒收。
第一八條　人民有依法律請願、訴願及訴訟權。
第一九條　人民有依法律選舉、罷免、創制、複決之權。
第二〇條　人民有依法律應考試之權。
第二一條　人民有依法律納稅之義務。
第二二條　人民有依法律服兵役及工役之義務。
第二三條　人民有依法律服公務之義務。
第二四條　凡人民之其他自由及權利，不妨礙社會秩序，公共利益者，均受憲法之保障，非依法律不得限制之。
第二五條　凡限制人民自由或權利之法律，以保障國家安全避免緊急危難，維持社會秩序，或增進公共利益所必要者爲限。

第二六條 凡公務員違法侵害人民之自由或權利者，除依法律懲戒外，應負刑事及民事責任，被害人民就其所受損害，並得依法律向國家請求賠償。

第三章 國民大會

第二七條 國民大會依左列國民代表組織之：

一 每縣市及其同等區域各選出代表一人，但其人口逾三十萬者，每增加十萬人，增選代表一人，縣市同等區域，以法律定之。

二 蒙古、西藏選出代表，其名額以法律定之。

三 僑居國外之國民選出代表，其名額以法律定之。

第二八條 國民代表之選舉，以普通平等直接無記名投票之方法行之。

第二九條 中華民國國民年滿二十歲者，有依法選舉代表權，年滿二十五歲者，有依法律被選舉代表權。

第三〇條 國民代表任期六年。國民代表違法或失職時，原選舉區依法罷免之。

第三一條 國民大會每三年由總統召集一次，會期一月，必要時得延長一月，國民大會經五分之二以上代表之同意，得自行召集臨時國民大會。

總統得召集臨時國民大會。

國民大會之開會地點，在中央政府所在地。

第三二條　國民大會之職權如左：

一　選舉總統、副總統、立法院院長副院長、監察院院長副院長、立法委員、監察委員。

二　罷免總統、副總統、立法、司法、考試、監察各院院長副院長、立法委員、監察委員。

三　創制法律。

四　複決法律。

五　修改憲法。

六　憲法賦予之其他職權。

第三三條　國民代表在會議時，所爲之言論及表決，對外不負責任。

第三四條　國民代表除現行犯外，在會期中，非經國民大會許可，不得逮捕或拘禁。

第三五條　國民大會之組織，國民代表之選舉、罷免，及國民大會行使職權之程序，以法律定之。

第四章　中央政府

第一節　總統

第三六條　總統爲國家元首，對外代表中華民國。

第三七條　總統統率全國陸、海、空軍。

第三八條　總統依法公布法律，發布命令，並須經關係院院長之副署。

第三九條　總統依法行使宣戰、媾和及締結條約之權。

第四〇條　總統依法宣布戒嚴，解嚴。

第四一條　總統依法行使大赦、特赦、減刑、復權之權。

第四二條　總統依法任免文武官員。

第四三條　總統依法授與榮典。

第四四條　國家遇有緊急事變，或國家經濟上有重大變故，須爲急速處分時，總統得經行政院會議之議決，發布緊急命令，爲必要之處置，但應於發布命令後三個月內，提交立法院追認。

第四五條　總統得召集五院院長會商關於二院以上之事項，及總統諮詢事項。

第四六條　總統對國民大會負其責任。

第四七條　中華民國國民年滿四十歲者，得被選爲總統，副總統。

第四八條　總統、副總統之選舉，以法律定之。

第四九條　總統、副總統之任期，均爲六年，連選得連任一次。

第五〇條　總統應於就職日宣誓，誓詞如左：

「余正心誠意，向國民宣誓，余必遵守憲法，盡忠職務，增進人民福利，保衛國家，無負國民付託，如違誓言，願受國法嚴厲之制裁，謹誓。」

第五一條　總統缺位時，由副總統繼其任，總統因故不能視事時，由副總統代行其職權，總統、副總統均不能視事時，由行政院院長代行其職權。

第五二條　總統於任滿之日解職，如屆期次任總統尚未選出或選出後總統、副總統均未就職時，由行政院院長代行總統職權。

第五三條　行政院院長代行總統職權時，其期限不得逾六個月。

第五四條　總統除犯內亂或外患罪外，非經罷免或解職，不受刑事上之訴究。

第二節　行政院

第五五條　行政院爲中央政府行使行政權之最高機關。

第五六條　行政院設院長、副院長各一人，政務委員若干人，由總統任免之。

前項政務委員不管部會者，其人數不得超過第五十八條第一項所定管部會者之半數。

第五七條　行政院設各部、各委員會，分掌行政職權。

第五八條　行政院各部部長、各委員會委員長，由總統於政務委員中任命之。行政院院長、副院長，得兼任前項部長或委員長。

第五九條　行政院院長、副院長、政務委員、各部部長、各委員會委員長，各對總統負其責任。

第六〇條　行政院設行政會議，由行政院院長、副院長及政務委員組織之，以行政院院長爲主席。

第六一條　左列事項應經行政會議議決：

一　提交於立法院之法律案、預算案。

二　提出於立法院之戒嚴案、大赦。

三　提出於立法院之宣戰案、媾和案、條約案，及其他關於重要國際事項之議案。
四　各部各委員會間共同關係之事項。
五　總統或行政院院長交議之事項。
六　行政院副院長、各政務委員各部各委員會提議之事項。

第六二條　行政院之組織，以法律定之。

第三節　立法院

第六三條　立法院爲中央政府行使立法權之最高機關，對國民大會負其責任。
第六四條　立法院有議決法律案、預算案、戒嚴案、大赦案、宣戰案、媾和案、條約案，及其他關於重要國際事項之權。
第六五條　關於立法事項，立法院得向各院、各部、各委員會提出質詢。
第六六條　立法院設院長、副院長各一人，任期三年，連選得連任。
第六七條　立法委員，由各省、蒙古西藏、及僑居國外國民所選出之國民代表舉行預選，依左列名額，各提出候選人名單於國民大會選舉之，其人選不以國民代表爲限。
一　各省人口未滿五百萬者，每省四人，五百萬以上未滿一千萬者，每省六人，一千萬以上未滿一千五百萬者，每省八人，一千五百萬以上未滿二千萬者，每省十人，二千萬以上未滿二千五百萬者，每省十二人，二千五百萬以上，未滿三千萬者，每省十四人，三千萬以上者，每省十六人。
二　蒙古、西藏各八人。

三 僑居國外國民八人。

第六八條 立法委員任期三年連選得連任。

第六九條 行政、司法、考試、監察各院，關於其主管事項得向立法院提出議案。

第七〇條 總統對於立法院之議決案，得於公布或執行前提交復議，立法院對於前項提交復議之案，經出席委員三分之二以上之決議維持原案時，總統應即公布或執行之，但對於法律案、條約案得提請國民大會複決之。

第七一條 立法院送請公布之議決案，總統應於該案到達後三十日內公布之。

第七二條 立法委員於院內之言論及表決，對外不負責任。

第七三條 立法委員除現行犯外，非經立法院許可，不得逮捕或拘禁。

第七四條 立法委員不得兼任其他公職或執行業務。

第七五條 立法委員之選舉及立法院之組織，以法律定之。

第四節 司法院

第七六條 司法院為中央政府行使司法權之最高機關，掌理民事、刑事、行政訴訟之審判，及司法行政。

第七七條 司法院設院長副院長各一人，任期三年，由總統任命之，司法院院長對國民大會負其責任。

第七八條 關於特赦、減刑、復權事項，由司法院院長依法律提請總統行之。

第七九條 司法院有統一解釋法律命令之權。

第八〇條 法官依法獨立審判。

第八一條　法官非受刑罰或懲戒處分或禁治產之宣告，不得免職。非依法律不得停職，轉任或減俸。

第八二條　司法院之組織及各級法院之組織，以法律定之。

第五節　考試院

第八三條　考試院爲中央政府行使考試權之最高機關，掌理考選、銓叙。

第八四條　考試院設院長副院長各一人，任期三年由總統任命之考試院院長對國民大會負其責任。

第八五條　左列資格，應經考試院依法考試銓定之：

一　公務人員任用資格。

二　公職候選人資格。

三　專門職業及技術人員就業資格。

第八六條　考試院之組織，以法律定之。

第六節　監察院

第八七條　監察院爲中央政府行使監察權之最高機關，掌理彈劾、懲戒、審計、對國民大會負其責任。

第八八條　監察院爲行使監察權，得依法向各院、各部、各委員會提出質詢。

第八九條　監察院設院長副院長各一人，任期三年，連選得連任。

第九〇條　監察委員由各省、蒙古、西藏及僑居國外國民所選出之國民代表，各預選二人，提請國民大會選舉之，其人選不以國民代表爲限。

第九一條　監察委員任期三年，連選得連任。

第九二條　監察院對於中央及地方公務員違法或失職時，經監察委員一人以上之提議，五人以上之審查決定，提出彈劾案；但對於總統、副總統及行政、立法、司法、考試、監察各院院長、副院長之彈劾案，須有監察委員十人以上之提議，全體監察委員二分之一以上之審查決定，始得提出。

第九三條　對於總統、副總統、行政、立法、司法、考試、監察各院院長、副院長之彈劾案，依前條規定成立後，應向國民大會提出之；在國民大會閉會期間，應請國民代表依法召集臨時國民大會，爲罷免與否之決議。

第九四條　監察委員於院內之言論及表決，對外不負責任。

第九五條　監察委員除現行犯外，非經監察院許可，不得逮捕或拘禁。

第九六條　監察委員不得兼任其他公職，或執行業務。

第九七條　監察委員之選舉及監察院之組織，以法律定之。

第五章　地方制度

第一節　省

第九八條　省設省政府，執行中央法令及監督地方自治。

第九九條　省政府設省長一人，任期三年，由中央政府任免之。

第一〇〇條　省設省參議會，參議員名額每縣市一人，由各縣市議會選舉之，任期三年，連選得連任。

第一〇一條　省政府之組織，省參議會之組織職權，及省參議員之選舉罷免，以法律定之。

第一〇二條　未經設省之區域其政治制度，以法律定之。

第二節　縣

第一〇三條　縣爲地方自治單位。

第一〇四條　凡事務有因地制宜之性質者，劃爲地方自治事項，地方自治事項，以法律定之。

第一〇五條　縣民關於縣自治事項依法律行使創制複决之權，對於縣長及其他縣自治人員依法律行使選舉罷免之權。

第一〇六條　縣設縣議會，議員由縣民大會選舉之，任期三年，連選得連任。

第一〇七條　縣單行規章，與中央法律或省規章牴觸者無效。

第一〇八條　縣設縣政府置縣長一人，由縣民大會選舉之，任期三年，連選得連任。

縣長候選人，以經中央考試銓定合格者爲限。

第一〇九條　縣長辦理縣自治，並受省長之指揮，執行中央及省委辦事項。

第一一〇條　縣議會之組織職權縣議員之選舉、罷免縣政府之組織，及縣長之選舉、罷免，以法律定之。

第三節　市

第一一一條　市之自治，除本節規定外，準用關於縣之規定。

第一一二條　市設市議會，議員由市民大會選舉之，每年改選三分之一。

第一一三條　市設市政府，置市長一人，由市民大會選舉之，任期三年，連選得連任。

市長候選人，以經中央考試或銓定合格者爲限。

第一一四條　市長辦理市自治并受監督機關之指揮，執行中央或省委辦事項。

第一一五條　市議會之組織職權市議員之選舉罷免市政府之組織及市長之選舉罷免，以法律定之。

第六章　國民經濟

第一一六條　中華民國之經濟制度應以民生主義爲基礎，以謀國民生計之均足。

第一一七條　中華民國領域內之土地屬於國民全體其經人民依法律取得所有權者，其所有權受法律之保障及限制，國家對於人民取得所有權之土地，得按照土地所有權人申報或政府估定之地價依法律徵稅或徵收之，土地所有權人對於其所有土地負充分使用之義務。

第一一八條　附着於土地之礦，及經濟上可供公衆利用之天然力，屬於國家所有，不因人民取得土地所有權而受影響。

第一一九條　土地價値非因施以勞力資本而增加者，應以徵收土地增値稅方法，收歸人民公共享受。

第一二〇條　國家對於土地之分配、整理、以扶植自耕農及自行使用土地人爲原則。

第一二一條　國家對於私人之財富及私營業，認爲有妨害國民生計之均衡發展時，得依法律節制之。

第一二二條　國家對於國民生產事業，及對外貿易，應奬勵、指導及保護之。

第一二三條　公用事業，及其他有獨占性企業，以國家公營爲原則，但因必要，得特許國民私營之。國家對於前項特許之私營事業，因國防上之緊急需要，得臨時管理之，並得依法律收歸公營，但應予以適當之補償。

第一二四條　國家爲改良勞工生活，增進其生產技能，及救濟勞工失業，應實施保護勞工政策，婦女兒童從事勞動者，應按其年齡及身體狀態，施以特別之保護。

第一二五條　勞資雙方應本協調互助原則，發展生產事業。

第一二六條　國家爲謀農業之發展及農民之福利，應充裕農村經濟，改善農村生活，並以科學方法，提高農民耕作效能，國家對於農產品之種類數量及分配得調節之。

第一二七條　人民因服兵役、工役、或公務而致殘廢或死亡者，國家應予以相當之救濟或撫卹。

第一二八條　老弱殘廢無力生活者，國家應予以適當之救濟。

第一二九條　左列各款事項在中央應經立法院之議决，其依法律得以省區或縣市單行規章爲之者，應經各該法定機關之議决。

一　稅賦、捐費、罰金、罰鍰或其他有强制性收入之設定，及其徵收率之變更。

二　募集公債、處分公有財產，或締結增加公庫負擔之契約。

三　公營專賣、獨占或其他有營利性事業之設定或取消。

四　專買、獨占或其他特權之授予或取消。

省區及縣市政府，非經法律特許，不得募集外債或直接利用外資。

第一三〇條　中華民國領域內一切貨物，應許自由流通，非依法律不得禁阻，關稅爲中央稅收，應於貨物出入國境時徵收之，以一次爲限，各級政府不得於國內徵收貨物通過稅。對於貨物之一切稅捐，其徵收權屬於中央政府，非依法律不得爲之。

第七章 教育

第一三一條 中華民國之教育宗旨在發展民族精神，培養國民道德，訓練自治能力，增進生活知能，以造成健全國民。

第一三二條 中華民國人民受教育之機會一律平等。

第一三三條 全國公私立之教育機關，一律受國家之監督，並負推行國家所定教育政策之義務。

第一三四條 六歲至十二歲之學齡兒童，一律受基本教育，免納學費。

第一三五條 已逾學齡未受基本教育之人民，一律受補習教育，免納學費。

第一三六條 國立大學及國立專科學校之設立，應注重地區之需要，以維持各地區人民享受高等教育之機會均等，而促進全國文化之平衡發展。

第一三七條 教育經費之最低限度，在中央爲其預算總額百分之十五，在省區及縣市爲其預算總額百分之三十，其依法律獨立之教育基金，並予以保障。貧瘠省區之教育經費，由國庫補助之。

第一三八條 國家對於左列事業及人民，予以奬勵或補助。

一 國內私人經營之教育事業，成績優良者。

二 僑居國外國民之教育事業。

三 於學術技術有發明者。

四 從事教育，成績優良，久於其職者。

五 學生學行俱優，無力升學者。

第八章　憲法之施行及修正

第一三九條　憲法所稱之法律，謂經立法院通過總統公布之法律。

第一四〇條　法律與憲法牴觸者無效。

法律與憲法有無牴觸，由監察院於該法律施行後六個月內，提請司法院解釋，其詳以法律定之。

第一四一條　命令與憲法或法律牴觸者無效。

第一四二條　憲法之解釋，由司法院爲之。

第一四三條　在全國完成地方自治之省區未達半數以上時，立法委員及監察委員，依左列規定選舉任命之。

一　立法委員由各省、蒙古、西藏，及僑居國外國民所選出之國民代表，依照第六十七條所定名額，各預選半數，提請國民大會選舉之，其餘半數，由立法院長提請總統任命之。

二　監察委員由各省、蒙古、西藏，及僑居國外國民所選出之國民代表，依照第九十條所定名額，各預選半數，提請國民大會選舉之，其餘半數，由監察院院長提請總統任命之。

第一四四條　在地方自治未完成之縣，其縣長由中央政府任免之。

前項規定，於自治未完成之市準用之。

第一四五條　促成地方自治之程序，以法律定之。

第一四六條　第一屆國民大會之職權，由制定憲法之國民大會行使之。

第一四七條　憲法非由國民大會全體代表四分之一以上之提議，四分之三以上之出席，及出席代表三分之二以上之決議，不得修改之。

修改憲法之提議，應由提議人於國民大會開會前一年公告之。

第一四八條　憲法規定事項有另定實施程序之必要者，以法律定之。

十一　中華民國憲法草案

民國三十五年十一月廿三日國民政府修正
十一月廿七日提送國民大會

中華民國國民大會受全體國民之付託，依據孫中山先生創立中華民國之遺教，爲鞏固國權，保障民權，奠定社會安寧，增進人民福利，制定本憲法，頒行全國，永矢咸遵。

第一章　總綱

第一條　中華民國基於三民主義，爲民有民治民享之民主共和國。

第二條　中華民國之主權，屬於人民全體。

第三條　具有中華民國國籍者，爲中華民國國民。

第四條　中華民國領土，依其固有之疆域，非依法律不得變更之。

第五條　中華民國各民族，一律平等。

第六條　中華民國國旗，定爲紅地，左上角青天白日。

第七條　中華民國國都定於南京。

第二章　人民之權利義務

第八條　中華民國人民，無男女宗教種族階級及黨派之分，在法律上一律平等。

第九條　人民身體之自由應予保障，除現行犯法律另有規定外，非經司法或警察機關依合法手續，不得逮捕拘禁審問處罰，不依合法手續之逮捕拘禁審問處罰，得拒絕之。

人民因犯罪嫌疑被逮捕拘禁時，其逮捕拘禁機關應以逮捕拘禁原因，告知本人及其親屬，並至遲於二十四小時內移送該管法院審問。本人或他人亦得聲請該管法院，於二十四小時內，向逮捕拘禁之機關提審。

法院對於前項聲請，不得拒絕，逮捕拘禁之機關對於法院之提審，亦不得拒絕。

人民遭受任何機關非法逮捕拘禁時，其本人或他人得向法院聲請追究，法院不得拒絕，並應於二十四小時內開始追究，依法處理。

第一〇條　人民除現役軍人外，不受軍事審判。

第一一條　人民有居住及遷徙之自由。

第一二條　人民有言論講學著作及出版之自由。

第一三條　人民有秘密通訊之自由。

第一四條　人民有信仰宗教之自由。

第一五條　人民有集會及結社之自由。

第一六條　人民之財產權應予保障。

第一七條　人民有請願訴願及訴訟之權。

第一八條　人民有選舉罷免創制複決之權。
第一九條　人民有應考試服公職之權。
第二〇條　人民有依法律納稅之義務。
第二一條　人民有依法律服兵役之義務。
第二二條　人民有受國民教育之權利與義務。
第二三條　凡人民之其他自由及權利，不妨害社會秩序公共利益者，均受憲法之保障。
第二四條　關於以上所列舉之自由權利，除為防止妨礙他人自由避免緊急危難維持社會秩序，或增進公共利益所必要者外，不得以法律限制之。
第二五條　凡公務員違法侵害人民之自由或權利者，除依法律懲戒外，應負刑事及民事責任，被害人民就其所受損害，並得依法律向國家請求賠償。

第三章　國民大會

第二六條　國民大會以左列代表組織之。
一　由各省區及蒙古各盟西藏直接選出之立法委員。
二　由各省議會及蒙古各盟西藏地方議會選出之監察委員。
三　由各縣及相當於縣之其他地方區域選出之代表。
四　由僑居國外國民選出之代表。

前項各欵之名額及選舉，以法律定之。

第二七條　國民大會之職權如左。

一　選舉總統副總統。

二　罷免總統副總統。

三　憲法修改之創議。

四　複决立法院所提憲法之修正案。

關於創制複决兩權之行使除前項三四兩欵規定外，俟全國有半數之縣市，曾經行使創制複决兩項政權時，由國民大會制定辦法並行使之。

第二八條　國民大會代表每六年改選一次。

第二九條　國民大會於每屆總統任滿前九十日集會，選舉總統副總統。

第三〇條　國民大會遇有左列情形之一時，召開臨時會。

一　依監察院之决議請求行使本憲法第二十七條第一項第二欵之職權時。

二　依立法院之决議請求行使本憲法第二十七條第一項第二欵以外之職權時。

第三一條　本憲法第二十九條及第三十條集會之通告，由立法院院長爲之。

第三二條　國民大會之開會地點，在中央政府所在地。

第三三條　國民大會代表在會議時所爲之言論及表决，對外不負責任。

第三四條　國民大會代表除現行犯外，在會期中非經國民大會許可不得逮捕或拘禁。

第三五條　國民大會之組織，國民大會代表之選舉罷免及國民大會行使職權之程序，以法律定之。

第四章　總統

第三六條　總統爲國家元首，對外代表中華民國。

第三七條　總統統率全國陸海空軍。

第三八條　總統依法公佈法律，發布命令，須經行政院院長或行政院院長及有關部會首長之副署。

第三九條　總統依本憲法第六十三條之規定，行使締結條約及宣戰媾和之權。

第四〇條　總統依法宣佈戒嚴，但須經立法院之通過或追認，立法院認爲必要時，得決議移請總統解嚴。

第四一條　總統依法行使大赦，特赦，減刑，復權之權。

前項關於特赦減刑及復權事項，由司法行政部部長依法提請總統行之。

第四二條　總統依法任免文武官員。

第四三條　總統依法授與榮典。

第四四條　國家遇有天然災害，癘疫，或國家財政經濟上有重大變故，須爲急速處分時，總統於立法院休會期間，得經行政院會議之決議，依緊急命令法發布緊急命令，爲必要之處置，但須於發布命令後一個月內，提交立法院追認，如立法院不同意時，該緊急命令立即失效。

第四五條　總統對於院與院間之爭執，除本憲法已有規定者外，得召集有關各院院長會商解決之。

第四六條　中華民國國民年滿四十歲者，得被選爲總統副總統。

第四七條　總統副總統之選舉，以法律定之。

第四八條　總統副總統之任期爲六年，連選得連任一次。

第四九條　總統應於就職時宣誓，誓詞如左。

『余謹以至誠向全國人民宣誓：余必遵守憲法，盡忠職務，增進人民福利，保衛國家，無負國民付託，如違誓言，願受國家嚴厲之制裁，謹誓。』

第五〇條　總統缺位時，由副總統繼任至總統任期屆滿爲止，總統副總統均缺位時，由行政院院長代行其職權，並依本憲法第三十條及第三十一條之規定召開國民大會臨時會補選總統副總統其任期以補足原任總統未滿之任期爲止。

總統因故不能視事時，由副總統代行其職權，總統副總統均不能視事時，由行政院院長代行其職權。

第五一條　總統於任滿之日解職，如屆期次任總統尚未選出，或選出後總統副總統均未就職時，由行政院院長代行總統職權。

第五二條　行政院院長代行總統職權時，其期限不得逾三個月。

第五三條　總統除犯內亂或外患罪外，非經罷免或解職，不受刑事上之訴究。

第五章　行政

第五四條　行政院爲國家最高行政機關。

第五五條　行政院設院長副院長各一人，各部會首長若干人，及不管部會之政務委員若干人。

第五六條　行政院院長由總統提名經立法院同意任命之，立法院休會期間，行政院院長辭職或出缺時，總統得暫行派員代理其職務，但須於四十日內召集立法院會議，提請同意。

第五七條　行政院各部會首長及不管部會之政務委員，由行政院院長提請總統任命之。

第五八條　行政院依左列規定對立法院負責。

一　行政院有向立法院提出施政報告之責，立法委員有向行政院及其各部會質詢之權。

二　立法院對於行政院之重要政策不贊同時，得以決議移請行政院變更之，行政院對於立法院之決議，得經總統之核可移請立法院覆議，覆議時如經出席立法委員三分之二維持原決議，該決議行政院院長應予接受或辭職。

三　行政院對於立法院通過之法律案，預算案，條約案，如認爲該案窒礙難行時，得經總統之核可，於該案送達行政院十日內，移請立法院覆議，覆議時如經出席立法委員三分之二維持原案，該案行政院院長應予執行或辭職。

第五九條　行政院院長各部會首長須將提出於立法院之法律案、預算案、戒嚴案、大赦案、媾和案、條約案及其他重要事項，或涉及各部會共同關係之事項，提出於行政院會議議決之。

第六〇條　行政院於會計年度開始三個月前，應將下年度預算案提出於立法院。

第六一條　行政院之組織以法律定之。

第六章 立法

第六二條 立法院爲國家最高立法機關，由人民選舉之立法委員代表人民行使立法權。

第六三條 立法院有議決法律案、預算案、戒嚴案、大赦案、宣戰案、媾和案、條約案及國家其他重要事項之權。

第六四條 立法院得接受人民之請願。

第六五條 立法委員名額之分配依左列之規定。

一 各省市人口未滿三百萬人者每省市五人，其人口超過三百萬以上者，每滿一百萬人增加一人。

二 蒙古各盟共八人西藏八人。

三 僑居國外之國民十六人。

第六六條 立法委員任期三年，連選得連任，其新選舉每屆任滿前三個月內完成之。

第六七條 立法院設院長副院長各一人，由立法委員互選之。

第六八條 立法院之會議，因政府之要求或立法委員十分一以上之請求，得改開秘密會議。

第六九條 立法院得設各種委員會。

各種委員會得邀請政府人員及社會上有關係人員到會備詢。

第七〇條 立法院會期每年兩次自行集會，第一次自二月至五月底，第二次自九月至十二月底，遇必要時得延長之。

第七一條 立法院遇有左列情事之一時，得開臨時會。

一 總統之咨請。

二　立法委員四分之一以上請求。

第七二條　立法院對於行政院所提預算案不得爲增加支出之提議。

第七三條　立法院開會時，行政院院長及各部會首長得出席陳述意見。

第七四條　行政院於會計年度結束後四個月內，提出決算於立法院。

第七五條　立法院關於決算之審核，得選舉審計長由總統任命之。

審計長及審計協審應爲終身職。

第七六條　審計長於審核結束後三個月內，提出審核報告於立法院。

第七七條　立法院法律案通過後移送總統，總統應於收到後十日內公布之，但總統得依照本憲法第五十八條之規定辦理。

第七八條　立法委員於院內之言論及表決，對外不負責任。

第七九條　立法委員除現行犯外，非經立法院許可，不得逮捕或拘禁。

第八〇條　立法委員不得兼任官吏。

第八一條　立法院之組織，以法律定之。

第七章　司法

第八二條　司法院爲國家最高審判機關，掌理民事刑事行政訴訟之審判及憲法之解釋。

第八三條　司法院設院長一人，大法官若干人，由總統提名經監察院同意任命之。

第八四條　法官須超出於黨派以外，依據法律，獨立審判。
第八五條　法官爲終身職，非受刑事或懲戒處分或禁治產之宣告不得免職，非依法律不得停職轉任或減俸。
第八六條　司法院有統一解釋法律及命令之權。
第八七條　司法院及各級法院之組織，以法律定之。

第八章　考試

第八八條　考試院爲國家行使考試權之最高機關，掌理考試任用銓敍考績薪給陞遷退休養老等事項。
第八九條　考試院設考試委員若干人，由總統提名經監察院同意任命之。
考試院設院長一人，由考試委員互選之。
第九〇條　公務人員選拔應實行公開競爭之考試制度，必要時得分區定額，非經考試及格者不得任用。
第九一條　左列資格應經考試院依法考選銓定之。
一　公務人員任用資格。
二　專門職業及技術人員執業資格。
第九二條　考試院關於所掌事項，提出法律案時，由考試院秘書長出席立法院說明之。
第九三條　考試委員須超出於黨派以外，依據法律，獨立行使職權。
第九四條　考試院之組織，以法律定之。

第九章　監察

第九五條　監察院爲國家最高監察機關，行使同意彈劾及監察權。

第九六條　監察院設監察委員由各省市議會蒙古各盟及西藏地方議會選舉之，其名額分配依左列之規定。

一　每省五人。

二　每市二人。

三　蒙古各盟共八人，西藏八人。

第九七條　監察院設院長副院長各一人，由監察委員互選之。

第九八條　監察委員任期爲六年連選得連任。

第九九條　監察院依本憲法之規定行使同意權時，由全院會議過半數之決議行之。

第一〇〇條　監察院爲行使監察權得向行政院及其各部會調閱其所發布之命令及各種文件。

第一〇一條　監察院得按行政院及其各部會之工作，分設若干委員會，調查一切設施注意其是否違法或失職。

第一〇二條　監察院經各該委員會之審查及決議，得提出糾正案送交行政院及其各部會注意改善。

監察院對於行政院或其各部會人員，認爲有失職或違法情事，得提出彈劾案，如係涉及刑事，應移送法院辦理。

第一〇三條　監察院對於中央及地方行政人員之彈劾案，須經監察委員三人以上之提議，九人以上之審查及決定，始得提出送由懲戒機關依法辦理。

第一〇四條　監察院對於法官及考試院人員失職或違法之彈劾，適用第一百零二條及第一百零三條規定。

第一〇五條　監察院對於總統副總統之彈劾案，須有全體監察委員四分一以上之提議，全體監察委員過半數之審查及決議，向國民大會提出之。

第一〇六條　監察委員於院內之言論及表決，對外不負責任。

第一〇七條　監察委員除現行犯外，非經監察院許可，不得逮捕或拘禁。

第一〇八條　監察委員不得兼任其他公職，或執行業務。

第一〇九條　監察院之組織，以法律定之。

第十章　中央與地方之權限

第一一〇條　左列事項，由中央立法並執行之。

一　外交。

二　國防與國防軍事。

三　國籍法及刑事、民事、商事之法律。

四　司法制度。

五　航空、國道、國有鐵路，及航政、郵政、電政。

六　中央財政與國稅。

七　國稅與省稅之劃分。

八　國營經濟事業。

九　幣制及國家銀行。
十　度量衡。
十一　國際貿易及國際貿易之管理。
十二　涉外財政經濟事項。
十三　其他依本憲法所定關於中央之事項。

第一一一條　左列事項，由中央立法並執行，或交由省縣執行之。
一　省縣自治通則。
二　農林工礦及商業。
三　教育制度。
四　銀行及交易所制度。
五　航業及沿海漁業。
六　公用事業。
七　兩省以上之水陸交通運輸。
八　兩省以上之水利及河道。
九　中央及地方官吏之銓叙任用，糾察及保障。
十　土地法。

十一　社會立法及勞動法。
十二　公用徵收。
十三　全國戶口調查及統計。
十四　移民及墾殖。
十五　警察制度。
十六　公共衛生。
十七　振濟撫卹及失業救濟。
十八　有關文化之古籍古物及古蹟之保存。
前項各欵，省於不牴觸國家法律內，得制定單行法律。

第一一二條　左列事項，由省立法並執行，或交由縣執行之。
一　省教育實業及交通。
二　省財產之經營處分。
三　省市政。
四　省水利及工程。
五　省財政及省稅。
六　省債。

七　省銀行。

八　省警察。

九　省慈善及公益事項。

十　其他依國家法律賦予之事項。

前項各欵有涉及二省以上者，除法律別有規定外，得共同辦理。

各省辦理第一項各欵事務，其經費不足時，經立法院議決由國庫補助之。

第一一三條　除第一百十條第一百十一條第一百十二條列舉事項外，如有未列舉事項發生時，其事務有全國一致之性質者，屬諸中央；有因地制宜之性質者，屬諸各省。遇有爭議時，由立法院解決之。

第十一章　省縣制度

第一節　省

第一一四條　省得召集省民代表大會，依據省縣自治通則制定省自治法，但不得與憲法牴觸。

第一一五條　省自治法，應包含左列各欵。

一　省設省議會，省議員由省民選舉之。

二　省長民選。

三　省政府及縣政府之組織。

四　縣實行縣自治，縣長民選。

屬於省之立法權由省議會行之。

五　省與縣之關係。

第一一六條　省自治法制定後，須即送司法院，如司法院認爲有違憲之處，應將違憲條文宣布無效。

第一一七條　省自治法施行後，如因某項發生重大障礙時，由司法院召集有關方面陳述意見後，由立法院院長監察院院長與司法院院長組織委員會，以司法院院長爲主席，提出方案解決之。

第一一八條　省法規與國家法律牴觸者無效。

第一一九條　省法規與國家法律發生牴觸之疑義時，由司法院解釋之。

第一二〇條　直轄市之自治，以法律定之。

第二節　縣

第一二一條　縣實行縣自治。

第一二二條　縣民關于縣自治事項，依法律行使創制複決之權，對於縣長及其他縣自治人員，依法律行使選舉罷免之權。

第一二三條　縣設縣議會，縣議員由縣民選舉之。

第一二四條　縣單行規章與中央法律或省法規牴觸者無效。

第一二五條　縣設縣政府，置縣長一人，由縣民選舉之。

第一二六條　縣長辦理縣自治，並執行中央及省委辦事項。

第一二七條　市準用縣之規定。

第十二章　選舉

第一二八條　本憲法所規定之各種選舉，以普通平等直接及無記名投票之方法行之。

第一二九條　中華民國國民年滿二十歲者有依法選舉之權，除本憲法及法律別有規定者外年滿二十三歲者，有依法被選舉之權。

第一三〇條　本憲法所規定各種選舉之候選人，一律公開競選。

第一三一條　選舉應嚴禁威脅利誘，如有選舉訴訟，須交法院審判。

第一三二條　被選舉人得由原選舉區依法罷免之。

第十三章　基本國策

第一三三條　中華民國之國防，以保衛國家安全，維護世界和平爲目的。

第一三四條　全國陸海空軍須超出於個人地域及黨派關係以外，盡忠國家，愛護人民。

第一三五條　任何黨派及個人不得利用軍隊爲政爭之工具。

第一三六條　現役軍人不得兼任文官。

第一三七條　中華民國之外交，應本獨立自主精神，以敦睦邦交，履行條約義務，遵守聯合國憲章，促進國際合作，確保世界和平爲基本政策。

第一三八條　國民經濟應以民生主義爲基本原則。

第一三九條 國家應使耕者有其田，勞動者有職業，企業者有發展之機會，以謀國計民生之均足。

第一四〇條 勞資雙方應本協調互助之原則，共謀生產事業之發展。

第一四一條 國家對於私人之財富及私人事業應保護之，但認爲有妨害國計民生之平衡發展者，得以法律限制之。

第一四二條 公用事業及其他獨佔性之企業，以公營爲原則，遇必要時得許國民經營之。

第一四三條 文化教育應發展國民之民族精神，民主精神，國民道德，健全體格與科學智能。

第一四四條 國家應普及並提高一般人民之文化水準，實行教育機會均等，保障學術與思想之自由，致力科學與藝術之發展。

第一四五條 教育科學藝術文化工作者之生活，及其工作條件，國家應保護之。

第十四章 憲法之施行及修正

第一四六條 憲法所稱之法律，謂經立法院通過總統公布之法律。

第一四七條 法律與憲法牴觸者無效。

法律與憲法有無牴觸發生疑義時，由司法院解釋之。

第一四八條 命令與憲法或法律牴觸者無效。

第一四九條 憲法之解釋，由司法院爲之。

第一五〇條 憲法之修正，應依左列程序之一爲之。

一 由國民大會代表總額四分一之創議，四分三之出席，及出席三分二之決議，得議決修改原則，交立法院根據該原則制成修正案，提請國民大會複決。

二　由立法院立法委員四分一之提議四分三之出席及出席三分二之決議，制成修正案，提請國民大會複決。

憲法修正案之複決，須經國民大會代表總額四分三之出席，及出席三分二之決議，方得成立。

第一五一條　本憲法規定事項，有另定實施程序之必要者，以法律定之。

（附註）本案與十一月九日送立法院審議之政協原草案略有出入，如案中第四十五，九十九及一〇四，三條，係國府加入為原草案所無。

十二　中華民國憲法

三十五年十二月廿五日國民大會三讀通過
三十六年元旦國民政府公佈

中華民國國民大會受全體國民之付託，依據　孫中山先生創立中華民國之遺教，為鞏固國權，保障民權，奠定社會安寧，增進人民福利，制定本憲法，頒行全國，永矢咸遵。

第一章　總綱

第一條　中華民國基於三民主義，為民有民治民享之民主共和國。

第二條　中華民國之主權屬於國民全體。

第三條　具有中華民國國籍者，為中華民國國民。

第四條　中華民國領土，依其固有之疆域，非經國民大會之決議，不得變更之。

第五條　中華民國各民族一律平等。

第六條　中華民國國旗定爲紅地左上角青天白日。

第二章　人民之權利義務

第七條　中華民國人民，無分男女、宗教、種族、階級、黨派，在法律上一律平等。

第八條　人民身體之自由應予保障。除現行犯之逮捕由法律另定外非經司法或警察機關依法定程序，不得逮捕拘禁；非由法院依法定程序，不得審問處罰。非依法定程序之逮捕、拘禁、審問、處罰，得拒絕之。

人民因犯罪嫌疑被逮捕拘禁時，其逮捕拘禁機關應將逮捕拘禁原因，以書面告本人及其本人指定之親友，並至遲於二十四小時內移送該管法院審問。本人或他人亦得聲請該管法院，於二十四小時內向逮捕之機關提審。

法院對於前項聲請，不得拒絕，並不得先令逮捕拘禁之機關查覆。逮捕拘禁之機關，對於法院之提審，不得拒絕或遲延。

人民遭受任何機關非法逮捕拘禁時，其本人或他人得向法院聲請追究，法院不得拒絕，並應於二十四小時內，向逮捕拘禁之機關追究，依法處理。

第九條　人民除現役軍人外，不受軍事審判。

第一〇條　人民有居住及遷徙之自由。

第一一條　人民有言論、講學、著作及出版之自由。

第一二條　人民有秘密通訊之自由。
第一三條　人民有信仰宗教之自由。
第一四條　人民有集會及結社之自由。
第一五條　人民之生存權、工作權及財產權，應予保障。
第一六條　人民有請願、訴願及訴訟之權。
第一七條　人民有選舉、罷免、創制及複決之權。
第一八條　人民有應考試、服公職之權。
第一九條　人民有依法律納稅之義務。
第二〇條　人民有依法律服兵役之義務。
第二一條　人民有受國民教育之權利與義務。
第二二條　凡人民之其他自由及權利，不妨害社會秩序、公共利益者，均受憲法之保障。
第二三條　以上各條列舉之自由權利，除爲防止妨礙他人自由，避免緊急危難，維持社會秩序，或增進公共利益所必要者外，不得以法律限制之。
第二四條　凡公務員違法侵害人民之自由或權利者，除依法律受懲戒外，應負刑事及民事責任。被害人民就其所受損害，並得依法律向國家請求賠償。

第三章　國民大會

第二五條　國民大會依本憲法之規定，代表全國國民行使政權。

第二六條　國民大會以左列代表組織之：

一　每縣市及其同等區域各選出代表一人，但其人口逾五十萬人者，每增加五十萬人，增選代表一人。縣市同等區域以法律定之。

二　蒙古選出代表，每盟四人，每特別旗一人。

三　西藏選出代表，其名額以法律定之。

四　各民族在邊疆地區選出代表，其名額以法律定之。

五　僑居國外之國民選出代表，其名額以法律定之。

六　職業團體選出代表，其名額以法律定之。

七　婦女團體選出代表，其名額以法律定之。

第二七條　國民大會之職權如左：

一　選舉總統、副總統。

二　罷免總統、副總統。

三　修改憲法。

四　複決立法院所提之憲法修正案。

關於創制、複決兩權，除前項第三、第四兩款規定外，俟全國有半數之縣市曾經行使創制、複決兩項政權時，由國民大會制定辦法并行使之。

第二八條　國民大會代表每六年改選一次。每屆國民大會代表之任期，至次屆國民大會開會之日爲止。

現任官吏不得於其任所所在地之選舉區當選爲國民大會代表。

第二九條　國民大會於每屆總統任滿前九十日集會，由總統召集之。

第三〇條　國民大會遇有左列情形之一時，召集臨時會：

一　依本憲法第四十九條之規定，應補選總統、副總統時。

二　依監察院之決議，對於總統、副總統提出彈劾案時。

三　依立法院之決議，提出憲法修正案時。

四　國民大會代表五分之二以上請求召集時。

國民大會臨時會，如依前項第一款或第二款應召集時，由立法院院長通告集會；依第三款或四款應召集時，由總統召集之。

第三一條　國民大會之開會地點在中央政府所在地。

第三二條　國民大會代表在會議時所爲之言論及表決，對會外不負責任。

第三三條　國民大會代表除現行犯外，在會期中，非經國民大會許可，不得逮捕或拘禁。

第三四條　國民大會之組織，國民大會代表之選舉、罷免，及國民大會行使職權之程序，以法律定之。

第四章　總統

第三五條　總統爲國家元首，對外代表中華民國。
第三六條　總統統率全國陸海空軍。
第三七條　總統依法公佈法律發布命令，須經行政院院長之副署，或行政院院長及有關部會首長之副署。
第三八條　總統依本憲法之規定，行使締結條約及宣戰媾和之權。
第三九條　總統依法宣布戒嚴，但須經立法院之通過或追認。立法院認爲必要時，得決議移請總統解嚴。
第四〇條　總統依法行使大赦、特赦、減刑及復權之權。
第四一條　總統依法任免文武官員。
第四二條　總統依法授與榮典。
第四三條　國家遇有天然災害，癘疫或國家財政經濟上有重大變故，須爲急速處分時，總統於立法院休會期間，得經行政院會議之決議，依緊急命令法，發布緊急命令，爲必要之處置。但須於發布命令後一個月內提交法院追認，如立法院不同意時，該緊急命令立即失效。
第四四條　總統對於院與院間之爭執，除本憲法有規定者外，得召集有關各院院長會商解決之。
第四五條　中華民國國民年滿四十歲者，得被選爲總統、副總統。
第四六條　總統、副總統之選舉，以法律定之。
第四七條　總統、副總統之任期爲六年，連選得連任一次。
第四八條　總統應於就職時宣誓，誓詞如左：

「余謹以至誠，向全國人民宣誓，余必遵守憲法，盡忠職務，增進人民福利，保衛國家，無負國民付託。如違誓言，願受國家嚴厲之制裁。謹誓。」

第四九條 總統缺位時，由副總統繼任，至總統任期屆滿爲止。總統、副總統均缺位時，由行政院院長代行其職權，並依本憲法第卅條之規定，召集國民大會臨時會，補選總統、副總統，其任期以補足原任總統未滿之任期爲止。總統因故不能視事時，由副總統代行其職權。總統、副總統均不能視事時，由行政院院長代行其職權。

第五〇條 總統於任滿之日解職，如屆期次任總統尚未選出，或選出後總統、副總統均未就職時，由行政院院長代行總統職權。

第五一條 行政院院長代行總統職權時，其期限不得逾三個月。

第五二條 總統除犯內亂或外患罪外，非經罷免或解職，不受刑事上之訴究。

第五章 行政

第五三條 行政院爲國家最高行政機關。

第五四條 行政院設院長、副院長各一人，各部會首長若干人，及不管部會之政務委員若干人。

第五五條 行政院院長由總統提名，經立法院同意任命之。

立法院休會期間，行政院院長辭職或出缺時，由行政院副院長代理其職務，但總統須於四十日內咨請立法院召集會議，提出行政院院長人選徵求同意。行政院院長職務，在總統所提行政院院長人選未經立法院同意前，由行政院副院長暫行代理。

第五六條　行政院副院長、各部會首長及不管部會之政務委員，由行政院院長提請總統任命之。

第五七條　行政院依左列規定，對立法院負責：

一　行政院有向立法院提出施政方針及施政報告之責；立法委員在開會時，有向行政院院長及行政院各部會首長質詢之權。

二　立法院對於行政院重要政策不贊同時，得以決議移請行政院變更之。行政院對於立法院之決議，得經總統之核可，移請立法院覆議。覆議時，如經出席立法委員三分之二維持原決議，行政院院長應即接受該決議或辭職。

三　行政院對於立法院決議之法律案、預算案、條約案，如認爲該決議案有窒礙難行時，得經總統之核可，於該決議案送達行政院十日內，移請立法院覆議。覆議時，如經出席立法委員三分之二維持原案，行政院院長應即接受該決議案或辭職。

第五八條　行政院設行政院會議，由行政院院長、副院長、各部會首長及不管部會之政務委員組織之，以院長爲主席。行政院院長、各部會首長，須將應行提出立法院之法律案、預算案、戒嚴案、大赦案、宣戰案、媾和案、條約案及其他重要事項，或涉及各部會共同關係之事項，提出於行政院會議議決之。

第五九條　行政院於會計年度開始三個月前，應將下年度預算案提出於立法院。

第六〇條　行政院於會計年度結束後四個月內，應提出決算於監察院。

第六一條　行政院之組織，以法律定之。

第六章　立法

第六二條　立法院爲國家最高立法機關，由人民選舉之立法委員組織之，代表人民行使立法權。

第六三條　立法院有議決法律案、預算案、戒嚴案、大赦案、宣戰案、媾和案、條約案及國家其他重要事項之權。

第六四條　立法院立法委員依左列規定選出之：

一、各省、各直轄市選出者，其人口在三百萬以下者五人，在人口超過三百萬者，每滿一百萬人增選一人。

二、蒙古各盟旗選出者。

三、西藏選出者。

四、各民族在邊疆地區選出者。

五、僑居國外之國民選出者。

六、職業團體選出者。

立法委員之選舉及前項第二款至第六款立法委員名額之分配，以法律定之。婦女在第一項各款之名額，以法律定之。

第六五條　立法委員之任期爲三年，連選得連任，其選舉於每屆任滿前三個月內完成之。

第六六條　立法院設院長、副院長各一人，由立法委員互選之。

第六七條　立法院得設各種委員會。各種委員會得邀請政府人員及社會上有關係人員到會備詢。

第六八條　立法院會期，每年兩次，自行集會，第一次自二月至五月底，第二次自九月至十二月底，必要時得延長之。

第六九條　立法院遇有左列情事之一時，得開臨時會：

一　總統之咨請。

二　立法委員四分之一以上之請求。

第七〇條　立法院對於行政院所提預算案不得為增加支出之提議。

第七一條　立法院開會時，關係院院長及各部會首長得列席陳述意見。

第七二條　立法院法律案通過後移送總統及行政院，總統應於收到後十日內公布之，但總統得依照本憲法第五十七條之規定辦理。

第七三條　立法委員在院內所為之言論及表決，對院外不負責任。

第七四條　立法委員除現行犯外，非經立法院許可，不得逮捕或拘禁。

第七五條　立法委員不得兼任官吏。

第七六條　立法院之組織，以法律定之。

第七章　司法

第七七條　司法院為國家最高司法機關，掌理民事、刑事、行政訴訟之審判及公務員之懲戒。

第七八條　司法院解釋憲法，並有統一解釋法律及命令之權。

第七九條　司法院設院長、副院長各一人，由總統提名經監察院同意任命之。

司法院設大法官若干人，掌理本憲法第七十八條規定事項，由總統提名，經監察院同意任命之。

第八〇條　法官須超出黨派以外，依據法律獨立審判，不受任何干涉。

第八一條　法官爲終身職，非受刑事或懲戒處分，或禁治產之宣告，不得免職。非依法律不得停職、轉任或減俸。

第八二條　司法院及各級法院之組織，以法律定之。

第八章　考試

第八三條　考試院爲國家最高考試機關，掌理考試、任用、銓敍、考績、級俸、陞遷、保障、褒獎、撫卹、退休、養老等事項。

第八四條　考試院設院長、副院長各一人，考試委員若干人，由總統提名，經監察院同意任命之。

第八五條　公務人員之選拔，應實行公開競爭之考試制度，並應按省區分別規定名額，分區舉行考試。非經考試及格者，不得任用。

第八六條　左列資格，應經考試院依法考選銓定之：

一　公務人員任用資格。

二　專門職業及技術人員執業資格。

第八七條　考試院關於所掌事項，得向立法院提出法律案。

第八八條　考試委員須超出黨派以外，依據法律獨立行使職權。

第八九條　考試院之組織，以法律定之。

第九章　監察

第九〇條　監察院爲國家最高監察機關，行使同意、彈劾、糾舉及審計權。

第九一條　監察院設監察委員，由各省市議會、蒙古、西藏地方議會，及華僑團體選舉之。其名額分配依左列之規定：

一　每省五人。

二　每直轄市二人。

三　蒙古各盟旗共八人。

四　西藏八人。

五　僑居國外之國民八人。

第九二條　監察院設院長、副院長各一人，由監察委員互選之。

第九三條　監察委員之任期爲六年，連選得連任。

第九四條　監察院依本憲法行使同意權時，出席委員過半數之議決行之。

第九五條　監察院爲行使監察權，得向行政院及其各部會調閱其所發布之命令及各種有關文件。

第九六條　監察院得按行政院及其各部會之工作，分設若干委員會，調查一切設施，注意其是否違法或失職。

第九七條　監察院經各該委員會之審查及決議，得提出糾正案，移送行政院及其有關部會，促其注意改善。監察院對於中央及地方公務人員認爲有失職或違法情事，得提出糾舉案或彈劾案，如涉及刑事，應移送法院辦理。

第九八條　監察院對於中央及地方公務人員之彈劾案，須經監察委員一人以上之提議，九人以上之審查及決定，始得提出。

第九九條　監察院對於司法院或考試院人員失職或違法之彈劾，適用本憲法第九十五條、第九十七條及第九十八條之規定。

第一〇〇條　監察院對於總統副總統之彈劾案，須有全體監察委員四分之一以上之提議，全體監察委員過半數之審查及決議，向國民大會提出之。

第一〇一條　監察委員在院內所爲之言論及表決，對院外不負責任。

第一〇二條　監察委員除現行犯外，非經監察院許可，不得逮捕或拘禁。

第一〇三條　監察委員不得兼任其他公職或執行業務。

第一〇四條　監察院設審計長，由總統提名，經立法院同意任命之。

第一〇五條　審計長應於行政院提出決算後三個月內，依法完成其審核，並提出審核報告於立法院。

第一〇六條　監察院之組織，以法律定之。

第十章　中央與地方之權限

第一〇七條　左列事項，由中央立法并執行之：

一　外交。

二　國防與國防軍事。

三　國籍法及刑事、民事、商事之法律。

四　司法制度。

五　航空、國道、國有鐵路、航政、郵政及電政。

六　中央財政與國稅。
七　國稅與省稅縣稅之劃分。
八　國營經濟事業。
九　幣制及國家銀行。
十　度量衡。
十一　國際貿易政策。
十二　涉外之財政經濟事項。
十三　其他依本憲法所定關於中央之事項。

第一〇八條　左列事項，由中央立法并執行之，或交由省、縣執行之：
一　省、縣自治通則。
二　行政區劃。
三　森林、工礦及商業。
四　教育制度。
五　銀行及交易所制度。
六　航業及海洋漁業。
七　公用事業。

八　合作事業。
九　二省以上之水陸交通運輸。
十　二省以上之水利、河道及農牧事業。
十一　中央及地方官吏之銓敘、任用、糾察及保障。
十二　土地法。
十三　勞動法及其他社會立法。
十四　公用徵收。
十五　全國戶口調查及統計。
十六　移民及墾殖。
十七　警察制度。
十八　公共衛生。
十九　振濟、撫卹及失業救濟。
二十　有關文化之古籍、古物及古蹟之保存。
前項各款，省於不牴觸國家法律內，得制定單行法規。
第一〇九條　左列事項，由省立法幷執行之，或交由縣執行之：
一　省教育、衛生、實業及交通。

二　省財產之經營及處分。
三　省市政。
四　省公營事業。
五　省合作事業。
六　省農林、水利、漁牧及工程。
七　省財政及省稅。
八　省債。
九　省銀行。
十　省警政之實施。
十一　省慈善及公益事業。
十二　其他依國家法律賦予之事項。
前項各款，有涉及二省以上者，除法律別有規定外，得由有關各省共同辦理。
各省辦理第一項各款事務，其經費不足時，經立法院議決，由國庫補助之。

第一一〇條　左列事項，由縣立法并執行之：
一　縣教育、衛生、實業及交通。
二　縣財產之經營及處分。

三　縣公營事業。

四　縣合作事業。

五　縣農林、水利、漁牧及工程。

六　縣財政及縣稅。

七　縣債。

八　縣銀行。

九　縣警衛之實施。

十　縣慈善及公益事項。

十一　其他依國家法律及省自治法賦予之事項。

前項各款，有涉及二縣以上者，除法律別有規定外，得由有關各縣共同辦理。

第一一一條　除第一百零七條、第一百零八條、第一百零九條及第一百十條列舉事項外，如有未列舉事項發生時，其事務有全國一致之性質者屬於中央，有全省一致之性質者屬於省，有一縣之性質者屬於縣。遇有爭議時，由立法院解決之。

第十一章　地方制度

第一節　省

第一一二條　省得召集省民代表大會，依據省縣自治通則，制定省自治法，但不得與憲法牴觸。

省民代表大會之組織及選舉，以法律定之。

第一一三條 省自治法應包含左列各欵：

一 省設省議會，省議會議員由省民選舉之。

二 省設省政府，置省長一人，省長由省民選舉之。

三 省與縣之關係。

屬於省之立法權，由省議會行之。

第一一四條 省自治法制定後，須即送司法院。司法院如認爲有違憲之處，應將違憲條文宣佈無效。

第一一五條 省自治法施行中，如因其中某條發生重大障礙，經司法院召集有關方面陳述意見後，由行政院院長、立法院院長、司法院院長、考試院院長與監察院院長組織委員會，以司法院院長爲主席，提出方案解決之。

第一一六條 省法規與國家法律牴觸者無效。

第一一七條 省法規與國家法律有無抵觸發生疑義時，由司法院解釋之。

第一一八條 直轄市之自治，以法律定之。

第一一九條 蒙古各盟旗地方自治制度，以法律定之。

第一二〇條 西藏自治制度應予以保障。

第二節 縣

第一二一條 縣實行縣自治。

第一二二條　縣得召集縣民代表大會，依據省縣自治通則，制定縣自治法，但不得與憲法及省自治法牴觸。

第一二三條　縣民關於縣自治事項，依法律行使創制複決之權，對於縣長及其他縣自治人員，依法律行使選舉罷免之權。

第一二四條　縣設縣議會，縣議會議員由縣民選舉之。屬於縣之立法權，由縣議會行之。

第一二五條　縣單行規章與國家法律或省法規牴觸者無效。

第一二六條　縣設縣政府，置縣長一人。縣長由縣民選舉之。

第一二七條　縣長辦理縣自治，並執行中央及省委辦事項。

第一二八條　市準用縣之規定。

第十二章　選舉　罷免　創制　複決

第一二九條　本憲法所定之各種選舉，除本憲法別有規定外，以普通、平等、直接及無記名投票之方法行之。

第一三〇條　中華民國國民年滿廿歲者有依法選舉之權。除本憲法及法律別有規定者外，年滿廿三歲者，有依法被選舉之權。

第一三一條　本憲法所規定各種選舉之候選人，一律公開競選。

第一三二條　選舉應嚴禁威脅利誘。選舉訴訟由法院判之。

第一三三條　被選舉人得由原選舉區依法罷免之。

第一三四條　各種選舉，應規定婦女當選名額，其辦法以法律定之。

第一三五條　內地生活習慣特殊之國民代表名額及選舉，其辦法以法律定之。

第一三六條　創制複決兩權之行使，以法律定之。

第十三章　基本國策

第一節　國防

第一三七條　中華民國之國防，以保衛國家安全，維護世界和平爲目的。

國防之組織，以法律定之。

第一三八條　全國陸海空軍，須超出個人、地域及黨派關係以外，効忠國家，愛護人民。

第一三九條　任何黨派及個人不得以武裝力量爲政爭之工具。

第一四〇條　現役軍人不得兼任文官。

第二節　外交

第一四一條　中華民國之外交，應本獨立自主之精神，平等互惠之原則，敦睦邦交，尊重條約及聯合國憲章，以保護僑民權益，促進國際合作，提倡國際正義，確保世界和平。

第三節　國民經濟

第一四二條　國民經濟應以民生主義爲基本原則，實施平均地權，節制資本，以謀國計民生之均足。

第一四三條　中華民國領土內之土地屬於國民全體。人民依法取得之土地所有權，應受法律之保障與限制。私有土地應照價納稅，政府并得照價收買。

附着於土就之鑛，及經濟上可供公衆利用之天然力屬於國家所有，不因人民取得土地所有權而受影響。

土地價值非因施以勞力資本而增加者，應由國家徵收土地增值稅，歸人民共享之。

國家對於土地之分配與整理，應以扶植自耕農及自行使用土地人爲原則，并規定其適當經營之面積。

第一四四條　公用事業及其他有獨佔性之企業，以公營爲原則，其經法律許可者，得由國民經營之。

第一四五條　國家對於私人財富及私營事業，認爲有妨害國計民生之平衡發展者，應以法律限制之。

合作事業應受國家之獎勵與扶助。

國民生產事業及對外貿易應受國家之獎勵、指導及保護。

第一四六條　國家應運用科學技術，以興修水利，增進地力，改善農業環境，規劃土地利用，開發農業資源，促成農業之工業化。

第一四七條　中央爲謀省與省間之經濟平衡發展，對於貧瘠之省，應酌予補助。

省爲謀縣與縣間之經濟平衡發展，對於貧瘠之縣，應酌予補助。

第一四八條　中華民國領域內一切貨物應許自由流通。

第一四九條　金融機構，應依法受國家之管理。

第一五〇條　國家應普設平民金融機構，以救濟失業。

第一五一條　國家對於僑居國外之國民，應扶助并保護其經濟事業之發展。

第四節　社會安全

第一五二條　人民具有工作能力者，國家應予以適當之工作機會。

第一五三條　國家爲改良勞工及農民之生活，增進其生產技能，應制定保護勞工及農民之法律，實施保護勞工及農民之政策。婦女兒童從事勞動者，應按其年齡及身體狀態，予以特別之保護。

第一五四條　勞資雙方應本協調合作原則，發展生產事業。勞資糾紛之調解與仲裁，以法律定之。

第一五五條　國家爲謀社會福利，應實施社會保險制度，人民之老弱殘廢，無力生活，及受非常災害者，國家應予以適當之扶助與救濟。

第一五六條　國家爲奠定民族生存發展之基礎，應保護母性，並實施婦女兒童福利政策。

第一五七條　國家爲增進民族健康，應普遍推行衛生保健事業及公醫制度。

第五節　教育文化

第一五八條　教育文化，應發展國民之民族精神，自治精神，國民道德，健全體格，科學及生活智能。

第一五九條　國民受教育之機會，一律平等。

第一六〇條　六歲至十二歲之學齡兒童，一律受基本教育，免納學費，其貧苦者，由政府供給書籍。已逾學齡未受基本教育之國民，一律受補習教育，免納學費，其書籍亦由政府供給。

第一六一條　各級政府應廣設獎學金名額，以扶助學行俱優無力升學之學生。

第一六二條　全國公私立之教育文化機關，依法律受國家之監督。

第一六三條　國家應注重各地區教育之均衡發展，並推行社會教育，以提高一般國民之文化水準，邊遠及貧瘠地區之教育文化經費，由國庫補助之。其重要之教育文化事業，得由中央辦理或補助之。

第一六四條　教育、科學、文化之經費，在中央不得少於其預算總額百分之十五，在省不得少於預算總額百分之二十五，在市縣不得少於其預算總額百分之三十五，其依法設置之教育文化基金及產業，應予以保障。

第一六五條　國家應保障教育、科學、藝術工作者之生活，並依國民經濟之進展，隨時提高其待遇。

第一六六條　國家應獎勵科學之發明與創造，並保護有關歷史文化藝術之古蹟古物。

第一六七條　國家對於左列事業或個人，予以獎勵或補助：

一　國內私人經營之教育事業成績優良者。

二　僑居國外國民之教育事業成績優良者。

三　於學術或技術有發明者。

四　從事教育久於其職而成績優良者。

第六節　邊疆地區

第一六八條　國家對於邊疆地區各民族之地位，應予以合法之保障，並於其地方自治事業，特別予以扶植。

第一六九條　國家對於邊疆地區各民族之教育、文化、交通、水利、衛生及其他經濟、社會事業，應積極舉辦，並扶助其發展，對於土地使用，應依其氣候、土壤性質，及人民生活習慣之所宜，予以保障及發展。

第十四章　憲法之施行及修改

第一七〇條　本憲法所稱之法律，謂經立法院通過，總統公佈之法律。

第一七一條 法律與憲法牴觸者無效。

法律與憲法有無牴觸發生疑義時，由司法院解釋之。

第一七二條 命令與憲法或法律牴觸者無效。

第一七三條 憲法之解釋，由司法院爲之。

第一七四條 憲法之修改，應依左列程序之一爲之：

一 由國民大會代表總額五分之一之提議，三分之二之出席，及出席代表四分之三之決議，得修改之。

二 由立法院立法委員四分之一之提議，四分之三之出席及出席委員四分之三之決議，擬定憲法修正案，提請國民大會複決。此項憲法修正案，應於國民大會開會前半年公告之。

第一七五條 本憲法規定事項，有另定實施程序之必要者，以法律定之。

本憲法施行之準備程序，由制定憲法之國民大會議定之。

十三 國民大會組織法 國民政府三十六年三月三十一日公布

第一條 本法依憲法第三十四條制定之。

第二條 國民大會行使憲法所賦予之職權。

第三條 國民大會以依法選出之國民大會代表組織之。

第四條 國民大會代表，於國民大會舉行開會式時，應行宣誓，其誓詞如左：

某某謹以至誠，恪遵憲法，代表中華民國人民依法行使職權，謹誓。

國民大會代表宣誓後應於誓詞簽名。

第五條　國民大會設主席團，由出席代表互選二十五人組織之，其職掌如左：

一　關於議事程序事項。

二　關於國民大會行政事項。

三　本法規定其他事項。

第六條　國民大會每次開會，由主席團互推一人爲主席。

第七條　國民大會設代表資格審查委員會、提案審查委員會、紀律委員會，必要時得設特種委員會。各委員會之組織，由主席團提請大會決定之。

第八條　國民大會非有代表過半數之出席，不得開議，其議決除憲法及法律另有規定外，以出席代表過半數之同意爲之。

第九條　國民大會會議之表決方法，得由主席酌定以舉手起立或投票行之。

前項表決，可否同數時，取決於主席。

第一〇條　國民大會會議時，主席有維持議場秩序之權，責代表如有違反議事規則或其他妨礙議場秩序之行爲，主席得警告或制止，並得禁止其發言，其情節重大者，得付懲戒。

第一一條　前條懲戒，由主席提交主席團議決，交付紀律委員會審議後，提出大會決定之。

第一二條　國民大會設秘書處置秘書長一人，副秘書長二人，其人選由主席團提請大會決定之承主席團之命處理全會事務。
秘書處之組織及處務規程，由國民大會主席團訂定之。

第一三條　國民大會議事規則，由主席團擬訂，提請大會決定之。

第一四條　國民大會每次集會，於任務終了時即行閉會。

十四　國民大會代表選舉罷免法

國民政府三十六年三月三十一日公布

第一章　總則

第一條　本法依憲法第三十四條制定之。

第二條　國民大會之選舉，以普通平等直接及無記名單記法投票行之。

第三條　選舉手續公開辦理。

第四條　國民大會代表之名額如左：

一　每縣市及其同等區域各選出代表一名，但其人口逾五十萬人者，每增加五十萬人，增選代表一名。

二　蒙古各盟旗選出者共五十七名。

三　西藏選出者共四十名。

四　各民族在邊疆地區選出者共十七名。

五　僑居國外之國民選出者，共六十五名。
六　職業團體選出者，共四百五十名。
七　婦女團體選出者共一百六十八名。
八　內地生活習慣特殊之國民選出者，共十名。
前項各款名額之分配，另以法律定之。

第五條　中華民國國民年滿二十歲，而無左列情事之一者有選舉權，年滿二十三歲，而無左列事情之一者，有被選舉權。
一　犯刑法內亂外患罪，經判決確定者。
二　曾服公務而有貪汚行爲，經判決確定者。
三　褫奪公權尚未復權者。
四　受禁治產之宣告者。
五　有精神病者。
六　吸用鴉片或其代用品者。

第六條　外國人民因歸化取得中華民國國籍，滿五年者，依前條之規定有選舉權，滿十年者，依前條之規定有被選舉權。
回復中華民國國籍人民，滿二年者，依前條之規定有選舉權，滿三年者，依前條之規定有被選舉權。

第七條　每一選舉人只有一個選舉權，於本法第四條各欵選舉有二個以上選舉權者，限參加一種，由選舉人於登記選舉人名冊時自行聲明。

第八條　現任官吏不得於其任所所在地之選舉區當選爲國民大會代表。

第二章　選舉人及候選人

第九條　本法第四條各欵選舉之主管選舉機關，應將各該選舉單位選舉人之資格審查後，造具選舉人名冊正副兩本，記載姓名性別年齡籍貫職業住所等項，於選舉前四十日完成公告之，並將總名額報請上級選舉機關遞報選舉總事務所備案。

第一〇條　前條主管選舉機關及上級選舉機關如左：

一　關於縣市及同等區域者，主管選舉機關爲縣市選舉事務所或其相當機關，上級選舉機關爲省選舉事務所，如爲院轄市，其上級選舉機關爲選舉總事務所。

二　關於蒙古者，主管選舉機關爲盟旗選舉事務所，上級選舉機關爲蒙藏選舉事務所。

三　關於西藏者，主管選舉機關分別爲噶夏及蒙藏選舉事務所所指定之機關，上級選舉機關爲蒙藏選舉事務所。

四　關於僑居國外之國民者，主管選舉機關爲僑民選舉事務所所指定之機關，上級選舉機關爲僑民選舉事務所。

五　關於各民族在邊疆地區及內地生活習慣特殊之國民者，主管選舉機關爲縣市選舉事務所或相當機關上級選舉機關爲省選舉事務所。

六　關於全國性之職業團體及婦女團體者，主管選舉機關爲省及院轄市選舉事務所，上級選舉機關爲全國性職業團體及婦女團體選舉事務所。

七　關於各省市之職業團體及婦女團體者，同第一款。

第一一條　選舉人名册由各主管選舉機關編製完成後，分别發給選舉權證，以憑領取選舉票。

第一二條　有被選舉權而願爲候選人時，經五百名以上選舉人之簽署，或由政黨提名，得登記爲候選人，公開競選，非經登記者，不得當選。

前項候選人之簽署，每選舉人以簽署一人爲限。

第一三條　有被選舉權人，不得爲二個以上候選人之登記。

第一四條　候選人之登記期間，由各該主管選舉機關公告之，其起訖期間不得少於三十日。

前項候選人之登記，應於簿册内填明姓名年齡籍貫職業住所等項，如爲婦女，並應於姓名下註明一女字，由主管選舉機關於投票前十五日審查公告，並將名册遞報各該上級選舉機關備案。

第一五條　縣市或同等區域之候選人，以該縣市或同等區域内之人民爲限。

職業團體之候選人，以各該團體之會員爲限。

僑居國外國民之候選人，以居住該選舉區合計滿三年以上者爲限。

第一六條　前條所稱之會員，指各該團體之基層會員，會員爲法人時，爲其會員代表。

第三章 選舉機關

第一七條 中央設選舉總事務所置委員三人至五人，組織選舉委員會，指揮辦理全國選舉事宜，其委員人選由國民政府派充之，並指定一人爲主席。

選舉總事務所之組織，另以法律定之。

第一八條 各省設省選舉事務所置委員三人至五人，組織選舉委員會，以省政府主席爲當然委員兼主席，辦理該省選舉事宜，其委員人選由選舉總事務所呈請國民政府派充之。

省內各縣市或其同等區域，各設選舉事務所，各置委員三人至五人，組織選舉委員會，以各該縣市或其同等區域之行政長官爲當然委員兼主席辦理各該縣市或其同等區域選舉事宜，其委員人選由選舉總事務所派充之。

第一九條 院轄市設市選舉事務所，置委員三人至五人，組織選舉委員會，以市長爲當然委員兼主席，辦理市選舉事宜，其委員人選由選舉總事務所呈請國民政府派充之。

第二〇條 蒙古西藏之選舉，設蒙藏選舉事務所，置選舉監督一人，以蒙藏委員會委員長充任，由選舉總事務所呈請國民政府派充之。

蒙藏選舉事務所下分設各區主管選舉事務所，各置選舉監督一人，在蒙古以盟旗最高行政長官充任，在西藏分別以噶夏及蒙藏選舉監督所指定之人員充任，均由選舉總事務所派充之。

第二一條 僑居國外國民之選舉，設僑民選舉事務所，置委員三人至五人，組織選舉委員會，以僑務委員會委員長爲當然委員兼主席，辦理僑居國外國民選舉事宜。其委員人選由選舉總事務所呈請國民政府派充之。

僑民選舉事務所下分設各區主管選舉事務所，各置委員三人至五人組織選舉委員會，以附表所定之人員為當然委員兼主席，辦理各該區選舉事宜。其委員人選由選舉總事務所派充之。

第二二條 全國性職業團體及婦女團體之選舉，設全國性職業團體及婦女團體選舉事務所，置委員三人至五人，組織選舉委員會，辦理各該團體選舉事宜。其委員人選，由選舉總事務所呈請國民政府派充之，並指定一人為主席。

第二三條 國民大會代表選舉之投票開票，置投票管理員，投票監察員，開票管理員，開票監察員，由主管選舉機關派充之。

第二四條 選舉機關委員或監督及職員，於其辦理選舉之區域或團體內，不得為國民大會代表之候選人。

第四章 選舉程序

第二五條 本法第四條各款選舉之投票日期，由選舉總事務所規定通告。

第二六條 各主管選舉機關應於選舉前十五日，發布選舉公告，載明左列事項：

一 投票所及開票地址。

二 投票方法及日期。

三 各該選舉單位應出代表之名額。

第二七條 選舉票及選舉公告，在邊疆各地得兼載各該地通用文字。

第二八條　候選人依照法定當選名額以得票比較多數者依次當選爲國民大會代表，票數相同時，以抽籤定之。

第二九條　國民大會代表依照規定選足法定名額後，其他得票之候選人，按票數多寡依次爲國民大會代表候補人，票數相同時，以抽籤定之。

每選舉區或單位當選人在二名以下者，候補人名額定爲三名，每選舉區或單位當選人超過二名者，候補人名額與當選人名額同。

代表出缺時，由候補人依次遞補。

第三〇條　各民族在邊疆地區選舉代表所投各候選人之票數，應由所屬縣市或同等區域之主管選舉機關分別計算，開列名單，於公告後，報由省選舉機關彙計，依第二十八條及第二十九條規定辦理，並公告之。

內地生活習慣特殊之國民選舉代表所投各候選人之票數，應由各省市選舉事務所分別計算，開列名單，於公告後，轉報選舉總事務所彙計，依第二十八條及第二十九條辦理，並公告之。

第三一條　國民大會代表之當選證書由選舉總事務所製備，交第十條所定各上級選舉機關蓋印分發，分發時應取具當選人最近二寸半身相片，黏於證書上規定位置。

第三二條　本法第四條各款選舉定有婦女代表名額者，其當選票數應單獨計算。

第三三條　本法第四條各款選舉定有婦女代表名額，而無婦女候選人競選時，任其缺額。

婦女代表出缺，而無婦女候補人時，亦同。

第五章　選舉及當選無效

第三四條　有左列情事之一者，其選舉無效。
一　辦理選舉違背法律，經判決確定者。
二　選舉人名冊因舞弊涉及該冊選舉人達十分一以上，經判決確定者。
第三五條　選舉無效，應即依法重選。
第三六條　候選人資格不符或當選票數不實，經判決確定，或選舉前死亡者，其當選無效。
第三七條　當選無效時，由候補人依次遞補。

第六章　選舉訴訟

第三八條　選舉人或候選人，確認辦理選舉人員或其他選舉人候選人，有威脅利誘或其他舞弊情事時，得自選舉日期起十日內提起訴訟。
第三九條　選舉人或候選人，確認當選人資格不符，或所得票數不實，以及候選人確認其本人所得票數被計算錯誤時，得自當選人姓名公布日起十日內提起訴訟。
第四〇條　選舉訴訟歸該管高等法院管轄，應先於其他訴訟審判之，無高等法院者，由首都高等法院就書面審理裁判之，以一審終結。

第七章　代表之罷免

第四一條　原選舉單位之選舉人，對於所選之代表，非經過六個月後，不得提出罷免聲請書。
第四二條　罷免聲請書應敍述理由，以原選舉單位當選時投票總數百分之十以上選舉人之簽署，向各該單位之主管行政機關首長提出。

第四三條　前條主管行政機關首長，於收到聲請書三十日內，查明簽署屬實及其人數合於規定後，應將聲請書副本通知被聲請罷免人於收到後十五日內提出答辯書。

第四四條　主管行政機關首長於收到答辯書三日內，應連同聲請書公告之，並應於公告後三十日內舉行投票，以投票總數之過半數贊成票通過罷免案。

第四五條　代表經罷免後，由候補人依次遞補，其任期至原任期屆滿之日為止。

第八章　附則

第四六條　關於選舉罷免，如有觸犯刑法行為時，依刑法處斷。

第四七條　本法施行條例另定之。

附表　國民大會僑居國外國民代表各區選舉事務所主席表

選舉區別	選舉事務所主席
第一區	金山總領事
第二區	芝加哥總領事
第三區	紐約總領事
第四區	多郎多總領事
第五區	火奴魯魯總領事

第六區　覃必古領事
第七區　瓜地馬拉總領事
第八區　利瑪總領事
第九區　桑提亞哥總領事
第十區　夏灣拿總領事
第十一區　占美加領事
第十二區　三寶顏中華商會主席
第十三區　馬尼剌總領事
第十四區　雪黎總領事
第十五區　大溪地總領事
第十六區　香港華商總會主席
第十七區　澳門中華商會主席
第十八區　東京中華商會主席
第十九區　漢城總領事
第二十區　西貢總領事
第二十一區　河內總領事

第二十二區　仰光總領事
第二十三區　加爾各答總領事
第二十四區　曼谷總領事
第二十五區　米卡總領事
第二十六區　阿叻領事
第二十七區　清邁總領事
第二十八區　新加坡總領事
第二十九區　馬六甲中華商會主席
第三十區　柔佛疏坡中華公會主席
第三十一區　吉隆坡領事
第三十二區　彭亨文東中華商會主席
第三十三區　霹靂中華商會主席
第三十四區　檳榔嶼領事
第三十五區　山打根領事
第三十六區　巴達維亞總領事
第三十七區　棉蘭領事

第三十八區　坤甸領事
第三十九區　望加錫領事
第四十區　巴領總領事
第四十一區　塔那那利佛領事

十五　總統副總統選舉罷免法

國民政府三十六年三月三十一日公布

第一條　國民大會依憲法及本法之規定，行使選舉罷免總統副總統之職權。

第二條　每屆國民大會應於前屆總統副總統任滿前六十日，舉行總統副總統之選舉。

首屆總統副總統之選舉日期，由國民大會定之。

第三條　總統副總統之選舉，應分別舉行，先選舉總統，再選舉副總統。

第四條　總統之選舉程序如左：

一　國民大會代表一百人以上，得於大會決定之期限內，連署提出總統候選人，但每一代表僅得提名或連署一次。

總統候選人之名單，應以連署提出之代表人數多寡爲先後，開列各候選人姓名，並應於選舉前三日公告之。

二　投票監察員與開票監察員，由國民大會代表担任之。

前項監察員之名額由大會分別定之，其名單由主席團提請大會決定之。

三　國民大會代表，應就選舉票上所列之各候選人中以無記名投票法圈選一名爲總統，以得代表總額過半數之票數者爲當選。

如無人得前項所規定之過半數票時，就得票比較多數之首三名重行投票圈選一名，如無人當選時，舉行第三次投票圈選一名，如仍無人當選時，就第三次得票比較多數之首二名圈選一名以得較多票數者爲當選，票數相同時，重行圈選一名，以得較多票數者爲當選。

選舉結果，應由主席當場正式宣佈。

第五條　關於副總統候選人之提名與選舉程序，準用前條規定。

第六條　總統副總統之當選證書，應由國民大會主席團分別致送。

第七條　當選之總統副總統，於現任總統副總統任滿之日就任。

首屆總統副總統，於當選後二十日內就任。

第八條　國民大會代表，對就任未滿十二個月之總統，不得聲請罷免。

第九條　總統之罷免，依左列規定之程序：

一　罷免聲請書應敍述理由，並須有國民大會代表總額六分之一以上之代表簽名蓋章，方得提出。

上述聲請書連同簽署人姓名，應由國民大會秘書長於收到後，即行公告之，自公告之日起三十日內，如無人否認簽署之事實，或雖有否認而簽署人仍足六分之一時，應將聲請書咨送立法院院長。

二　立法院院長接到罷免聲請書後，應即將副本一份咨送總統，並召集國民大會於一個月內舉行臨時會。

三　總統得於收到上述副本後，向國民大會提出答辯書。

上述答辯書，應即由國民大會秘書處公告之。

四　罷免案之表決用無記名投票法，以代表總額過半數之贊成票通過之。

罷免案通過後，國民大會主席團應即正式通知總統，總統應即解職。

第一〇條　監察院對於總統向國民大會提出彈劾案時，國民大會應就總統之罷免與否為決議。

前項決議，以出席國民大會代表三分之二之同意行之。

第一一條　罷免案如經否決，對於同一總統，原聲請人不得再為罷免之聲請。

第一二條　關於副總統之罷免，準用前四條之規定。

第一三條　總統經罷免而解職，由副總統繼任，至前任總統原任期屆滿之日為止。

第一四條　關於選舉罷免，如有觸犯刑法行為時，依刑法處斷。

十六　立法院立法委員選舉罷免法

國民政府三十六年三月三十一日公布

第一章　總綱

第一條　立法院立法委員之選舉罷免，依憲法及本法之規定。

第二條 立法委員之選舉，以普通平等直接及無記名單記投票法行之。

第三條 選舉手續公開辦理。

第四條 立法委員之名額如左：

一 全國各省各直轄市選出者，其人口在三百萬以下者五名，其人口超過三百萬者，每滿一百萬人增選一名。

二 蒙古各盟旗選出者，共二十二名。

三 西藏選出者，共十名。

四 各民族在邊疆地區選出者，共六名。

五 僑居國外國民選出者，共十九名。

六 職業團體選出者，共五十六名。

前項各款名額之分配，另以法律定之。

第五條 前條第一項各款立法委員名額在十名以下者，婦女當選名額定爲一名，超過十名者，每滿十名應有婦女當選名額一名。

前項婦女當選名額之分配，另以法律定之。

婦女立法委員候選人所得票數單獨計算。

第六條 中華民國國民，年滿二十歲，而無左列情事之一者，有選舉權，年滿二十三歲，而無左列情事之一者，有被選舉權。

一　犯刑法內亂外患罪，經判決確定者。

二　曾服公務而有貪污行爲，經判決確定者。

三　褫奪公權尚未復權者。

四　受禁治產之宣告者。

五　有精神病者。

六　吸用鴉片或其代用品者。

第七條　外國人民因歸化取得中華民國國籍，滿五年者，依前條之規定有選舉權，滿十年者，依前條之規定有被選舉權。

第八條　回復中華民國國籍人民，滿二年者，依前條之規定有選舉權，滿三年者，依前條之規定有被選舉權。

第八條　每一選舉人只有一個選舉權，於本法第四條各款選舉有二個以上選舉權者，限參加一種，由選舉人於登記選舉人名冊時自行聲明。

第二章　選舉人及候選人

第九條　本法第四條各款選舉之主管選舉機關，應將各該選舉單位選舉人之資格審查後，造具選舉人名冊正副兩本，記載姓名性別年齡籍貫職業住所等項，於選舉前四十日完成，並公告之，同時並將總名額報請上級選舉機關遞報選舉總事務所備案。

第一〇條　主管選舉機關及上級選舉機關分列如左：

一　關於省市者，其不分區選舉之省或直轄市主管選舉機關爲省市選舉事務所，上級選舉機關爲選舉總事務所，其分區選舉之省主管選舉機關爲區選舉事務所，上級選舉機關爲省選舉事務所。

二　關於蒙古者，主管選舉機關爲盟旗政府，上級選舉機關爲蒙藏選舉事務所。

三　關於西藏者，主管選舉機關分別爲噶夏及蒙藏選舉事務所所指定之機關，上級選舉機關爲蒙藏選舉事務所。

四　關於僑民者，主管選舉機關爲僑民選舉事務所所指定之機關，上級選舉機關爲僑民選舉事務所。

五　關於各民族在邊疆地區者，主管選舉機關爲省選舉事務所，上級選舉機關爲選舉總事務所。

六　關於全國性之職業團體者，主管選舉機關爲省及院轄市選舉事務所，上級選舉機關爲全國性職業團體選舉事務所。

七　關於各省市之職業團體者，同第一款。

第一一條　選舉人名册由各主管選舉機關編製完成後，分別發給選舉權證，以憑領取選舉票。

第一二條　有被選舉權而願爲候選人時，經三千名以上選舉人之簽署，或由政黨提名，得登記爲候選人，公開競選，非經登記者，不得當選。

職業團體候選人，得以選舉人五百名以上之簽署提出之。

婦女候選人，得以選舉人二百名以上之簽署提出之。

前三項簽署，每選舉人以簽署候選人一人爲限。

有被選舉權人，不得爲二個以上候選人之登記。

第一三條　現任文職或軍職之官吏於其管轄區或任所所在地之選舉區爲候選人者，應於選舉期前五個月辭職。

第一四條　候選人之登記期間，由各該主管選舉機關公告之，其起訖期間不得少於三十日。

前項候選人之登記，應於簿册內塡明姓名年齡籍貫職業住所等項，如爲婦女並應於名下註明一女字，由主管選舉機關於投票前三十日審查公告，並將名册遞報選舉總事務所備案。

第一五條　各選舉區之候選人，以各該選舉區內之人民爲限，婦女候選人在各省市以各該省市人民爲限，蒙古西藏及各民族在邊疆地區者，以各該地人民爲限，僑居國外國民，以僑居國外之國民爲限。

職業團體之候選人，以各該職業從業會員爲限。

僑居國外之國民候選人，以居住該選舉區合計滿三年以上者爲限。

第一六條　前條所稱之會員，指各該團體之基層會員，會員爲法人時，爲其會員代表。

第三章　選舉機關

第一七條　中央設選舉總事務所，置委員三人至五人，組織選舉委員會，指揮辦理全國選舉事宜，其委員人選由國民政府派充之，並指定一人爲主席。

第一八條　各省設省選舉事務所，置委員三人至五人，組織選舉委員會，辦理該省選舉事宜，其委員人選由選舉總事務所呈請國民政府派充之，並以省政府主席爲當然委員兼主席。

省內各區各設區選舉事務所，各置委員三人至七人，組織選舉委員會，辦理區選舉事宜，其委員人選由省選舉事務所提請選舉總事務所派充之，以各該區內之行政督察專員爲當然委員，並指定當然委員一人爲主席，其無專員之區，由選舉總事務所就委員中指定一人爲主席。

第一九條　直轄市設市選舉事務所，置委員三人至五人，組織選舉委員會，辦理市選舉事宜，其委員人選由選舉總事務所呈請國民政府派充之，並以市長爲當然委員兼主席。

第二〇條　蒙古西藏之選舉，設蒙藏選舉事務所，置選舉監督一人，以蒙藏委員會委員長充任，由選舉總事務所呈請國民政府派充之。

蒙藏選舉事務所下，分設各區主管選舉事務所，各置選舉監督一人，在蒙古以盟旗行政長官充任，在西藏分別以噶夏及蒙藏選舉事務所所指定之人員充任，均由選舉總事務所派充之。

第二一條　僑居國外國民之選舉，設僑居國外國民選舉事務所，置委員三人至五人，組織選舉委員會，辦理僑居國外國民選舉事宜，其委員人選由選舉總事務所呈請國民政府派充之，並以僑務委員會委員長爲當然委員兼主席。僑居國外國民選舉事務所下，分設各區主管選舉事務所，各置委員三人至五人，組織選舉委員會，辦理各該區選舉事宜，其委員人選由選舉總事務所依附表之所定派充之，並就委員中指定一人爲主席。

第二二條　全國性職業團體之選舉，設全國性職業團體選舉事務所，置委員三人至五人，組織選舉委員會，辦理該團體選舉事宜，其委員人選由選舉總事務所呈請國民政府派充之，並指定一人爲主席。

第二三條　立法委員選舉之投票開票，置投票管理員，投票監察員，開票管理員，開票監察員，由主管選舉機關派充之。

第二四條　選舉機關委員或監督及職員於其辦理選舉之區域或團體內，不得爲立法委員之候選人。

第四章　選舉程序

第二五條　本法第四條各欵選舉之投票日期，由選舉總事務所規定通告。

第二六條　各主管選舉機關應於選舉前十五日發布選舉公告，載明左列事項：

一　投票所及開票地址。

二　投票方法及日期。

三　各該選舉單位應出立法委員之名額。

第二七條　選舉票及選舉公告在邊疆各地應兼載各該地通用文字。

第二八條　候選人依照法定當選名額，以得票比較多數者依次當選爲立法委員，票數相同時，以抽籤定之。

第二九條　立法委員依照規定選足法定名額後，其他得票之候選人，按票數多寡依次爲立法委員候補人，票數相同時，以抽籤定之。

每選舉區或單位當選人在二名以下者，候補人名額定爲三名，每選舉區或單位當選人超過二名者，候補人名額與當選人名額同。

立法委員出缺時，由候補人依次遞補。

第三〇條　本法第五條所定第四條各欵選舉之婦女立法委員名額，而無婦女候選人競選時，任其缺額。

婦女立法委員出缺，而無婦女候補人時，亦同。

第三一條　各民族在邊疆地區選舉立法委員所投各候選人之票數，應由所屬省區之主管選舉機關分別計算，開列名單，於公告後，報由省選舉機關彙計，依第二十九條及第三十條之規定辦理，並公告之。

第三二條　立法委員之當選證書，由選舉總事務所製備，交第十條所定各上級選舉機關蓋印分發，分發時應取具當選人最近二寸半身相片，粘於證書上定規位置。

第五章　選舉及當選無效

第三三條　有左列情事之一者，其選舉無效：

一　辦理選舉違背法律，經判決確定者。

二　選舉人名册因舞弊涉及該册選舉人達十分之一以上，經判決確定者。

第三四條　選舉無效，應即依法重選。

第三五條　候選人資格不符，或當選票數不實，經判決確定，或選舉前死亡者，其當選無效。

第三六條　當選無效時，由候補人依次遞補。

第六章　選舉訴訟

第三七條　選舉人或候選人，確認辦理選舉人員或其他選舉人候選人有威脅利誘，或其他舞弊情事時，得自選舉日期起十五日內提起訴訟。

第三八條　選舉或候人選人，確認當選人資格不符，或所得票數不實，以及候選人確認其本人所得票數被計算錯誤時，得自當選人姓名公布日起十五日內提起訴訟。

第三九條　選舉訴訟，歸該管高等法院管轄，應先於其他訴訟審判之，無高等法院者，由首都高等法院就書面審理裁判之，以一審終結。

第七章　立法委員之罷免

第四〇條　原選舉單位之選舉人，對於所選之立法委員非經過六個月後，不得提出罷免聲請書。

第四一條　罷免聲請書應敍述理由，以原選舉單位當選時投票總數百分之十以上選舉人之簽署，向各該單位之主管行政機關首長提出。

第四二條　前條主管行政機關首長，於收到聲請書三十日內，查明簽署屬實及其人數合於規定後，應將聲請書副本通知被聲請罷免人，於收到後十五日內提出答辯書。

第四三條　主管行政機關首長，於收到答辯書三日內，應連同聲請書公告之，並應於公告後三十日內舉行投票，以當選時投票總數之過半數贊成票通過罷免案。

第四四條　罷免案如經否決，對於同一立法委員在原任期內，不得再爲罷免之聲請。

第四五條　立法委員經罷免後，由候補人依次遞補，其任期至原任期屆滿之日爲止。

第八章　附則

第四六條　關於選舉罷免，如有觸犯刑法行爲時，依刑法處斷。

第四七條　本法施行條例另定之。

十七　監察院監察委員選舉罷免法

國民政府三十六年三月三十一日公布

第一條　監察院監察委員之選舉罷免，依憲法及本法之規定。

第二條　監察委員由各省市議會，蒙古西藏地方議會及華僑團體，依憲法第九十一條規定之名額，分別選舉之。

在各省市議會未正式成立以前，首屆監察委員依憲法實施之準備程序規定由各省市現有之參議會選舉之，其任期以各省正式議會選出監察委員之日爲止。

在蒙古地方議會未正式成立以前，監察委員由蒙古各聯合選舉區之各旗代表會分別選舉之，各旗代表會以每旗代表一人，每特別旗代表四人，組織之，其聯合選舉區之劃分及名額之分配依附表一之所定。

在西藏地方議會未正式成立以前，監察委員依制定憲法國民大會代表選舉之成例選出之，其名額之分配如左：

一　西藏地方選出者五名。

二　暫居內地之藏民選出者三名。

關於僑居國外國民之監察委員，依附表二所規定之各選舉區內華僑團體分別選舉之，每一選舉區之各華僑團體合併選舉一人。

華僑團體，以由僑居國外國民組織依法成立，或曾向僑務委員會備案者爲限。

第三條　每省監察委員名額中，婦女當選名額，定爲一名。

第四條　各省市議會蒙古西藏地方議會及華僑團體，應分別舉行選舉會，選舉監察委員。

選舉會召集日期及投票日期，以命令定之。

第五條　選舉監察委員之選舉人，在各省市爲各省市議會議員，在蒙古西藏爲蒙古西藏地方議會議員，在華僑團體爲各該選舉區內華僑團體會員之代表，其屬於兩個以上華僑團體者，應向主管選舉機關自行聲明擇定其一。

在各省市議會蒙古西藏地方議會未正式成立以前，以現有之各省市參議會參議員，及蒙古各選舉區之各旗代表會代表爲選舉人。

第六條　依法有選舉權，年滿三十五歲者，得被選爲監察委員，但僑居國外國民監察委員候選人，並應居住該區內合計三年以上者。

每一候選人之提出，在各省市及蒙古西藏，應經候選人五人以上之連署，在華僑團體，應經候選人三十人以上之連署，但蒙古監察委員，在由各選舉區之各旗代表會選舉時，選舉人應經代表會以外依法有選舉權之蒙民三十人以上之連署。

婦女候選人之提出，其簽署人數不受前項限制。

第七條　監察委員之選舉，以左列人員分別爲當然選舉監督。

一　在各省市爲各該省市行政首長。

二　在蒙古爲蒙藏委員會委員長或其所指定之人員。

三　在西藏爲蒙藏委員會委員長或其所指定之人員。
四　在華僑團體爲附表三所定之人員。

第八條　各省市蒙古西藏選舉會召集後之第三日，應完成候選人之提名，各由選舉監督公布之，華僑團體選舉會舉行以前十日，應完成候選人之提名，由各選舉監督公告之。
候選人名單，應以提名時連署人數之多寡爲先後，開列候選人姓名，並應於婦女候選人姓名下標一女字。

第九條　選舉人就候選人名單中，以無記名單記法圈選一人。

第一〇條　各省監察委員五名，其中四名以得票比較多數之男子候選人首四名爲當選，其餘一名以得票比較多數之婦女候選人一名爲當選，各婦女候選人所得票數單獨計算，如無婦女候選人或無婦女候選人當選時，任其缺額。
應選出名額爲二名者，以候選人中得票比較多數之首二名爲當選，應選出名額爲一名者，以候選人得票比較多數之一名爲當選。
票數相同時，以抽籤定之。

第一一條　每省市議會議員當選爲監察委員者，以一名爲限。

第一二條　監察委員當選後，應由各省市蒙古西藏及華僑團體之選舉監督分別發給當選證書，並申報國民政府。

第一三條　監察委員出缺後，繼任人之補選日期，以命令定之。
繼任監察委員任職至原任期屆滿之日爲止。

第一四條　對於就任未滿六個月之監察委員，不得爲罷免之聲請。

第一五條　各選舉會選舉人總額四分之一以上選舉人，對各該選舉會所選出之監察委員得連署提出罷免聲請書。在蒙古各聯合選舉區之各旗代表會爲選舉會時，四分之一連署人不得同屬於一旗，在華僑團體以原選舉會投票總數四分之一計算。

第一六條　罷免聲請書應敍述理由，送達原選舉各該省市議會參議會議長，或蒙藏委員會僑務委員會首長。

第一七條　前條議長或首長於收到聲請書三十日內，查明連署屬實及其人數合於規定後，應將聲請書副本一份，通知被聲請罷免之監察委員並於三十日內召集罷免會。

第一八條　被聲請罷免之監察委員，得於收到前條通知後十日內提出答辯書，送交收受該罷免聲請書之議長或首長。

第一九條　罷免案用無記名投票法，以所投票數總額之過半數贊成票通過之。聲請書與答辯書，應同時由前項議長或首長公佈之。

第二〇條　罷免案通過後，即由議長或首長公告之，並依法補選。補選監察委員之任期，至原任期屆滿日爲止。

第二一條　罷免案如經否決，原聲請人對於同一監察委員在原任期內，不得再爲罷免之聲請。

第二二條　本法之規定，在各省市議會及蒙古地方議會未正式成立以前，於各省市現有之參議會及蒙古各聯合選舉區之各旗代表會適用之。

第二三條　關於選舉罷免，如有觸犯刑法行爲時，依刑法處斷。

第二四條　本法施行條例另定之。

（附表一）

蒙古監察委員聯合選舉區之劃分及名額之分配

一　由哲里木盟呼倫貝爾部伊克明安旗選出者一名

二　由卓索圖盟昭烏達盟選出者一名

三　由錫林郭勒盟察哈爾八旗選出者一名

四　由烏蘭察布盟伊克昭盟選出者一名

五　由歸化土默特旗綏東西旗選出者一名

六　由阿拉善霍碩特旗額濟納舊土爾扈特旗選出者一名

七　由青海左翼盟青海右翼盟選出者一名

八　由巴圖塞特奇勒圖中路盟烏拉恩素珠克圖四路盟青塞特奇勒圖盟選出者一名

（附表二）

僑居國外國民監察委員選舉區域之劃分及每區應出代表名額之分配

選舉區別	選舉區所轄地方名稱	監察委員名額
第一區	美國　加拿大　檀香山	一

第二區　中南美洲　古巴　墨西哥及附近地方
第三區　馬來亞及北婆羅洲
第四區　東印度羣島　南婆羅洲及葡屬帝汶與附近地方
第五區　暹羅
第六區　澳洲　菲律賓　大溪地　日本　朝鮮　歐洲（蘇聯亞洲部份在內）非洲及各該處附近地方
第七區　越南　緬甸　印度及亞洲西南各國
第八區　香港　澳門

（附表三）

僑民監察委員各選舉區選舉監督

選舉區	選舉監督
第一區	芝加哥總領事
第二區	夏灣拿總領事
第三區	新嘉坡總領事
第四區	巴達維亞總領事
第五區	曼谷總領事
第六區	雪梨總領事

第七區　西貢總領事

第八區　香港華商總會主席

敬啟

『民國專題史』叢書，乃民國時期出版的著名學者、專家在某一專題領域的學術成果。所收圖書絕大部分著作權已進入公有領域，但仍有極少圖書著作權還在保護期内，需按相關要求支付著作權人或繼承人報酬。因未能全部聯系到相關著作權人，請見到此説明者及時與河南人民出版社聯系。

聯系人　楊光
聯系電話　0371-65788063
2016年3月28日